DIREITO TRIBUTÁRIO

Tributação Internacional

série GVlaw

Eurico Marcos Diniz de Santi
Fernando Aurelio Zilveti
Coordenadores

DIREITO TRIBUTÁRIO

Tributação Internacional

Bianca Maia de Britto
Carlos Eduardo Costa M. A. Toro
Carolina Santos Vidigal
Cassius Vinicius de Carvalho
Elidie Palma Bifano
Fernando Aurelio Zilveti
Flavio Rubinstein
Gustavo Gonçalves Vettori
Gustavo Lian Haddad
Joana Chia Yin Liu
Ricardo Pereira Ribeiro
Roberto França de Vasconcellos
Rodrigo Maitto da Silveira

1ª edição
2007

3ª tiragem
2015

100 ANOS Saraiva

FGV DIREITO SP

Editora Saraiva

Rua Henrique Schaumann, 270, Cerqueira César — São Paulo — SP
CEP 05413-909
PABX: (11) 3613 3000
SAC: 0800 011 7875
De 2ª a 6ª, das 8:30 às 19:30
www.editorasaraiva.com.br/contato

Produção gráfica *Marli Rampim*
Impressão
Acabamento

ISBN 978-85-02-06170-5

Dados Internacionais de Catalogação na Publicação (CIP)
(Câmara Brasileira do Livro, SP, Brasil)

Direito tributário : tributação internacional / Eurico Marcos Diniz de Santi, Fernando Aurelio Zilveti, coordenadores. – São Paulo : Saraiva, 2007. – (Série GVlaw).
Bibliografia.
1. Direito internacional tributário I. Santi, Eurico Marcos Diniz de. II. Zilveti, Fernando Aurelio. III. Série.

06-9131 CDU-341.5:34:336.2

Índice para catálogo sistemático:

1. Direito internacional tributário 341.5:34:336.2

Dúvidas?
Acesse www.editorasaraiva.com.br/direito

100.904.001.003

Aos alunos do Programa de Pós-Graduação
Lato Sensu da FGV DIREITO SP (GVlaw).

APRESENTAÇÃO

A FGV é formada por diferentes centros de ensino e pesquisa com um único objetivo: ampliar as fronteiras do conhecimento, produzir e transmitir idéias, dados e informações, de modo a contribuir para o desenvolvimento socioeconômico do país e sua inserção no cenário internacional.

Fundada, em 2002, a Escola de Direito de São Paulo privilegiou um projeto diferenciado dos currículos tradicionais das faculdades de direito, com o intuito de ampliar as habilidades dos alunos para além da técnica jurídica. Trata-se de uma necessidade contemporânea para atuar em um mundo globalizado, que exige novos serviços e a interface de diversas disciplinas na resolução de problemas complexos.

Para tanto, a Escola de Direito de São Paulo optou pela dedicação do professor e do aluno em tempo integral, pela grade curricular interdisciplinar, pelas novas metodologias de ensino e pela ênfase em pesquisa e publicação. Essas são as propostas básicas indispensáveis à formação de um profissional e de uma ciência jurídica à altura das demandas contemporâneas.

No âmbito do programa de pós-graduação *lato sensu*, o GVlaw, Programa de Pós-Graduação Lato Sensu da FGV DIREITO SP (GVlaw), tem por finalidade estender a metodologia e a proposta inovadora da graduação para os profissionais já atuantes no mercado. Com pouco tempo de existência, a unidade já se impõe no cenário jurídico nacional através de duas dezenas de cursos de especialização, corporativos e de educação continuada. Com a presente *Série* GVlaw, o programa espera difundir seu magistério, conhecimento e suas conquistas.

Todos os livros da série são escritos por professores do GVlaw, profissionais de reconhecida competência acadêmica e prática, o que torna possível atender às demandas do mercado, tendo como suporte sólida fundamentação teórica.

O GVlaw espera, com essa iniciativa, oferecer a estudantes, advogados e demais profissionais interessados insumos que, agregados às suas práticas, possam contribuir para sua especialização, atualização e reflexão crítica.

Leandro Silveira Pereira
Coordenador do GVlaw

PREFÁCIO

O projeto GVlaw – Saraiva foi apresentado à Coordenação como um desafio de produzir material referencial básico aos estudantes do programa de pós-graduação *lato sensu*. Não seria o primeiro desafio.

Roberto Quiroga Mosquera nos convidou para estruturarmos um curso de pós-graduação que se diferenciasse dos demais na metodologia de ensino. Em vez das lições tradicionais de Direito Tributário que Rubens Gomes de Sousa introduzira no País há mais de meio século, o curso do GVlaw teria orientação metodológica eminentemente prático-teórica.

Nesse agradável convívio que se instaurou entre os coordenadores, não houve vez em que se evitasse o debate acadêmico sobre a melhor forma de ensinar, para evitar o velho risco do novo: a presunção. Avizinhando-se críticas ao modelo acadêmico, convoca-se a refletir sobre a melhor maneira de atender à demanda do mercado jurídico, que procura a aplicação do Direito Tributário no mundo corporativo.

Quatro anos se passaram entre a fundação da Escola de Direito de São Paulo – FGV DIREITO SP e a edição deste novo trabalho. Nesse tempo foram formadas as primeiras turmas de especialistas do GVlaw; produziu-se material acadêmico; publicaram-se artigos e livros didáticos; criou-se o Núcleo de Estudos Tributário — NET; promoveu-se intercâmbio acadêmico entre professores de instituições de ensino; organizaram-se seminários em nível nacional e internacional; fez-se pesquisa científica.

Este livro foi concebido com inspiração no modelo de estudo de casos desenvolvido pela equipe de metodologia da FGV DIREITO SP, a quem se presta gratidão e reconhecimento. Nos debates acalorados das reuniões de metodologia foram analisados diversos modos de abordagem didática do Direito, até se formar entre os professores um modelo de estudo de caso. O "caso GVlaw".

Dez casos foram escolhidos como objeto de pesquisa de aplicação do Direito Tributário Internacional. Neles foram abordadas as principais polêmicas da tributarística internacional, temas não apenas constantes nos livros e manuais da matéria, mas também foco de preocupação das empresas, indivíduos, instituições públicas e privadas, governos e até organismos supranacionais.

A equipe de autores e pesquisadores procurou desenvolver os temas de forma ensaística, com a descrição dos casos e análise da problemática envolvida em cada situação e suas ramificações no âmbito do Direito Tributário Internacional. Em seguida, cada grupo de autores se dedicou a ressaltar as polêmicas despertadas da interpretação dos casos segundo os diversos regimes normativos e precedentes jurisprudenciais aplicáveis. Afinal, os autores apresentaram sugestões para a solução dos casos.

O primeiro capítulo deste trabalho é dedicado ao tema da harmonização de conceitos de interesse da tributarística internacional, diante dos efeitos da globalização e da multiplicação dos tratados internacionais sobre a matéria. Em seguida tratou-se das novas fontes de tributação, com atenção para a tentativa das jurisdições de lançar mão de sua soberania para alcançar as distintas manifestações de riqueza, algumas consideradas até de natureza intangível. Em seguida e de certa forma relacionada aos dois primeiros capítulos, propôs-se a pesquisa acerca de um tema fundamental para o Direito do Estado diante da constatação implacável da globalização, ou a chamada mundialização, em face de princípios basilares do Direito Tributário Internacional, como a neutralidade.

Inaugurando o segundo grupo de capítulos do livro, verifica-se tema central: preço de transferência, análise de caso paradigmático para a compreensão da matéria em relação às regras comumente aceitas nos tratados internacionais bilaterais e supranacionais. Nesse mesmo grupo, deu-se destaque ao tema das empresas transfronteiriças, de aplicação prática bastante comum na atualidade, principalmente nos chamados "Estados Supranacionais", ficção decorrente de tratados multilaterais com conseqüências para os grupos empresariais e conglomerados econômicos de atuação mundial.

Como não poderia faltar em obra dessa natureza, foi estudado caso sobre interpretação de tratados internacionais, com foco nas questões enfrentadas pela doutrina e jurisprudência e a polêmica da necessidade de tratados sobre Direito Tributário Internacional. Ainda tangenciando a interpretação legislativa, porém com aplicação voltada para caso de ficção legislativa, os autores abordaram tema sob apreciação do STF que julga os limites do princípio da universalidade da renda.

Efeito da mundialização, a reorganização internacional de empresas foi caso escolhido para tratar do planejamento tributário, seus limites diante de tratados internacionais e o tratamento destinado a jurisdições com tributação privilegiada. Considerando o planejamento direito atinente à liberdade de exercício da atividade empresarial, no capítulo seguinte foi visitado o conceito de estabelecimento permanente, diante da constatação da multiplicação de figuras societárias não personificadas.

Por último foi explorado caso que retoma questões vistas no início do livro com intuito de conferir caráter elíptico à pesquisa, como a dialética do estudo de casos é capaz, mediante a análise do tema prático do *cost-sharing* e a perseguição da renda, melhor forma de manifestação da capacidade contributiva.

Ressalte-se, por oportuno, que nos casos não há opinião acadêmica ou profissional individual de autores. Tampouco as normas e precedentes jurisprudenciais têm o condão de fixar terminantemente entendimento doutrinário sobre os temas. O escopo da análise de casos é sugestivo, com intuito de instigar a reflexão sobre o Direito Tributário Internacional. Se uma segunda edição desta obra for solicitada pelos leitores, espera-se que se retomem os debates, sob novas perspectivas e com evolução dialética.

Eurico Marcos Diniz de Santi
Fernando Aurelio Zilveti
Coordenadores

SUMÁRIO

Apresentação VII
Prefácio IX

1 ASPECTOS TRIBUTÁRIOS DA TRANSFERÊNCIA DE TECNOLOGIA

1.1 Caso prático 3
1.2 Qualificação de rendimentos 4
1.3 Tributação dos rendimentos pelo imposto sobre a renda 15

2 NOVAS FONTES DE TRIBUTAÇÃO

2.1 Caso *Robinson (Her Majesty's Inspector of Taxes)* v. *Agassi*. 31
2.2 Tendências na tributação internacional da renda 36
2.3 Planejamento tributário — interposição de pessoa jurídica 39
2.4 Definição de renda — concepção específica para artistas e esportistas 43
2.5 Dupla tributação internacional 46
2.6 Poder de tributar e os elementos de conexão 50
2.7 Conclusão 55

3 SOBERANIA E GLOBALIZAÇÃO

3.1 Descrição do caso 63

3.2 Possibilidade de implementação do projeto de padronização da escrituração contábil em face da lei brasileira 66
3.3 Importação de serviços 72
3.4 Globalização *versus* soberania 74
3.5 Outras opções negociais 76
3.6 Reflexões finais sobre a matéria 77

4 PREÇO DE TRANSFERÊNCIA

4.1 Caso: quarto método de apuração de preço de transferência 83
4.2 Definição de preço de transferência 85
4.3 Pessoas vinculadas 87
4.4 Os preços de transferência e a necessidade de controle fiscal 89
4.5 Princípio *Arm's lenght* 90
4.6 Métodos de controle dos preços de transferência 94
4.7 Controle fiscal dos preços de transferência no Brasil 96
4.8 Controle fiscal dos preços de transferência nas importações 97
4.9 Controle dos preços de transferência nas exportações .. 98
4.10 Dificuldades na utilização dos métodos de controle no Brasil 101
4.11 O pleito do quarto método 106
4.12 Conclusão 108

5 GANHO DE CAPITAL DO NÃO-RESIDENTE

5.1 Descrição do caso 115
5.2 Tributação do ganho de capital do não-residente até 2003 115
5.3 Art. 26 da Lei n. 10.833 – tributação do ganho de capital a partir de fevereiro de 2004 118

5.4 Sujeito passivo do imposto de renda incidente sobre o ganho de capital do não-residente 122

6 INTERPRETAÇÃO DE TRATADOS INTERNACIONAIS

6.1 Caso prático 129
6.2 O regime geral de interpretação dos tratados 133
6.3 Tratados internacionais e direito interno 139
6.4 Novas tendências na interpretação de tratados internacionais 145
6.5 *Tax treaty override* 148
6.6 São necessários tratados internacionais em matéria tributária? 150

7 TRIBUTAÇÃO DAS CONTROLADAS E COLIGADAS NO EXTERIOR

7.1 Caso prático 159
7.2 Determinação da residência das pessoas jurídicas 160
7.3 Princípio da universalidade no Brasil 164
7.4 Medida Provisória n. 2.158-35/2001: efeitos, questionamentos e confronto com os acordos de bitributação 167
7.5 Regime de tributação das coligadas e controladas no exterior 174
7.6 Tratamento fiscal dispensado aos lucros e prejuízos auferidos no exterior 175
7.7 Compensação do imposto pago no exterior 178
7.8 Método da equivalência patrimonial 180
7.9 Variação cambial 183
7.10 Conclusões 186

8 REORGANIZAÇÃO INTERNACIONAL DE EMPRESAS E O PLANEJAMENTO TRIBUTÁRIO

8.1 Descrição do caso e razões do negócio pretendido 193

8.2 Projeto de trabalho e seu desenvolvimento 194
8.3 Conceito de incorporação e sua aplicação a operações de reestruturação internacional 195
8.4 A incorporação internacional diante do direito brasileiro 197
8.5 Tratamento tributário da incorporação internacional em face do direito brasileiro 199
8.6 Eventuais vantagens tributárias na incorporação internacional 200
8.7 Indagações de natureza jurídico-tributárias decorrentes da operação 204
8.8 A sucessão na incorporação internacional e a formalização operacional e documental de uma incorporação internacional 209

9 ESTABELECIMENTO PERMANENTE

9.1 Colocação do problema 215
9.2 Conceitos envolvidos na solução da consulta 216
9.3 Regime tributário aplicável aos não-residentes 227
9.4 Conclusões 238

10 IMPORTAÇÃO DE SERVIÇOS — ASPECTOS TRIBUTÁRIOS

10.1 Descrição do caso 245
10.2 Equiparação a pessoas jurídicas para fins tributários.... 245
10.4 Síntese conclusiva 265

Índice 269

1 ASPECTOS TRIBUTÁRIOS DA TRANSFERÊNCIA DE TECNOLOGIA

Roberto França de Vasconcellos

Coordenador e professor do programa de educação continuada e especialização em Direito GVlaw, LLM em Direito Tributário Internacional pela Universidade de Munique, doutor em Direito Econômico e Financeiro pela Universidade de São Paulo, advogado e sócio do escritório Maitto, Vieira, Silva e Vasconcellos Advogados.

Ricardo Pereira Ribeiro

LLM em Direito Tributário Internacional pela Universidade de Leiden — Holanda, advogado e sócio do escritório Poças, Ribeiro e Scalon Advogados.

1.1 Caso prático

Tradicional sociedade espanhola do segmento de produtos eletrônicos de imagem e som (doravante denominada Electrospain) decide atuar no Brasil. Por ainda não conhecerem as características e riscos do mercado brasileiro, os dirigentes da Electrospain optam por firmar uma parceria com empresa brasileira já constituída e com experiência no setor, no caso, a Brasilectro.

Segundo entendimentos preliminares, a Electrospain licenciaria o direito de explorar a marca de TV "VISION" à Brasilectro, mediante pagamento semestral de *royalties*, a ser calculado sobre o faturamento obtido com as vendas dos equipamentos. Em virtude dos altos custos de importação no Brasil, as empresas mencionadas (Electrospain e Brasilectro) consideram melhor a alternativa de fabricar os aparelhos no Brasil diretamente pela Brasilectro, em vez de promover sucessivas importações. Para garantir o sucesso do empreendimento, a Electrospain assumiria a responsabilidade pelo treinamento dos funcionários da Brasilectro, pela fiscalização e pelo bom funcionamento de equipamentos e linhas de produção, garantindo a padronização e qualidade dos produtos, compromisso este consubstanciado em contrato de prestação de assistência técnica com remuneração fixada em bases horárias.

Estabelecidas as premissas do negócio, a Electrospain solicita a elaboração de estudo sobre os aspectos tributários referentes à licença de intangíveis, prestação de assistência técnica e às respectivas remunerações a serem remetidas para o exterior, levando em conta tanto a lei brasileira vigente como o acordo de bitributação firmado entre Brasil e Espanha.

1.2 Qualificação de rendimentos

Antes de ingressarmos no tratamento tributário conferido à operação descrita nos parágrafos precedentes, importa identificar a natureza dos rendimentos a ela relacionados à luz do direito brasileiro e do acordo de bitributação firmado entre Brasil e Espanha (Decreto Legislativo n. 62, de 7-8-1975).

Especial atenção deverá ser dedicada à qualificação dos rendimentos segundo o acordo Brasil-Espanha, levando em conta o fato de que as normas nele contidas, consoante a exata dicção do art. 98 do Código Tributário Nacional, sobrepõem-se às estabelecidas pela lei interna brasileira, podendo impedir ou limitar a aplicação desta última durante o período em que vigerem[1].

A esse respeito há expressa manifestação da Secretaria da Receita Federal, emitida pela Superintendência da 7ª Região Fiscal, reconhecendo a superposição do tratado em relação à lei interna em caso semelhante ao ora analisado:

> REMESSAS PARA O EXTERIOR. CONVENÇÃO BRASIL E ESPANHA. *ROYALTIES* E SERVIÇOS TÉCNICOS. Nas remessas à empresa domiciliada na Espanha aplicam-se as normas veiculadas na respectiva Convenção Internacional, em detrimento da lei interna (...)[2].

Isto posto, é preciso qualificar a remuneração pela licença da marca de TV "VISION", assim como a remuneração por assistên-

---

[1] O art. 98 do CTN sustenta tal posição, embora esteja redigido com impropriedade, porquanto afirma que: "Os tratados e as convenções internacionais revogam ou modificam a legislação tributária interna...". Os tratados apenas delimitam a aplicação da legislação tributária interna, que volta a ter plena aplicabilidade no momento em que o tratado deixa de viger.

[2] Decisão n. 119/99 da 7ª Região Fiscal, **DOU** de 12-5-1999.

cia técnica a ser prestada segundo os termos contratuais, em face do acordo de bitributação entre Brasil (Estado da Fonte) e Espanha (Estado de Residência do *licensor*/prestador).

Os acordos de bitributação celebrados pelo Brasil, aí incluído o firmado com a Espanha, possuem artigos que estabelecem classificações genéricas de tipos distintos de rendimentos, competindo ao seu aplicador averiguar em qual deles deve ser enquadrado o rendimento que se pretende tributar.

Como exemplos de artigos e respectivos tipos de rendimentos previstos nos acordos de bitributação podem ser citados:

(i) Artigo 7º – lucro das empresas

(ii) Artigo 10º – dividendos

(iii) Artigo 11º – juros

(iv) Artigo 12º – *royalties*

(v) Artigo 13º – ganho de capital

(vi) Artigo 22º – rendimentos não expressamente mencionados

Deve-se então identificar com qual deles as remunerações pela licença da marca de TV "VISION" e pela assistência técnica prestada se identificam, pois daí decorrerá a aplicação de uma específica regra do acordo de bitributação, que, como já dissemos, sobrepõe-se à própria lei interna brasileira.

1.2.1 Conceito de *royalties* no direito brasileiro

Apenas a título informativo, cumpre esclarecer que, diferentemente do que sucede com as Convenções Modelo da OCDE e da ONU, a legislação brasileira, para fins de caracterização do *royalty*, distingue (i) o pagamento feito diretamente ao autor da obra do (ii) pagamento feito a terceiro. Ou seja, contrariamente à prática internacional, a lei brasileira, especificamente a Lei n. 4.506/64, art. 22, *d*, ao definir a figura do *royalty*, exclui o direito do autor.

Assim, o pagamento efetuado ao próprio autor é excluído do conceito de *royalties*, conforme leitura da alínea *d* do art. 22 da Lei n. 4.506/64, o qual transcrevemos abaixo:

> Art. 22. Serão classificados como *royalties* os rendimentos de qualquer espécie decorrentes do uso, fruição, exploração de direitos, tais como:
>
> (...)
>
> d) exploração de direitos autorais, *salvo quando percebidos pelo autor ou criador do bem ou da obra.*

Segundo a dicção da Lei n. 4.506/64, constituem *royalties* os rendimentos de qualquer espécie decorrentes do uso, fruição e exploração de direitos, tais como extração de recursos vegetais e minerais, uso ou exploração de invenções, processos e fórmulas de fabricação e de marcas de indústria e comércio e, ainda, exploração de direitos autorais (desde que não pagos diretamente ao próprio autor da obra).

Embora conceitualmente se possa definir *royalty* como o rendimento decorrente de uso, fruição ou exploração de qualquer direito, observa José Luiz Bulhões Pedreira ser a enumeração elaborada pela Lei n. 4.506/64 meramente exemplificativa:

> A expressão *royalties* é usualmente empregada para determinar a retribuição pela exploração dos direitos enumerados na Lei n. 4.506/64. A lei fiscal usa a mesma expressão para designar a retribuição pelo uso ou exploração de qualquer outro direito. A enumeração legal é exemplificativa e não taxativa[3].

A despeito de a lei brasileira definir a figura dos *royalties* de forma diversa dos acordos de bitributação e da Convenção Modelo da OCDE, deve-se observar que, no caso concreto, prevalecerá o conceito tal como definido no acordo celebrado com a Espanha, nos termos adiante comentados.

---

[3] BULHÕES PEDREIRA, José Luiz. **Imposto de renda**. Rio de Janeiro: Justec, 1971, p. 9.

1.2.2 Remuneração pela licença de marca – qualificação

No caso da remuneração pela licença de marca (TV "VISION"), a sua qualificação não representa maiores desafios, podendo ser identificada como hipótese de *royalties*, conforme definição contida no artigo 12.3 do acordo de bitributação Brasil-Espanha, segundo o qual o termo *royalties* abrange, dentre outras, também a remuneração pelo uso de marcas de indústria ou comércio.

Confrontando o teor do dispositivo citado com as características da remuneração pela licença de marca ("VISION") nas condições enunciadas na apresentação do caso, fica evidente tratar-se de *royalties* nos termos do acordo Brasil-Espanha, cujo tratamento tributário será adiante analisado.

1.2.3 Remuneração pela assistência técnica

Resta-nos ainda qualificar os rendimentos remetidos à Electrospain para pagamento dos serviços de assistência técnica. Partindo do próprio artigo 12 do acordo Brasil-Espanha, o parágrafo 3 traz a seguinte definição:

> 3. *O termo "royalties" empregado neste artigo designa as remunerações* de qualquer natureza pagas pelo uso ou pela concessão do uso de direitos de autor sobre obras literárias, artísticas ou científicas (inclusive os filmes cinematográficos, filmes ou fitas de gravação de programas de televisão ou radiodifusão), de patentes, marcas de indústria ou de comércio, desenhos ou modelos, planos, fórmulas ou processos secretos, bem como pelo uso ou concessão do uso de equipamentos industriais, comerciais ou científicos e *por informações correspondentes à experiência adquirida no setor industrial, comercial ou científico.* (g.n.)

O último trecho transcrito (em destaque) tem dificultado a qualificação da remuneração por serviços que envolvem a utilização de algum tipo de informação ou conhecimentos dos setores industrial, comercial ou científico.

Essa dificuldade é reconhecida pela Organização para Cooperação e Desenvolvimento Econômico (OCDE), que, em comentários à sua Convenção Modelo[4], aponta a necessidade de diferenciar a assistência técnica que envolve a transferência de tecnologia dos serviços técnicos puros que não implicam transferência, embora possam ensejar a aplicação de conhecimentos e/ou habilidades especiais.

Segundo a posição da OCDE, cujos comentários servem como um importante vetor interpretativo dos acordos de bitributação (inclusive dos assinados pelo Brasil), a mera prestação de serviço que exija do prestador conhecimentos especiais não basta para que a respectiva remuneração caracterize-se como *royalty*, sendo indispensável ainda a transferência de conhecimento, de tal maneira que o beneficiário se aproprie dele e possa aplicá-lo por si próprio.

Dessa forma, o último trecho do parágrafo 3 do artigo 12 *supra* estaria referindo-se tão-somente aos contratos de *know-how*, cujas características fundamentais seriam:

(i) reduzida participação do prestador: é o próprio tomador que se encarrega da implementação do conhecimento transferido;

(ii) não há assunção pelo prestador de responsabilidade sobre os resultados da aplicação da tecnologia; e

(iii) confidencialidade.

No caso em tela, embora esteja prevista a realização de determinadas atividades pela Eletrocspain (prestadora), o objetivo central do contrato é o treinamento de funcionários e a instrução do processo fabril (*know-how*) para que, após um período inicial, a própria Brasilectro (tomadora) esteja apta a industrializar e comercializar os equipamentos eletrônicos por sua conta e risco.

---

[4] OECD, **Commentaries of the 1977 and 1992 Model Convention**: commentary on article 12 concerning the taxation of royalties, parágrafos 11.1 e seguintes.

Esse parece-nos ser o típico caso de assistência e serviços técnicos de que trata o último período do parágrafo 3 do artigo 12 supracitado, porquanto, conforme explica Xavier, consiste em uma prestação que possui um "nexo de complementariedade ou instrumentalidade em relação a uma outra operação que aquela visa 'assistir' e que consiste numa transmissão de *know-how* em si mesmo considerado"[5].

Trata-se, portanto, de um contrato de meio, cujo objeto é a própria transferência do *know-how*, que visa possibilitar a concretização do fim, qual seja, a produção pela tomadora dos equipamentos eletrônicos.

Diante disso, é possível a qualificação dos rendimentos ora em comento como *royalties* para fins do acordo Brasil-Espanha, sujeitando-os à tributação prevista no artigo 12 supracitado.

Todavia, ainda que a problemática da qualificação possa ser razoavelmente solucionada pelo artigo 12, vale salientar que o acordo com a Espanha, assim como outros firmados pelo Brasil, possui um dispositivo no protocolo anexo que esclarece ser a expressão contida na última parte do artigo 12 abrangente da prestação de serviços técnicos e assistência técnica. Vejamos:

> 5. Ad/Artigo 12, parágrafo 3
>
> A expressão "por informações correspondentes à experiência adquirida no setor industrial, comercial ou científico", mencionada no parágrafo 3 do Artigo 12, *compreende os rendimentos provenientes da prestação de serviços técnicos e assistência técnica.* (g.n.)

Poder-se-ia alegar que a presença desse dispositivo no protocolo alarga o âmbito de aplicação do artigo 12, de modo a abranger os rendimentos decorrentes de quaisquer serviços técnicos e de assistência técnica, ainda que não envolvam a transferência de

---

[5] XAVIER, Alberto. **Direito tributário internacional do Brasil**. Rio de Janeiro: Forense, 1998, p. 632.

tecnologia. Admitindo-se esse entendimento, inexorável seria a qualificação, como *royalties*, dos rendimentos remetidos para a Electrospain, para pagamento pela assistência técnica.

Contudo, quer-nos parecer que o dispositivo tão-somente esclarece que as referidas espécies de serviços devem mesmo ser qualificadas no âmbito do artigo 12, desde que respeitada a exigência contida no último trecho do já citado parágrafo 3, qual seja, a efetiva transferência de tecnologia.

De qualquer forma, como já vimos, a assistência técnica a ser prestada pela Electrospain traz em si os elementos necessários a caracterizá-la como serviço que implica não apenas o emprego de técnicas especiais, mas também a transmissão de conhecimento à Brasilectro, de maneira que, a despeito da existência do protocolo e seu item 5, a respectiva remuneração deve ser qualificada como *royalties* para fins do tratado entre Brasil e Espanha.

Não obstante, a qualificação que ora sustentamos não é pacífica. É possível, por exemplo, argüir que só há *know-how* nos termos do artigo 12 quando ocorre a transferência de processo, técnica e/ou fórmula patenteável. Nesse sentido, a Secretaria da Receita Federal – SRF manifestou-se segregando os contratos com e sem transferência de tecnologia em virtude de estarem ou não sujeitos a averbação no Instituto Nacional da Propriedade Industrial – INPI.

> III – Para fins do disposto no item I deste ato, *consideram-se contratos de prestação de assistência técnica e de serviços técnicos sem transferência de tecnologia aqueles não sujeitos à averbação ou registro no Instituto Nacional da Propriedade Industrial – INPI e Banco Central do Brasil.*[6] (g.n.)

Nesses termos, somente os contratos de "assistência técnica e serviços técnicos" averbados no INPI envolveriam a transferência

---

[6] Ato Declaratório Normativo COSIT n. 01/2000.

de tecnologia (consistindo em *royalties* as respectivas remessas ao exterior), devendo os demais ser tributados como prestação de serviços pura e simples.

Portanto, não sendo passíveis de registro os conhecimentos transferidos pela Electrospain para os funcionários e dirigentes da Brasilectro, é possível conceber a hipótese de a autoridade tributária brasileira qualificar a respectiva remuneração como contrapartida à prestação de serviços técnicos sem transferência de tecnologia.

A propósito da qualificação de rendimentos de serviços técnicos sem transferência de tecnologia, a doutrina nacional e estrangeira dominante e a própria OCDE sustentam a aplicação do artigo 7 – *lucro das empresas*, da mesma forma que se dá com o pagamento por aquisição de mercadorias.

Nesse mesmo sentido a Receita Federal já se havia manifestado[7]:

> *Não incide o imposto de renda na fonte sobre* os pagamentos a empresa francesa que não possua estabelecimento permanente no Brasil, em decorrência da *prestação de serviços técnicos que não se enquadram no conceito de "know-how"*[8]. (g.n.)

Em decisão posterior envolvendo a prestação de serviço por empresa espanhola, assim se posicionou a Receita:

> EMENTA: REMESSA DE DIVISAS. SERVIÇOS TÉCNICOS.TRIBUTAÇÃO. CONVENÇÃO INTERNACIONAL. Aos rendimentos decorrentes do contrato de prestação de serviços de natureza técnica e gerencial, celebrado entre empresa brasileira e empresa domiciliada na Espanha (prestadora), sem qualquer estabelecimento em nosso país, e que não configurem em pagamen-

---

[7] GALHARDO, Luciana Rosanova. Serviços técnicos prestados por empresa francesa e imposto de renda na fonte. **Revista Dialética de Direito Tributário**, São Paulo: Dialética, n. 31, p. 39-44.

[8] Decisão n. 007 da 9ª Região Fiscal, publicada no **DOU** de 30-12-1997.

to de *royalties*, de transferências de *know-how*, ou coisa do gênero, nem se apresentem como rendimentos de "profissão independente" exercida por profissionais liberais em nosso país, *dar-se-á o tratamento de transferência de lucros das empresas, recaindo o direito de tributar ao país onde está estabelecida permanentemente a empresa prestadora*[9].

Na citada decisão, a autoridade fiscal entendeu que, não se enquadrando no conceito de *know-how* previsto no artigo 12 do tratado, os rendimentos remetidos ao exterior pela prestação de serviços técnicos teriam natureza de receita operacional da empresa contratada residente no exterior, sujeitos ao artigo 7 da citada convenção, e tributáveis, portanto, somente no Estado de domicílio da contratada.

Entretanto, a Receita Federal mudou seu posicionamento em 2000, declarando que, na hipótese, aplica-se o artigo 22 do acordo firmado pelo Brasil (*rendimentos não expressamente mencionados*), o qual permite tributação sem restrições pelo Estado da fonte (local onde os serviços são prestados e/ou onde está a fonte pagadora), no caso o Brasil. Cite-se:

> I – As remessas decorrentes de contratos de prestação de assistência técnica e de serviços técnicos sem transferência de tecnologia sujeitam-se à tributação de acordo com o art. 685, inciso II, alínea *a*, do Decreto n. 3.000, de 1999.
>
> II – Nas Convenções para Eliminar a Dupla Tributação da Renda das quais o Brasil é signatário, esses rendimentos classificam-se no artigo Rendimentos não Expressamente Mencionados, e, conseqüentemente, são tributados na forma do item I, o que se dará também na hipótese de a convenção não contemplar esse artigo[10].

---

[9] Decisão n. 369 da 7ª Região Fiscal, publicada no **DOU** de 29-12-1998.

[10] Ato Declaratório Normativo COSIT n. 01/2000.

Ao qualificar tais rendimentos como "*não expressamente mencionados*", na dicção do artigo 22, a Receita Federal "contorna" o mandamento do artigo 7, de acordo com o qual não é permitido ao Estado da fonte impor qualquer tributação sobre o "*lucro das empresas*", salvo se tais lucros puderem ser atribuídos a um estabelecimento permanente situado em seu território, libertando-se para, sem as restrições do acordo de bitributação, tributar nos termos da lei brasileira.

É curioso notar que, para os serviços prestados por profissionais liberais, a Receita Federal continua aplicando o artigo 14, cuja regra central é (respeitadas as diferenças entre pessoas físicas e jurídicas) idêntica à contida no artigo 7, e, no entanto, preferiu negar o mesmo tratamento para os serviços prestados por empresas no exercício regular de suas atividades.

Consideramos tal posicionamento equivocado, e não é apenas no Brasil que ele provoca polêmica. Ao tratar do artigo 21 da Convenção Modelo da OCDE, assim ensina Vogel:

> 12b. O artigo 21 *não* se aplica a rendimentos que se incluem nos lucros das empresas, a que se refere artigo 7º, tal como, por exemplo, *remuneração por serviços técnicos*, para os quais há dispositivos especiais (vide artigo 12 [...]), *mas que, não se aplicando aqueles dispositivos especiais, caem no artigo 7º*[11]. (g.n.)

A visão das autoridades fiscais brasileiras tem, inclusive, provocado celeumas com países com os quais o Brasil possui acordo de bitributação. O caso espanhol é emblemático, e em negociação concluída em 2004 chegou-se a uma solução divergente dos argumentos até aqui sustentados, mas que definitivamente encerra a questão sobre a qualificação da assistência e serviços técnicos. Vejamos:

---

[11] VOGEL, Klaus. **On Double Taxation Conventions**. London: Kluwer Law International, 1997, p. 1073.

Ato Declaratório Interpretativo SRF n. 27, de 21 de dezembro de 2004

(...)

Art. 3º Com relação a *royalties* e serviços técnicos, deve-se observar o seguinte:

I – *incluem-se no conceito de "royalties", para fins de aplicação da Convenção, todos os serviços técnicos ou de assistência técnica, independentemente de que, em si mesmos, suponham ou não transferência de tecnologia*, à exceção do disposto no inciso II;

II – aplica-se o art. 14º da Convenção ("Profissões independentes") aos serviços técnicos de caráter profissional relacionados com a qualificação técnica de uma pessoa ou grupo de pessoas;

III – não se aplica, em nenhuma hipótese, o art. 22º da Convenção ("Rendimentos não expressamente mencionados") aos serviços técnicos prestados por uma empresa de um Estado contratante no outro Estado contratante;

IV – considera-se reduzido o âmbito de aplicação do art. 7º da Convenção ("Lucros das empresas") no tocante aos serviços compreendidos nos incisos I, II e III deste artigo. (g.n.)

Assim, em que pese a falta de técnica na generalização da qualificação de serviços como *royalties*, chega-se a um meio-termo: o Estado da fonte (em regra, o Brasil) não se vê proibido de tributar pelo artigo 7, e o Estado da residência (normalmente a Espanha) passa a contar com o limite da tributação na fonte pelo imposto sobre a renda (de 15% ou 10%) que há no artigo 12, mas que não haveria na hipótese de aplicação do artigo 22.

Dessa forma, no caso específico da Espanha, tendo em vista a solução encontrada pelos dois países a que nos referimos acima, não há a possibilidade de os rendimentos remetidos à Electrospain serem qualificados sob o artigo 7 ou 22. Ou seja, ainda que se entenda inexistir transferência de tecnologia, aplicar-se-á o artigo 12 (*royalties*) do acordo de bitributação.

1.3 Tributação dos rendimentos pelo imposto sobre a renda

1.3.1 Aspectos gerais - alíquotas e retenção na fonte

Os rendimentos decorrentes da prestação de serviços puros (*i. e.*, sem transferência de tecnologia), quando pagos, creditados, entregues, empregados ou remetidos, por fonte situada no país, para pessoa física ou jurídica residente no exterior, sujeitam-se à retenção do imposto de renda na fonte (IRRF) à alíquota de 25% (Lei n. 9.779/99, art. 7º, e art. 685, II, do RIR).

Já os pagamentos destinados ao exterior em contrapartida à prestação de serviços técnicos e de assistência técnica e a título de *royalties* de qualquer natureza tiveram sua alíquota reduzida para 15% por ocasião da criação da Contribuição para Intervenção no Domínio Econômico – CIDE pela Lei n. 10.168 em 2000[12].

Assim, por força da natureza dos serviços a serem prestados pela Electrospain, tanto as remessas para o pagamento da assistência técnica como os *royalties* pela licença de uso da marca "VISION" estarão sujeitos ao IRRF à alíquota de 15%.

Vale notar que, não obstante ser o tomador do serviço (Brasilectron) responsável tributário pela retenção do imposto, o contribuinte da obrigação tributária (quem efetivamente deve arcar com o ônus econômico) é o beneficiário do rendimento, ainda que por acordo entre as partes decida-se por efetuar o *gross-up* do preço, de modo a repassar o encargo econômico (e não jurídico) do tributo para a fonte pagadora.

1.3.2 *Royalties*: limites de dedução

A legislação brasileira do imposto de renda tem características peculiares no que diz respeito à dedutibilidade de *royalties* e

[12] Essa redução foi consolidada pela MP n. 2.159-70/2001, art. 3º.

valores pagos em remuneração à prestação de serviços técnicos e de assistência técnica que envolvam a transferência de tecnologia.

Isso porque, embora a dedução seja permitida (desde que respeitadas as exigências de registro no BACEN e/ou no INPI), ela deve atender a um limite fixado pelo Ministro da Fazenda, conforme dispõem os arts. 353 e 354 do RIR[13].

Referido limite é de *no máximo* 5% da receita líquida das vendas do produto fabricado ou vendido, mas o coeficiente efetivo será definido periodicamente pelo Ministério da Fazenda, tendo em vista os tipos de produção ou atividades reunidos em grupos, e o seu grau de essencialidade. É o que diz o art. 355 do RIR, *verbis*:

> Art. 355. As somas das quantias devidas a título de *royalties* pela exploração de patentes de invenção ou uso de marcas de indústria ou de comércio, e por assistência técnica, científica, administrativa ou semelhante, *poderão ser deduzidas como despesas operacionais até o limite máximo de cinco por cento da receita líquida das vendas do produto fabricado ou vendido* (art. 280), ressalvado o disposto nos arts. 501 e 504, inciso V (Lei n. 3.470, de 1958, art. 74, e Lei n. 4.131, de 1962, art. 12, e Decreto-Lei n. 1.730, de 1979, art. 6º).
>
> § 1º Serão estabelecidos e revistos periodicamente, mediante ato do Ministro de Estado da Fazenda, os coeficientes percentuais admitidos para as deduções a que se refere este artigo, considerados os tipos de produção ou atividades reunidos em grupos, segundo o grau de essencialidade (Lei n. 4.131, de 1962, art. 12, § 1º).

No caso específico dos *royalties* e da remuneração por assistência técnica a serem remetidos para a Electrospain, os limites atualmente fixados são os seguintes:

---

[13] No caso de remessas para pessoas vinculadas no exterior, a Lei n. 9.249/95 é expressa no sentido de não permitir a aplicação das regras de preços de transferência.

Rendimento	Limite de dedução
Royalties licença de marca	1%
Remuneração de assistência técnica	3%

Dessa forma, a Brasilectro só poderá lançar a título de despesa dedutível, para fins de IRPJ e da CSLL, 1% do valor remetido em contrapartida à licença da marca "VISION" e 3% do valor dos serviços técnicos e de assistência técnica pagos à Electrospain.

Por fim, vale mencionar que, no caso da assistência técnica, a dedução somente será permitida nos cinco primeiros anos de funcionamento da empresa tomadora dos serviços e detentora da licença, ou da introdução do processo especial de produção, com possibilidade de extensão do prazo por mais cinco anos.

1.3.3 IRRF em face do tratado Brasil-Espanha

Conforme já esclarecido, os acordos de bitributação sobrepõem-se à lei interna, de tal forma que se faz necessário saber em que termos o acordo de bitributação assinado entre Brasil e Espanha limita o primeiro em seu poder de tributar as remessas para a segunda, no que se refere ao pagamento (i) da licença de uso da marca de TV "VISION" e (ii) da prestação de serviços técnicos e de assistência técnica tal como o prestado pela Electrospain.

Já vimos que ambas as remunerações a serem remetidas para a Electrospain qualificam-se como *royalties* para fins do acordo. Diante disso, é mister averiguar o que dispõe a norma de distribuição da tributação do artigo 12.

Segundo o artigo 12, parágrafo 2, o Estado da fonte pode tributar o montante bruto dos *royalties* remetidos até o limite de 10% para licenças de direito de autor e obras literárias e 15% para os demais casos.

Assim, a julgar pelo teor do aludido parágrafo 2, o limite de 15% permitiria a aplicação da alíquota integral de 15%, prevista na legislação brasileira, para pagamento de *royalties*.

Todavia, o acordo Brasil-Espanha contém em seu protocolo a denominada Cláusula de Nação mais Favorecida, que obriga o Brasil a reduzir o mencionado limite de 15% caso tenha utilizado um limite inferior (a 15%) em acordos firmados posteriormente com outras nações não latino-americanas. Vejamos:

> 4. Ad/Artigo 12, parágrafo 2
>
> Na eventualidade de o Brasil, após a assinatura da presente Convenção, reduzir o imposto sobre os "royalties" mencionados no parágrafo 2, "b", do Artigo 12, pagos por um residente do Brasil a um residente de um terceiro Estado não localizado na América Latina, uma redução igual será automaticamente aplicável ao imposto sobre os "royalties" pagos a um residente da Espanha que se encontre em condições similares.

O Brasil se viu obrigado a reduzir o citado limite para 12,5% em razão da assinatura do tratado com o Japão e, mais recentemente, para 10% em virtude do que dispõe o tratado firmado com Israel, salvo para marcas e patentes. Tal redução foi reconhecida pelo Ato Declaratório Interpretativo n. 4, de 17-3-2006:

> Art. 2º Na hipótese de *royalties*, a tributação na fonte, incidente sobre o valor bruto da remessa, dar-se-á às alíquotas de:
>
> I – quinze por cento, no caso de uso ou da concessão de uso de marcas de indústria ou comércio; e
>
> II – dez por cento, nos demais casos.

Portanto, para os pagamentos destinados à Electrospain em virtude da licença para uso da marca de TV "VISION", o Brasil poderá exigir IRRF à alíquota integral de 15%. Já para a remuneração da assistência técnica, estará limitado a 10%.

1.3.4 Crédito do imposto

Vale lembrar ainda que, de acordo com o artigo 23 do acordo para evitar a dupla tributação, o Estado de residência do beneficiário do rendimento está obrigado a conceder um crédito equivalente ao montante de imposto pago no outro Estado contratante. Confira-se:

> ARTIGO 23
>
> Métodos para eliminar a dupla tributação
>
> 1. Quando um residente de um Estado Contratante receber rendimentos que, de acordo com as disposições da presente Convenção, sejam tributáveis no outro Estado Contratante, o primeiro Estado, ressalvado o disposto nos parágrafos 2, 3 e 4, *permitirá que seja deduzido do imposto que cobrar sobre os rendimentos desse residente, um montante igual ao imposto sobre a renda pago no outro Estado Contratante.*
>
> Todavia, o montante deduzido não poderá exceder a fração do imposto sobre a renda, calculado antes da dedução, correspondente aos rendimentos tributáveis no outro Estado Contratante.

Ocorre que o Tratado Brasil-Espanha, a exemplo de alguns outros firmados com países europeus, estabelece um crédito fictício (*tax sparring*) de 25% para pagamento de *royalties*, nos casos em que o país de residência do beneficiário seja a Espanha. Confira-se o artigo 23(2) do tratado:

> 2. Para a dedução mencionada no parágrafo 1, o imposto sobre os juros e "royalties" será sempre considerado como tendo sido pago com as alíquotas de 20% e 25% respectivamente.

Assim, em que pese o Brasil tributar a 15% os *royalties* pela licença da marca "VISION" e a 10% a remuneração da assistência técnica, a Espanha garantirá à Electrospain um crédito fictício de 25% em ambos os casos, a ser abatido do imposto devido ao fisco espanhol. A tabela abaixo ilustra a redução gerada pelo *tax sparring*:

Rendimento	**Tributação no Brasil**	**Crédito na Espanha**	**Redução da carga final**
Licença de marca	15%	25%	10%
Assistência técnica	10%	25%	15%

Logo, a carga final, que, em última análise, é aquela prevista na legislação espanhola, será bastante favorável, notadamente no caso da assistência técnica, na medida em que será reduzida de um montante equivalente a 15% da remessa bruta.

1.3.5 Incidência da CIDE sobre pagamentos de *royalties*

Por ocasião da instituição da Contribuição de Intervenção no Domínio Econômico, a Lei n. 10.168/2000 indicou, em seu art. 2º, os pagamentos que deveriam submeter-se à incidência da contribuição:

> Art. 2. (...) fica instituída contribuição de intervenção no domínio econômico, devida pela pessoa jurídica *detentora da licença de uso ou adquirente de conhecimentos tecnológicos, bem como aquela signatária de contratos que impliquem transferência de tecnologia*, firmados com residentes ou domiciliados no exterior.
>
> (...)
>
> § 2º A contribuição incidirá sobre os valores pagos, creditados, entregues, empregados ou remetidos, a cada mês, a residentes e domiciliados no exterior, a título de remuneração decorrente das obrigações indicadas no *caput* deste artigo.

Vê-se, portanto, que a CIDE foi originalmente instituída para incidir apenas sobre as quantias remetidas a pessoas jurídicas residentes e domiciliadas no exterior, por força de contratos que envolvam a transferência de tecnologia.

Todavia, o dispositivo acima transcrito teve a sua redação alterada pelo art. 6º da Lei n. 10.332/2001, o qual dispõe que a partir de 1º-1-2002 a CIDE passa a ser devida por ocasião do pagamento ou crédito de *royalties*, a qualquer título, a beneficiários residentes ou domiciliados no exterior, nos seguintes termos:

> Art. 2º (...)
>
> (...)
>
> § 2º A partir de 1º de janeiro de 2002, a contribuição de que trata o *caput* deste artigo passa a ser devida também pelas pes-

soas jurídicas signatárias de contratos que tenham por objeto serviços técnicos e de assistência administrativa e semelhantes a serem prestados por residentes ou domiciliados no exterior, bem assim pelas pessoas jurídicas que pagarem, creditarem, entregarem, empregarem ou remeterem *royalties*, a qualquer título, a beneficiários residentes ou domiciliados no exterior.

Assim, com a edição da Lei n. 10.332/2001, ficou definido que, a partir de janeiro de 2002, a CIDE passaria a ser devida também pelas pessoas jurídicas signatárias de contratos que tenham por objeto serviços técnicos e de assistência administrativa e semelhantes a serem prestados por residentes ou domiciliados no exterior, bem assim pelas pessoas jurídicas que pagarem, creditarem, entregarem, empregarem ou remeterem *royalties*, a qualquer título, a beneficiários residentes ou domiciliados no exterior.

Com a mudança levada a efeito pela Lei n. 10.332/2001, buscou-se, mediante o emprego da expressão "*royalties* a qualquer título", ampliar o campo de incidência da CIDE para abranger quaisquer quantias que possam ser classificadas como *royalties*, e não apenas os valores decorrentes de operação que envolva transferência de tecnologia.

Contudo, o Decreto n. 4.195/2002, que regulamentou o art. 2º da Lei n. 10.168/2000, claramente delimitou a incidência da CIDE sobre *royalties* aos casos em que houvesse transferência de tecnologia, cessão e licença de uso de marcas e cessão e licença de exploração de patentes, a teor do que dispõe seu art. 10.

> Art. 10. A contribuição de que trata o art. 2º da Lei 10.168, de 2000, incidirá sobre as importâncias pagas, creditadas, entregues, empregadas ou remetidas, a cada mês, a residentes ou domiciliados no exterior, a título de *royalties* ou remuneração, previstos nos respectivos contratos, que tenham por objeto:
>
> I – fornecimento de tecnologia;
>
> II – prestação de assistência técnica:
>
> *a*) serviços de assistência técnica;

b) serviços técnicos especializados;

III – serviços técnicos e de assistência administrativa e semelhantes;

IV – cessão e licença de uso de marcas; e

V – cessão e licença de exploração de patentes.

Pode-se alegar, portanto, ter o Decreto n. 4.195/2002, como regulamento executivo, afastado a incidência da CIDE sobre os pagamentos de *royalties* decorrentes de contratos em que não haja transferência de tecnologia, restringindo a tributação apenas aos casos de fornecimento de tecnologia, cessão e licença de uso de marcas e licença de exploração de patentes.

Assim, o conceito de *royalties* adotado pela legislação reguladora da CIDE não coincidiria com aquele previsto pela legislação brasileira do imposto de renda e dos acordos de bitributação, representando conceito singular característico, próprio à finalidade interventiva da CIDE, nos termos das situações fáticas previstas pelo Decreto n. 4.195/2002.

Embora pelos fundamentos apresentados se possa argüir que a CIDE, para a sua válida incidência, exige a transferência de tecnologia, diversos julgados afastam esse requisito, como se vê de decisões abaixo transcritas:

> Processo de Consulta n. 122/05
>
> Órgão: Superintendência Regional da Receita Federal – SRRF – 7ª Região Fiscal
>
> Ementa: CIDE – REMESSAS PARA O EXTERIOR – A partir de 01/01/2002, os valores pagos, creditados, entregues, empregados ou remetidos por pessoa jurídica sediada no País a residentes ou domiciliados no exterior, a título de remuneração de serviços técnicos sem transferência de tecnologia, entre os quais se enquadram os serviços relativos ao registro/depósito de marcas, patentes e desenhos industriais de propriedade de residentes ou domiciliados no Brasil, passaram a estar sujeitos à incidência da CIDE (remessas ao exterior), à alíquota de 10%.

A CIDE incidirá também no caso de pagamento pelo uso de marcas, senão vejamos:

Processo de Consulta n. 249/02

Órgão: Superintendência Regional da Receita Federal – SRRF – 7ª Região Fiscal

Ementa: A remuneração periódica (*royalty*) paga, creditada, entregue, empregada ou remetida, a cada mês, a residente ou domiciliado no exterior, pela licença de uso de marca, associada à prestação de assistência técnica e à transferência de *know-how* técnico e serviços de sistema, bem como pelo direito de uso de tecnologia de implantação e administração de negócio, no sistema de franquia, está sujeita à incidência da CIDE.

É de destacar, ainda, que o art. 4º da Medida Provisória n. 2.159-70/2001 garante o crédito referente à CIDE incidente sobre as importâncias pagas, creditadas, entregues, empregadas ou remetidas ao exterior para pagamento de *royalties*, no caso de contratos de exploração de patentes e de uso de marcas. Vejamos:

§ 1º O crédito referido no *caput*:

I – será determinado com base na contribuição devida, incidente sobre pagamentos, créditos, entregas, emprego ou remessa ao exterior a título de *royalties* de que trata o *caput* deste artigo, mediante utilização dos seguintes percentuais:

a) cem por cento, relativamente a períodos de apuração encerrados a partir de 1º de janeiro de 2001 até dezembro de 2003;

b) setenta por cento, relativamente a períodos de apuração encerrados a partir de 1º de janeiro de 2004 até 31 de dezembro de 2008;

c) trinta por cento, relativamente aos períodos de apuração encerrados a partir de 1º de janeiro de 2009 até 31 de dezembro de 2013;

II – será utilizado, exclusivamente, para fins de dedução da contribuição incidente em operações posteriores, relativas a *royalties* previstos no *caput* deste artigo.

Nesse sentido, não há falar em crédito referente à CIDE incidente sobre pagamentos ou créditos de remuneração por serviços técnicos ou assistência técnica que envolvam transferência de tecnologia, pois o crédito só será garantido para o caso de pagamento de CIDE sobre *royalties* pelo uso de marca ou de patentes.

1.3.5.1 A CIDE em face do Tratado Brasil-Espanha

Em rigor, os acordos de bitributação restringem-se aos "Impostos sobre a Renda", conforme a dicção do artigo 2º do tratado com a Espanha. Todavia, os acordos prevêem a aplicação de seus dispositivos a tributos semelhantes ao imposto de renda. Assim, no acordo de bitributação firmado com Portugal, restou expressamente consignada a sua aplicação também à Contribuição Social sobre o Lucro Líquido, conforme se observa do item 1 do Protocolo Integrante do acordo, cujo teor transcrevemos abaixo.

> (...) Fica entendido que, nos impostos visados no artigo 2º, n. 1, alínea "a", está compreendida a Contribuição Social sobre o Lucro Líquido (CSLL), (...).

> Além disso, o item 4 do artigo 2º do acordo firmado com a Espanha estabelece:

> 4. Esta Convenção também será aplicável a quaisquer impostos idênticos ou substancialmente semelhantes que forem posteriormente criados seja em adição aos impostos já existentes, seja em sua substituição. As autoridades competentes dos Estados Contratantes notificar-se-ão de qualquer modificação significativa que tenha sido introduzida em suas respectivas legislações fiscais.

Considerando ter a CIDE fato gerador idêntico ao imposto de renda nas remessas de *royalties* ao exterior, teoricamente, até seria possível procurar limitar a sua incidência por meio do acordo Brasil-Espanha, pois, embora tenha sido introduzida no ordenamento jurídico brasileiro como contribuição, guarda todos os contornos característicos do imposto de renda.

A Solução de Consulta SRRF/9ª RF DISIT n. 083, de 2003, explicita o entendimento das autoridades fiscais no sentido de não serem aplicáveis às contribuições federais os dispositivos contidos em acordos de bitributação firmados pelo Brasil, para fins de limitação de alíquotas relativamente ao pagamento de *royalties*:

> Ementa: As remessas efetuadas à empresa domiciliada no exterior em face de contrato referente à licença sobre direitos de propriedade industrial e de direito de uso de informações técnicas, incluindo, subsidiariamente, a obrigação da Licenciante de fornecer informações técnicas e assistência técnica, caracterizam pagamento de *royalties* conforme definição dada ao termo pela Convenção Internacional para Evitar a Dupla Tributação em Matéria de Imposto de Renda, entre o Governo da República Federativa do Brasil e o Governo da República da Coréia.
>
> A Contribuição de Intervenção no Domínio Econômico – CIDE, instituída pela Lei 10.168/00, não está sujeita ao limite de tributação fixado pela Convenção Internacional para Evitar a Dupla Tributação em Matéria de Imposto de Renda, entre o Governo da República Federativa do Brasil e o Governo da República da Coréia.

Assim, referidos acordos somente serão aplicados ao imposto de renda sem consideração à incidência adicional da CIDE, no caso, 10%.

Na visão das autoridades brasileiras, a despeito de ter a CIDE fato gerador semelhante ao imposto de renda, tal característica não seria por si só suficiente para impor a esta espécie tributária a aplicação do acordo de bitributação, uma vez se tratar de contribuintes diversos, no primeiro caso (CIDE) o contribuinte é a fonte pagadora residente no Brasil, enquanto no segundo (IRRF), o contribuinte é o beneficiário do rendimento pago.

REFERÊNCIAS

Doutrina:

BULHÕES PEDREIRA, José Luiz. **Imposto de renda**. Rio de Janeiro: Justec, 1971.

GALHARDO, Luciana Rosanova. Serviços técnicos prestados por empresa francesa e imposto de renda na fonte. **Revista Dialética de Direito Tributário**, São Paulo: Dialética, n. 31.

OECD. **Commentaries of the 1977 Model Convention**. Commentary on article 12 concerning the taxation of royalties.

VOGEL, Klaus. **On double taxation conventions**. London: Kluwer Law International, 1997.

XAVIER, Alberto. **Direito tributário internacional do Brasil**. Rio de Janeiro: Forense, 1998.

Legislação:

Código Tributário Nacional (Lei n. 5.172, de 25-10-1966).

Lei n. 4.506, de 30-11-1964.

Lei n. 9.249, de 26-12-1995.

Lei n. 9.779, de 19-1-1999.

Lei n. 10.168, de 29-12-2000.

Lei n. 10.332, de 19-12-2001.

Medida Provisória n. 2.159-70, de 24-8-2001.

Decreto Legislativo n. 62, de 7-8-1975.

Convenções Modelo da OCDE de 1977 e 1992.

Regulamento do Imposto de Renda (Decreto n. 3.000, de 26-3-1999).

Decreto n. 4.195, de 11-4-2002.

Ato Declaratório Normativo COSIT n. 01/2000.

Ato Declaratório Interpretativo SRF n. 27, de 21-12-2004.

Ato Declaratório Interpretativo SRF n. 04, de 17-3-2006.

Jurisprudência:

Processo de Consulta n. 249/2002, da Superintendência da 7ª Região Fiscal da Secretaria da Receita Federal.

Processo de Consulta n. 122/2005, da Superintendência da 7ª

Região Fiscal da Secretaria da Receita Federal.

Decisão n. 369/98, da Superintendência da 7ª Região Fiscal da Secretaria da Receita Federal, **DOU** de 29-12-1998.

Decisão n. 119/99, da Superintendência da 7ª Região Fiscal da Secretaria da Receita Federal, **DOU** de 12-5-1999.

Decisão n. 007/97, da Superintendência da 9ª Região Fiscal da Secretaria da Receita Federal, **DOU** de 30-12-1997.

Decisão n. 083/2003, da Superintendência da 9ª Região Fiscal da Secretaria da Receita Federal.

2 NOVAS FONTES DE TRIBUTAÇÃO

Fernando Aurelio Zilveti

Coordenador e professor do programa de educação continuada e especialização em Direito GVlaw, professor da Escola de Administração do Estado de São Paulo da Fundação Getulio Vargas, mestre pela Faculdade de Direito da Universidade de São Paulo, advogado e sócio do escritório Zilveti e Sanden Advogados.

Carlos Eduardo Costa M. A. Toro

Especialista em Direito Tributário pela Pontifícia Universidade Católica de São Paulo e pela Escola de Direito de São Paulo da Fundação Getulio Vargas – GVlaw, advogado do escritório Zilveti e Sanden Advogados.

Bianca Maia de Britto

Especialista em Direito Tributário pela Pontifícia Universidade Católica de São Paulo, advogada do escritório Zilveti e Sanden Advogados.

2.1 Caso *Robinson (Her Majesty's Inspector of Taxes) v. Agassi*[1]

O conhecido tenista norte-americano Andre Agassi disputou por muito tempo o circuito internacional de tênis, tendo recentemente se despedido das quadras ao disputar o torneio aberto dos EUA. Referido tenista não foi residente nem domiciliado no Reino Unido, ao menos no período objeto da fiscalização que resultou no caso em questão[2]. Apesar disso, Andre Agassi viajava freqüentemente ao Reino Unido para participar de campeonatos de tênis, notadamente o torneio de Wimbledon.

Como ocorre com diversos esportistas de renome que desenvolvem sua atividade em caráter profissional, Andre Agassi cons-

---

[1] O caso em questão será utilizado com fins meramente ilustrativos, uma vez que se trata de julgamento de fatos sujeitos ao ordenamento jurídico britânico, cujas conclusões não podem ser transportadas para o direito brasileiro. Nesse contexto, a escolha desse caso como pano de fundo para uma discussão sobre elementos de conexão deve-se às suas particularidades, que envolvem uma imposição tributária que não se baseia na fonte de pagamento, tampouco na residência do beneficiário dos rendimentos. Deve-se ressaltar, no entanto, que há previsão na legislação britânica para tal tributação, apesar das diferentes interpretações de especialistas acerca da extensão dessa previsão legal para pagamentos provenientes de fontes estrangeiras, ou seja, não britânicas (*Sections* 555 a 558 do *UK Income and Corporation Taxes Act 1988*).

[2] Durante os anos de 1998 e 1999, Andre Agassi era residente nos Estados Unidos.

tituiu uma empresa para receber seus rendimentos de patrocínio. A constituição dessa empresa se justifica para explorar comercialmente a cessão do direito de uso de sua imagem.

Nesse contexto, a empresa do tenista, Agassi Enterprises Inc. ("Agassi Enterprises"), atua celebrando contratos de patrocínio com fabricantes de equipamentos e roupas esportivas. Essas empresas, por sua vez, utilizam os direitos de imagem do jogador para promoção de seus produtos nos mercados em que atuam.

Sob tal forma de planejamento comercial e tributário, a Agassi Enterprises recebeu pagamentos, durante o ano fiscal britânico de 1998/1999, de duas empresas de produtos esportivos, Nike Inc. ("Nike") e Head Sport AG ("Head"), sendo que nenhuma dessas empresas era residente no Reino Unido à época ou conduzia atividades comerciais lá, seja por meio de filial, agência ou estabelecimento permanente. Além disso, os pagamentos em questão também não partiram de fonte localizada no Reino Unido.

Questão que se coloca é saber se o Fisco britânico poderia ou não tributar os pagamentos realizados pela Nike e pela Head à Agassi Enterprises, decorrentes da utilização pelo tenista das roupas e raquetes fabricadas por aquelas empresas em torneios realizados no Reino Unido, entre eles Wimbledon, nos anos de 1998 e 1999.

Apesar das características do caso indicarem que Andre Agassi, pessoa física, e especialmente sua empresa, Agassi Enterprises, não tivessem ligação relevante com o Reino Unido a ponto de se sujeitarem à tributação nesse Estado em relação aos rendimentos de patrocínio, fato é que o Fisco britânico exigiu o recolhimento do imposto de renda sobre os rendimentos em questão.

Para tanto, o Fisco britânico valeu-se da previsão das *Sections* 555 a 558 do *UK Income and Corporation Taxes Act 1988*, que prevêem a tributação de esportistas que não sejam residentes no Reino Unido em relação aos lucros ou ganhos provenientes de atividade exercida nesse Estado[3].

---

[3] Income and Corporation Taxes Act 1988

"ENTERTAINERS AND SPORTSMEN

555 Payment of tax

(1) Where a person who is an entertainer or sportsman of a prescribed description performs an activity of a prescribed description in the United Kingdom ('a relevant activity'), this Chapter shall apply if he is not resident in the United Kingdom in the year of assessment in which the relevant activity is performed.

(2) Where a payment is made (to whatever person) and it has a connection of a prescribed kind with the relevant activity, the person by whom it is made shall on making it deduct out of it a sum representing income tax and shall account to the Board for the sum.

(3) Where a transfer is made (to whatever person) and it has a connection of a prescribed kind with the relevant activity, the person by whom it is made shall account to the Board for a sum representing income tax...

(6) This section shall not apply to payments or transfers of such a kind as may be prescribed...

(8) Where in accordance with subsections (2) to (7) above a person pays a sum to the Board, they shall treat it as having been paid on account of a liability of another person to income tax or corporation tax; and the liability and the other person shall be such as are found in accordance with prescribed rules...

556 Activity treated as a trade etc and attribution of income

(1) Where a payment is made (to whatever person) and it has a connection of the prescribed kind with the relevant activity, the activity shall be treated for the purpose of the Tax Acts as performed in the course of a trade, profession or vocation exercised by the entertainer or sportsman within the United Kingdom, to the extent that (apart from this subsection) it would not be so treated.

(2) Where a payment is made to a person who fulfils a prescribed description but is not the entertainer or sportsman and the payment has a connection of the prescribed kind with the relevant activity-

(a) the entertainer or sportsman shall be treated for the purposes of the Tax Acts as the person to whom the payment is made; and

A defesa do tenista Andre Agassi argumentou que tanto a Nike quanto a Head são empresas estrangeiras sem atividade comercial no Reino Unido à época, de forma que a intenção do Parlamento ao editar tal norma não poderia ser a de sujeitar à tributação pessoas físicas e empresas que não são residentes ou não tenham uma presença comercial no Reino Unido. Segundo a defesa de Andre Agassi, as disposições do *UK Income and Corporation Taxes Act 1988* tratam efetivamente da tributação de rendimentos de não-residentes, porém provenientes de fonte britânica, o que não seria o caso.

O Fisco britânico, por sua vez, sustentou que, se essa linha de argumentação estivesse correta, todo esportista não-residente que ganhasse dinheiro de contratos de patrocínio relacionados com atividade profissional desenvolvida no Reino Unido poderia evitar a tributação desse rendimento ao simplesmente assegurar que o dinheiro fosse pago por uma empresa estrangeira sem a presença de ativos no Reino Unido.

Percebe-se, assim, que esse caso envolve não somente a discussão acerca da ligação existente entre o tenista Andre Agassi e o ordenamento tributário britânico, mas também a intenção do legislador ao prever tal forma de tributação em face da evidente possibilidade de planejamento tributário.

No caso *Robinson (Her Majesty's Inspector of Taxes) v. Agassi*, a Câmara dos Lordes, a mais alta corte do Reino Unido, decidiu, por quatro votos a um, que os pagamentos de patrocínio feitos para a

(b) the payment shall be treated for those purposes as made to him in the course of a trade, profession or vocation exercised by him within the United Kingdom (whether or not he would be treated as exercising such a trade, profession or vocation apart from this paragraph)...

(5) This section shall not apply unless the payment or transfer is one to which section 555(2) or (3) applies, and subsections (2) and (3) above shall not apply in such circumstances as may be prescribed."

Agassi Enterprises deveriam ser tributados no Reino Unido, apesar de as fontes pagadoras serem empresas estrangeiras e o tenista não ser residente ou domiciliado nesse Estado[4]. Nos termos dessa decisão, as disposições da *Section* 555(2) do *UK Income and Corporation Taxes Act 1988* não poderiam ser limitadas pelo princípio da territorialidade.

Como visto acima, a argumentação utilizada pelos advogados de Andre Agassi baseia-se na ausência de um elemento de conexão entre o tenista e/ou sua empresa e o Reino Unido a sujeitá-los à tributação nesse Estado.

Entretanto, a maioria dos julgadores do caso na Câmara dos Lordes acatou a argumentação do Fisco britânico no sentido de que se a presença tributária das empresas que realizaram os pagamentos fosse efetivamente um elemento essencial para a incidência tributária, o planejamento tributário no sentido de evitar essa tributação seria recorrente. O pagamento do tributo tornar-se-ia, dessa maneira, segundo a expressão utilizada por um dos julgadores, voluntária. Como o legislador não poderia ter pretendido esse resultado, concluiu-se que o dispositivo legal deveria ser interpretado de modo a permitir a tributação independentemente da origem do pagamento e da residência do beneficiário do rendimento.

A decisão da Câmara dos Lordes não foi, no entanto, unânime. Um dos julgadores foi vencido, tendo juntado um voto a favor de

4 <http://www.publications.parliament.uk/pa/ld200506/ldjudgmt/jd060517/agasro-1.htm>. Acesso em 29-9-2006. O caso em questão foi julgado recentemente pela Câmara dos Lordes, em 17 de maio de 2006, tendo sido apreciado pelo Lorde Nicholls of Birkenhead, Lorde Hope of Craighead, Lorde Scott of Foscote, Lorde Walker of Gestingthorpe e Lorde Mance. Vale ressaltar que Andre Agassi havia obtido uma decisão favorável nesse caso, em 19 de novembro de 2004, quando do julgamento da questão pela Corte de Apelação – Case n. C3/2004/0829 – *Court of Appeal on Appeal from the High Court of Justice* – <http://www.bailii.org/ew/cases/EWCA/Civ/2004/1518.html>. Acesso em 29-9-2006.

Andre Agassi. Um dos seus principais argumentos partiu da distinção de duas modalidades de renda obtidas por esportistas. Segundo ele, os dispositivos legais abordados no caso foram criados para garantir que esportistas não-residentes no Reino Unido fossem obrigados a pagar imposto de renda relativamente à remuneração pela sua participação em eventos nesse Estado. A título exemplificativo, o prêmio recebido por um atleta em um campeonato esportivo seria objeto de retenção do imposto de renda na fonte. Contudo, essa legislação não se aplicaria à renda de patrocínio, que é exatamente o caso da renda obtida por Andre Agassi da Nike e da Head.

Apesar disso, prevaleceu o entendimento de que a previsão da legislação britânica não poderia ser limitada pelo princípio da territorialidade, interpretação esta que, como se verá abaixo, é bastante discutível do ponto de vista das regras de direito tributário internacional.

2.2 Tendências na tributação internacional da renda

Ao tratar das perspectivas da tributação internacional no século XXI, Philip Backer identifica diversas constantes que, segundo ele, serão verdades nesse século, assim como o foram na última metade do século passado[5]. Entre as constantes identificadas pelo renomado professor da *Queen Mary, University of London*, insere-se a expectativa de que os governos continuarão a contar com os tributos como fonte primordial de arrecadação de recursos. Além disso, Philip Backer acredita que, nesse início de século, os governos tendem a tentar extrair o máximo de receita possível de estrangeiros.

Essa última observação revela o caminho que muitos Estados já estão trilhando no sentido de obter novas fontes de receita.

---

[5] BAKER, Philip. A tributação internacional no século XXI. **Direito Tributário Atual**, São Paulo, Dialética, n. 19, p. 43, 2005.

A obtenção de receita de estrangeiros está diretamente relacionada com a noção de soberania e de elementos de conexão, assim entendidos estes últimos como as relações ou ligações existentes entre as pessoas, os objetos e os fatos com os ordenamentos tributários[6].

Como se verá abaixo, a soberania não é um poder ilimitado e absoluto, pois sofre limitações na própria ordem constitucional de cada Estado, como também nas relações entre Estados e no âmbito supra-estatal (*v.g.* costumes do direito internacional; as convenções internacionais ratificadas; soberanias alheias).

Os elementos de conexão, por sua vez, exercem um papel decisivo ao justificar a tributação de um fato ocorrido no plano internacional, servindo como fatores de atração à tributação de determinada jurisdição, e dando causa, em razão das diversas interpretações que lhe são atribuídas pelos Estados envolvidos numa dada relação tributária, ao fenômeno da dupla tributação.

De fato, os elementos de conexão são utilizados pelos Estados com significados diversos, dificultando a delimitação do Estado ou dos Estados competentes para tributar determinada situação da vida.

Nos dias de hoje, a adequada delimitação dos elementos de conexão ganhou ainda mais importância, seja em função das novas formas de negócios (*v.g.*, comércio eletrônico), que apresentam características que, com base nos conceitos atuais de elementos de conexão, dificultam a identificação do Estado competente para tributar determinado fato da vida, seja pela busca de novas fontes de tributação pelos Estados, que visam incrementar sua arrecadação e fazer frente ao crescimento de suas despesas públicas[7].

---

[6] XAVIER, Alberto. **Direito tributário internacional do Brasil**. 6. ed. atual. Rio de Janeiro: Forense, 2004, p. 252.

[7] A atualidade do tema revela-se, também, pelo fato de a *International Fiscal Association – IFA* ter eleito como um dos temas de seu 59º Congresso, realizado em

Esse tema ganha relevância também na proporção do incremento das relações comerciais internacionais. Atualmente, com a globalização e a maior internacionalização dos sistemas produtivos, verifica-se um aumento das situações da vida que se sujeitam à dupla tributação. Como observa Victor Uckmar, hoje em dia um computador ou um eletrodoméstico tem partes e componentes fabricados nos mais diversos lugares, razão pela qual não faz mais sentido etiquetá-los como "made in Italy", "made in Germany" ou "made in Japan". Essas expressões constantes de produtos importados revelam hoje procedência de fabricação. No entanto, considerando que em muitos produtos os componentes têm as mais variadas procedências, melhor seria marcá-los como "made in the World"[8].

Como revela Vito Tanzi, os sistemas tributários de muitos países foram criados ou desenvolvidos em uma época em que o comércio entre os países era limitado e o fluxo de capitais era praticamente inexistente, de maneira que uma tributação baseada no princípio da territorialidade não era causa de maiores conflitos[9].

Assim, historicamente prevaleceu o primado do país de residência como competente para tributar determinado fato, no que se refere aos impostos sobre a renda e o capital.

Com o passar do tempo, admitiu-se o direito do país da fonte de tributar a renda, haja vista a evidente conexão entre este e o fato tributário[10]. Tal discussão é de extrema relevância quando

---

Buenos Aires, Argentina, entre os dias 11 e 16 de setembro de 2005, uma nova configuração dos princípios da fonte e da residência.

[8] UCKMAR, Victor. **Curso de derecho tributario internacional**. Coordenado por Victor Uckmar. Bogotá: Temis, 2003, t. 1, p. 9.

[9] TANZI, Vito. Globalization, Tax Competition by the Future. *In*: **Curso de derecho tributario internacional**. Coordenado por Victor Uckmar. Bogotá: Temis, 2003, t. 1, p. 20.

[10] XAVIER, Alberto. **Direito tributário internacional do Brasil**, cit., p. 256.

se analisa a política fiscal adotada pelos países em desenvolvimento, que são predominantemente importadores de capitais, em oposição aos países desenvolvidos, que são exportadores de capitais. A partir dessa constatação, percebe-se que os países em desenvolvimento tendem a dar maior relevo ao critério da fonte, ao passo que os países desenvolvidos procuram sistematicamente atribuir maior relevância à residência.

Atualmente, não pairam dúvidas de que a residência da pessoa no território de um Estado legitima o poder tributário deste, assim como a localização da fonte de produção ou pagamento no território de um Estado legitima tal poder a este Estado.

A interpretação dos elementos de conexão é ainda hoje causa de inúmeros conflitos fiscais, pois os Estados muitas vezes possuem diferentes interpretações acerca de determinado elemento de conexão (*v.g.* domicílio, residência, sede, direção).

É nesse contexto de tensão entre as pretensões impositivas dos Estados, bem como de indefinição da função e extensão dos elementos de conexão, que o presente capítulo se propõe a analisar o caso envolvendo o tenista Andre Agassi e o Fisco britânico. Pretende-se, assim, partir do caso concreto para analisar questões relativas aos limites da soberania de um Estado, ou seja, qual a liberdade dos ordenamentos jurídicos de cada Estado em delimitar a extensão dos elementos de conexão que fundamentam seu poder de tributar.

2.3 Planejamento tributário - interposição de pessoa jurídica

Antes de abordar, com maior detalhe, a discussão jurídica que surge da tributação perpetrada pelo Fisco britânico, vale mencionar uma particularidade do caso em análise, que foi a tributação do tenista em sua pessoa física, apesar de os pagamentos em questão terem sido feitos pela Nike e pela Head à empresa do tenista, Agassi Enterprises.

A atividade desenvolvida por alguns esportistas produz renda significativa, de tal modo que estes se valem usualmente do planejamento para reduzir a carga tributária incidente sobre seus rendimentos. Um dos principais aspectos relacionados à tributação de esportistas diz respeito à mobilidade freqüente de suas atividades, sujeitando-os a diversos ordenamentos tributários e favorecendo o planejamento tributário em função da eleição do país de residência[11].

Assim é que a interposição de uma pessoa jurídica para receber rendimentos decorrentes de atividades esportivas é uma prática de planejamento tributário usual entre os esportistas de primeira linha[12]. Em geral, as empresas detentoras dos direitos de imagem dos esportistas são normalmente constituídas ou domiciliadas em jurisdições distintas da residência do atleta, comumente em jurisdições de tributação favorecida.

No Brasil, a interposição de pessoas jurídicas também é freqüente, mesmo em negócios jurídicos que envolvam apenas partes residentes e domiciliadas no Brasil, sendo que as autoridades

---

[11] ALTAMIRANO, Alejandro C. Tratamiento tributario de la renta de artistas y desportistas. Límites para la planificación de sus rentas. *In*: **Estudios de derecho tributario constitucional e internacional**: homenage latinoamericano a Victor Uckmar. Buenos Aires: Depalma, 2005 (449-479), p. 449 e 452.

[12] ALTAMIRANO, Alejandro C. Tratamiento tributario de la renta, cit., p. 452-453: "Los artistas y deportistas denominados 'de élite' porque sus prestaciones artísticas y deportivas son descollantes y en consecuencia están acompañadas por cuantiosos ingresos, recurren con frecuencia a diversas modalidades de planificación; una de ellas es la utilización de sociedades interpuestas, las cuales – controladas por aquellos – reciben parte de sus remuneraciones por conducto de estas. Como es fácil advertir, no se encuentran constituidas en sus países de residencia sino en países de conveniencia fiscal. A esas compañías conducto o 'artiste companies' previamente se les habrá cedido la explotación de sus derechos de imagen o derechos a la percepción de sus honorarios con el propósito de reducir el impacto fiscal sobre ellas".

fiscais já se manifestaram contrariamente a tal prática na prestação de serviços de esportistas e artistas.

A título exemplificativo, pode-se mencionar o caso envolvendo Luiz Felipe Scolari, ex-técnico da seleção brasileira de futebol. Ele sofreu autuação fiscal por omissão de rendimentos de trabalho na apuração do imposto de renda em relação a pagamentos recebidos por empresa da qual era sócio. Conforme consta do acórdão proferido pelo Primeiro Conselho de Contribuintes[13] no julgamento do caso, o contrato celebrado entre a referida empresa e a Sociedade Esportiva Palmeiras previa que aquela prestaria serviços de treinamento da equipe profissional de futebol obrigatoriamente por meio de seu sócio, o técnico de futebol em questão. A fiscalização entendeu que tais serviços foram realizados de forma individual e personalíssima, razão pela qual considerou que a remuneração prevista contratualmente deveria ser considerada como rendimento tributável na pessoa física do sócio – técnico de futebol – em sua Declaração de Ajuste Anual e não como rendimento da empresa da qual este era sócio[14].

[13] Os Conselhos de Contribuintes são órgãos colegiados judicantes diretamente subordinados ao Ministro de Estado da Fazenda, que têm por finalidade o julgamento administrativo, em segunda instância, de litígios fiscais.

[14] "(...) OMISSÃO DE RENDIMENTOS RECEBIDOS DE PESSOA JURÍDICA - CONTRATO DE TRABALHO DE NATUREZA PERSONALÍSSIMA - Os rendimentos auferidos pela prestação individual de serviços de técnico de futebol, que são prestados de forma pessoal, são tributados na pessoa física. As convenções particulares, relativas à responsabilidade pelo pagamento de tributos, não podem ser opostas à Fazenda Pública, para modificar a definição legal do sujeito passivo das obrigações tributárias correspondentes. (...)" (Delegacia da Receita Federal de Julgamento em Porto Alegre, 4ª Turma, Ac. 3756, de 19-5-2004. Disponível em http://decisoes.fazenda.gov.br/netacgi/nph-brs?s7=&s9=DRJ/$.SIGL.&s10=&n=-TPE&d=DECW&p=1&u=/netahtml/decisoes/decw/pesquisaDRJ.htm&r=4&f=G&l=20&s1=&s2=&s3=&s4=&s5=natureza+personal%EDssima&s6=&s8=. Acesso em 13-9-2006).

Assim, embora não se pretenda aqui analisar a legitimidade do planejamento tributário que envolve a interposição de pessoas jurídicas, tem-se que esta é uma prática recorrente, seja no âmbito interno, seja em operações internacionais, como se depreende da descrição do caso *Robinson (Her Majesty's Inspector of Taxes) v. Agassi.*

Importa notar que a decisão da Câmara dos Lordes não deixa claro por que a responsabilidade pelo recolhimento do imposto de renda foi atribuída ao tenista Andre Agassi, pessoa física, e não a Agassi Enterprises, que era a beneficiária dos pagamentos.

Um dos julgadores do caso limitou-se a dizer que os pagamentos feitos para empresas estrangeiras controladas por esportistas estrangeiros, relativamente a atividades comerciais no Reino Unido, devem ser considerados como feitos para estes.

Não é possível afirmar, no entanto, que houve no caso a aplicação da teoria *substance over form* ou interpretação econômica, por meio da desconsideração da pessoa jurídica para alcançar a pessoa de seu sócio, ao menos para fins tributários.

Independentemente disso, tem-se que as razões que tornam tal tributação discutível não se limitam ao fato de a exigência em questão recair sobre a pessoa física do tenista e não sobre sua empresa – beneficiária dos rendimentos –, mas envolvem também a própria definição do que é renda.

"IMPOSTO DE RENDA DAS PESSOAS FÍSICAS – São rendimentos da pessoa física para fins de tributação do Imposto de Renda aqueles provenientes do trabalho assalariado, as remunerações por trabalho prestado no exercício de empregos, cargos, funções e quaisquer proventos ou vantagens percebidos tais como salários, ordenados, vantagens, gratificações, honorários, entre outras denominações. (...)" (Rec. 141697, 6ª Câmara, Proc. 11020.003823/2003-26, Sessão de 20-10-2004, Rel. José Ribamar Barros Penha, Ac. 106-14244. Disponível em <http://www.conselhos.fazenda.gov.br/domino/Conselhos/SinconWeb.nsf/Ementa/83788988EF2B036F832571490071F645?OpenDocument&posicao=DADOS5EE082>. Acesso em 13-9-2006).

2.4 Definição de renda – concepção específica para artistas e esportistas

A polêmica sobre a segmentação da renda de esportistas surgiu nos EUA com a comercialização dos direitos esportivos dos jogadores de basquete. A administração tributária local questionou o uso dos direitos de arena, por meio da constituição de empresas cujo objetivo era a exploração comercial desses direitos. Com base na teoria da *substance over form*, o *Internal Revenue Service – IRS* americano desconsiderou a tentativa dos jogadores de basquete de utilizarem os direitos de arena para evitar a tributação sobre a totalidade dos seus rendimentos[15].

Mas, afinal, qual é a renda dos artistas e esportistas? É possível diferenciar a renda produzida em função de atividade cultural ou física daquela exercida pela exploração de um direito personalíssimo como a imagem?

Qualquer tributo somente pode ser pago com a renda do contribuinte. Portanto, a capacidade para pagá-lo depende obviamente da obtenção da renda, sendo que tal capacidade cresce na exata proporção da quantidade da renda. A renda para pagar o tributo deve, obviamente, ser disponível, realizada, de sorte que o cidadão dela disponha no momento em que é chamado a contribuir com as despesas do Estado.

A palavra renda deriva da palavra latina *reditus* ou do latim vulgar *rendita*, que por sua vez deriva de *reddere*, que significa devolver ou algo que se repete e volta a dar-se. Acerca da renda tem-se, hoje, quase um consenso sobre o seu significado. Entretanto, nem sempre houve convergência entre financistas e juristas sobre o verdadeiro conceito de renda e sua aplicação no campo do direito financeiro e tributário.

---

[15] ALTAMIRANO, Alejandro C. Tratamiento tributario de la renta, cit., p. 459.

Entende-se como renda a importância recebida por alguém, geralmente de forma periódica, como remuneração do trabalho, lucro de operações comerciais, juros de investimento, além de outros rendimentos.

Sobre renda e sua definição deve-se recorrer inicialmente a Adam Smith, que fez uma distinção entre rendimento e renda: rendimento seria uma riqueza nova derivada da fonte produtora, como o salário (fruto do trabalho), o lucro (derivado do capital empregado) e os juros (resultado do capital emprestado a terceiros), enquanto a renda seria unicamente aquela derivada da terra, do cultivo[16].

Ao longo do tempo, tal definição de renda sofreu uma evolução conceitual decorrente da própria evolução tecnológica, política e social da humanidade, como se vê na compilação efetuada por Horácio A. Garcia Belsunce[17]. A renda foi, assim, conforme o período histórico, um conceito ligado à produção agrícola, comercial, industrial, à exploração do patrimônio, ao consumo etc. Foi, ainda, considerada como renda somente o fluxo, a massa líquida, o incremento de valor, o acréscimo patrimonial, o destaque daquele acréscimo e aquilo determinado por lei como renda.

Atualmente, observa-se um relativo predomínio da doutrina legalista no direito tributário, segundo a qual seria renda aquilo que a lei disser que é renda.

Ainda que se admita que a definição de renda, para fins de imposição tributária, deve ser determinada pelo legislador, não goza ele de plena liberdade para tal. Realmente, o legislador está limita-

---

16 SMITH, Adam. **The wealth of nations**. New York: The Modern Library, 2000, p. 169.

17 GARCIA BELSUNCE, Horácio A. **El concepto de rédito en la doctrina y en el derecho tributario**. Buenos Aires: Depalma, 1967, p. 11.

do pelo princípio da igualdade e, em matéria tributária, também pelo princípio da capacidade contributiva[18].

Como entende a melhor doutrina, é inaplicável um tributo que não tenha como fato gerador a renda, o sintomático indicador da capacidade contributiva do cidadão[19]. De fato, como qualquer tributo somente pode ser pago com a renda, nas suas diversas concepções, para exigir-se um tributo do cidadão sem ferir sua capacidade contributiva, é preciso observar o princípio da realização da renda.

O princípio da realização da renda é considerado útil para a apuração do fato gerador do imposto de renda, segundo o princípio da igualdade[20]. No estudo de princípios contábeis para a correta apuração da tributação, por exemplo, vê-se validade instrumental no princípio da realização da renda como indicador da capacidade contributiva[21].

Um problema para a validade do princípio da realização da renda é que os contribuintes poderiam, com base nesse princípio, decidir quando desejariam ser tributados, numa certa expressão da filosofia do *laissez-faire*. Não seria mais o Estado que decidiria o momento da tributação, senão o contribuinte[22]. Embora acei-

[18] TIPKE, Klaus. **Die Steuerrechtsordnung**. Band I: Wissenschaftsorganisatorische, systematische und grundrechtlich rechtsstaatliche Grundlagen. Köln: Dr. Otto Schmidt, 2000, p. 354.

[19] GALLO, Franco. Problemi vecchi e nuovi di diritto tributario. *In*: **Diritto e pratica tributaria**. Padova: CEDAM, 1979. p. 533.

[20] ALBACH, Horst. Gewinnrealisierungen im Ertragsteuerrecht. *In*: **Steuerberaterjahrbuch 1970/71**. Koln, 1971. p. 320.

[21] PEZZER, Heinz-Jürgen. Bilanzierungsprinzipien als sachgerechte Maßstäbe der Besteuerung. *In*: **Probleme des Steuerbilanzrechts**. Koln, 1991. p. 22.

[22] DÖRING, Ulrich, Zur Vereinbarkeit des Realisationsprinzips mit dem Prinzip der Gleichmäßigkeit der Besteuerung. *DStR* (*Deutsches Steuerrecht*), p. 276, 1977.

tável, o argumento não invalida o princípio, que representa, ao menos na grande maioria dos casos, a expressão da capacidade contributiva.

Pode-se afirmar, assim, que o princípio da realização da renda funciona como uma garantia do contribuinte, na apuração do rendimento tributável, direito este de que o legislador não pode dispor[23].

A nosso ver, o conceito de renda deve ser analisado sob três premissas: a) a renda deve ser recorrente; b) a renda deve advir de uma fonte permanente; e c) a renda deve resultar da exploração dessa fonte por parte do titular dela[24]. Como se verá mais adiante, essa última premissa auxiliará na proposição de uma solução para o caso em questão.

2.5 Dupla tributação internacional

Regra geral, o Reino Unido tributa a renda e os ganhos de capital dos residentes em bases universais (*worldwide income basis*), ao passo que tributa os não-residentes em relação aos rendimentos provenientes de fontes britânicas[25].

---

[23] SEICHERT, Friedrich W. Das Realisationsprinzip – Teilgewinrealisierung bei langfristiger Aurtragsfertigung. *Der Betrieb*, p. 805, 1990.

[24] GOMES DE SOUSA, Rubens. L'evoluition de la notion de revenu imposable. *In:* **Archivio Finanziario**, Padova, 1951, p. 128-129.

[25] Vale mencionar, também, que o Reino Unido possui a maior rede de tratados de dupla tributação, fazendo parte de mais de 100 (cem) tratados deste tipo, que em sua maioria limitam a tributação britânica na fonte ao montante permitido na Convenção Modelo da Organização para a Cooperação e Desenvolvimento Econômico – OCDE. HALFORD, Peter. **Cahiers de droit fiscal international**: *studies on international fiscal law by the International Fiscal Association*. Volume 90a. Subject I: Source and residence: new configuration of their principles, p. 677-679.

Segundo a legislação britânica, o imposto de renda é devido, em relação aos rendimentos anuais de qualquer pessoa, ainda que não residente no Reino Unido, provenientes do comércio ou profissão exercidos nesse Estado. Assim, caso os pagamentos em questão tivessem sido feitos diretamente para Andre Agassi, tais rendimentos estariam sujeitos ao imposto de renda segundo essas disposições legais britânicas.

Apesar disso, os dispositivos legais em questão não seriam suficientes para atribuir ao tenista, para fins fiscais, pagamentos feitos à Agassi Enterprises. A empresa é uma pessoa jurídica distinta da pessoa de Andre Agassi. Admitir o contrário resultaria na desconsideração da personalidade jurídica da empresa para atribuição da renda na pessoa física de seu sócio.

No caso em questão, aplicaram-se disposições legais atinentes à tributação da pessoa física, não obstante os pagamentos terem sido feitos pela Nike e pela Head diretamente à Agassi Enterprises.

Andre Agassi nunca foi residente, para fins fiscais, no Reino Unido; os pagamentos não foram realizados nesse Estado; e as empresas que os realizaram tampouco têm residência ou presença fiscal lá. A única ligação existente entre o Fisco britânico e a Agassi Enterprises reside no fato de que os pagamentos em questão referem-se, ao menos em parte, a atividades realizadas por seu sócio no país, isto é, a utilização pelo tenista dos produtos Nike e Head durante os campeonatos realizados em solo britânico.

A despeito das disposições legais específicas do Reino Unido sobre a matéria, fato é que a circunstância de o fisco britânico se arrogar o direito de tributar os rendimentos recebidos pela Agassi Enterprises, empresa sediada nos Estados Unidos, relativamente a pagamento proveniente da Head, empresa estabelecida na Alemanha, teve por conseqüência a pluritributação desse rendimento.

Tanto os Estados Unidos, país de residência do atleta, quanto a Alemanha, país da fonte de pagamento, poderiam exercer, ainda que em tese, sua competência tributária sobre os rendimentos em questão, na medida em que estão de alguma forma ligados ao fato que ensejou a tributação britânica.

A introdução do Modelo de Convenção para evitar a dupla tributação sobre a renda e o capital da Organização para a Cooperação de Desenvolvimento Econômico – OCDE define dupla tributação internacional como a imposição de tributos comparáveis por dois ou mais Estados sobre o mesmo contribuinte, relativamente ao mesmo fato e de idêntico período[26].

Considerando que, como visto, o ordenamento jurídico de cada Estado pode escolher elementos de conexão diversos para tributar determinada situação da vida, tem-se por decorrência a possibilidade de pluritributação deste fato. O fenômeno da dupla tributação resulta do concurso de normas sobre um mesmo fato. Para saber se as normas se aplicam sobre o mesmo fato, utiliza-se, em geral, a chamada regra das quatro identidades, segundo a qual há identidade do fato quando se verifica identidade (i) do objeto; (ii) do sujeito; (iii) do período tributário; e (iv) do imposto.

Com efeito, quem aufere rendimentos do exterior corre o risco de ter seus rendimentos tributados duas vezes, tanto pelo Estado no qual reside o indivíduo quanto pelo Estado de onde se originaram os rendimentos, sendo que as medidas adotadas por

---

[26] Cf. Model Tax Convention on Income and on Capital – Condensed Version, 28 de janeiro de 2003. OECD Committee on Fiscal Affairs: "International juridical double taxation can be generally defined as the imposition of comparable taxes in two (or more) States on the same taxpayer in respect of the same subject matter and for identical periods. Its harmful effects on the exchange of goods and services and movements of capital, technology and persons are so well known that it is scarcely necessary to stress the importance of removing the obstacles that double taxation presents to the development of economic relations between countries".

iniciativa unilateral dos Estados não impedem isso de modo adequado[27].

Uma das maneiras de combater a pluritributação internacional da renda e do patrimônio é a celebração de tratados por meio dos quais os Estados procuram resolver conflitos fiscais mediante a determinação da competência tributária de cada um em relação aos fatos que ocorrerem ao abrigo do tratado[28].

Para tanto, os tratados, para evitar a dupla tributação, procuram restringir a aplicação das regras tributárias internas dos Estados contratantes, seja o Estado de fonte, seja o Estado de residência[29].

Isso quer dizer que não é o tratado que permite ou proíbe determinada tributação, que, a rigor, baseia-se sempre na legislação interna de cada Estado. O tratado apenas limita tal tributação aos parâmetros convencionados pelos Estados contratantes[30].

Apesar disso, a decisão da Câmara dos Lordes não faz referência em nenhum momento ao tratado para evitar a dupla tributação firmado entre os Estados Unidos e o Reino Unido.

A conformação entre a soberania dos Estados poderia ser alcançada também por meio do reconhecimento da competência tributária dos Estados da residência e da fonte, e a concessão pelo

---

[27] VOGEL, Klaus. Problemas na interpretação de acordos de bitributação (tradução de Luís Eduardo Schoueri). *In*: **Direito tributário**: homenagem a Alcides Jorge Costa. Coordenado por Luís Eduardo Schoueri. São Paulo: Quartier Latin, 2003, p. 962.

[28] ROTHMANN, Gerd. W. Problemas de qualificação na aplicação das convenções contra a bitributação internacional. **Revista Dialética de Direito Tributário**, n. 76, p. 33.

[29] VAN RAAD, Kees. Five fundamental rules in applying tax treaties. Tradução de Helena Rezende Grabenweger. **Revista de Direito Tributário Internacional**, São Paulo: Quartier Latin, ano 1, n. 1, p. 196, 2005.

[30] VAN RAAD, Kees. Five fundamental rules in applying tax treaties, cit., p. 197.

primeiro de isenção ou de crédito do imposto pago sobre os rendimentos em questão.

Acontece que isso não ocorreu no caso presente, visto que a pretensão impositiva do Fisco britânico refere-se a pagamentos de patrocínios feitos por fontes pagadoras estabelecidas fora do Reino Unido, sendo que o tenista ou sua empresa também não são residentes ou domiciliados nesse Estado, o que nos remete à questão da extensão do poder de tributar dos Estados.

2.6 Poder de tributar e os elementos de conexão

O direito tributário internacional cuida de situações que envolvem a pretensão impositiva de mais de um Estado. Nesse contexto, tem-se que o poder de tributar de um Estado no cenário internacional está imediatamente ligado aos limites da soberania desse Estado.

O poder do Estado tem como característica fundamental a existência de um poder dele próprio, que não deriva de nenhum outro. Onde exista uma comunidade com poder originário e meios coercitivos de dominação sobre seus membros e seu território, organizados por uma ordem proveniente dessa mesma comunidade, existe um Estado e, conseqüentemente, um poder estatal[31].

A soberania, em geral, pode ser definida como o direito de ser obrigado e obrigar somente segundo a própria vontade[32]. Apesar disso, há nas relações internacionais atuais uma relativa renúncia à própria soberania[33]. Isso porque a integração entre países membros

---

[31] JELLINEK, G. **Allgemeine Staatslehre**. Kronenberg: Atheäum, 1976, p. 481.

[32] KELSEN, Hans. **Das Problem der Souveränität und Die Theorie des Völkerrechts**. Tubingen: Scientia Aalen, 1981, p. 37.

[33] HESSE, Konrad, Constitución y derecho constitucional. *In*: **Manual de Derecho Constitucional**. Coordenado por Benda, Maihofer, Vogel, Hesse e Heyde. Madrid: Marcial Pons, 1996, (1/15), p. 13.

e as entidades supranacionais produzem reformulações no ordenamento constitucional dos países envolvidos[34].

A soberania tributária segue o mesmo modelo que coloca o Estado como sujeito da ordem mundial. As relações entre Estado e contribuinte são reguladas por lei, porém não são simples relações de direito por subordinação decorrente da soberania. A relação tributária impõe aos contribuintes direitos e obrigações em função não só da lei, mas também da aplicação desta em harmonia com os direitos do cidadão[35].

Na comunidade internacional as soberanias tributárias dos Estados, iguais e independentes, se encontram em concurso, manifestadas pela concorrência entre suas pretensões impositivas. A busca de uma atuação harmonizada entre os Estados, em termos de atividade legislativa em matéria tributária, se faz imprescindível, na medida em que ainda não existem regras expressas no direito internacional dispondo sobre os limites ao poder de tributar dos Estados.

Como já mencionado, a soberania não é um poder ilimitado e absoluto, pois sofre limitações na própria ordem constitucional de cada Estado, como também nas relações entre Estados e no âmbito supra-estatal. Como exemplos de limitações à soberania tributária nas relações entre Estados, Heleno Tôrres cita os costumes do direito internacional, as convenções internacionais ratificadas, as soberanias alheias etc.[36].

---

[34] HESSE, Konrad, Constitución, cit., p. 14.

[35] KRUSE, Heinrich Wilhelm. **Lehrbuch des Steuerrechts**: parte geral. München: C. H. Beck, 1991, v. 1, p. 92.

[36] TÔRRES, Heleno Taveira. Princípio da territorialidade e tributação de não-residentes no Brasil. Prestação de serviços no exterior. Fonte de produção e fonte de pagamento. *In:* **Direito tributário internacional aplicado**. Coordenação de Heleno Taveira Tôrres. São Paulo: Quartier Latin, 2003, p. 74.

A despeito de ser uma norma consuetudinária do direito tributário internacional, certo é que há um relativo consenso de que a atividade impositiva tributária deve ser desenvolvida sobre um fato que possua conexão com o Estado que pretende discipliná-lo fiscalmente.

Ou seja, há um consenso que, para legitimar a tributação de determinado Estado sobre um fato da vida ocorrido no plano internacional, há que existir um critério de conexão entre este e o Estado que tem a pretensão fiscal.

De fato, um Estado não pode tributar não-residentes por atos praticados fora de seu território, quando estes não possuam qualquer critério de conexão, seja material ou pessoal, com o ordenamento jurídico desse Estado[37].

Alberto Xavier ensina que, da mesma maneira que o Estado tem, como elementos, a população e o território, a soberania também se desdobra numa soberania pessoal e numa soberania territorial, sendo a primeira o poder de legislar sobre pessoas que, pela nacionalidade, se integram no Estado, independentemente do Estado em que se encontrem, e a segunda o poder do Estado de legislar sobre pessoas, coisas ou fatos localizados em seu território.

Salvo raras exceções, como é o caso da legislação dos Estados Unidos, cujo poder de tributar a renda baseia-se no princípio da nacionalidade[38], os Estados em geral fundamentam seu poder de tributar no critério da residência.

Tal princípio se apresenta como um limitador da soberania dos Estados, de maneira a somente permitir que estes tributem os fatos da vida que possuam um elemento de conexão com o seu território[39].

---

[37] TÔRRES, Heleno Taveira. Princípio da territorialidade, p. 76.

[38] XAVIER, Alberto. **Direito tributário internacional do Brasil**. 6. ed. atual. Rio de Janeiro: Forense, 2004, p. 13.

[39] SCHOUERI, Luís Eduardo. Princípios no direito tributário internacional: territorialidade, fonte e universalidade. *In*: FERRAZ, Roberto Catalano Botelho (coord.). **Princípios e limites da tributação**. São Paulo: Quartier Latin, 2005, p. 326.

Segundo Luís Eduardo Schoueri, a territorialidade pode ser dividida pelo seu sentido pessoal, que exige que a tributação somente alcance pessoas sediadas, domiciliadas ou residentes no território do Estado – *princípio da residência*, ou real, que requer que a situação da vida objeto da tributação guarde relação com o território do Estado que detém a pretensão fiscal (*v.g.* local da fonte de produção ou pagamento de um rendimento; local do estabelecimento permanente; local da situação do bem) – *princípio da fonte*[40].

Ao adotar o critério da residência como elemento de conexão, os Estados tendem a fazê-lo de forma ilimitada, de maneira a tributar todos os rendimentos daqueles considerados residentes, independentemente de tais rendimentos serem provenientes de fonte interna ou do exterior (*worldwide income basis*).

Por outro lado, a tributação dos não-residentes se dá, via de regra, de forma limitada, sujeitando-se estes à tributação apenas em relação aos rendimentos auferidos de fontes localizadas no território do Estado que impõe tal tributação.

O elemento de conexão objetivo fonte subdivide-se em fonte de produção e fonte de pagamento de um rendimento. No primeiro caso existe um nexo causal entre a renda e o fato que a determina, sendo que no segundo a expressão fonte não tem relação com a idéia de causalidade, mas sim com a origem dos recursos que constituem a renda do beneficiário[41].

Nesse contexto, vale mencionar que a expressão fonte não tem um sentido unívoco, tendo diversos significados nos diferentes Estados, revelando que a mera distinção entre fonte de produção e fonte de pagamento não esgota a complexidade do tema[42].

---

[40] SCHOUERI, Luís Eduardo. **Princípios no direito tributário internacional**, cit., p. 326-327.

[41] XAVIER, Alberto. **Direito tributário**, cit., p. 304.

[42] SCHOUERI, Luís Eduardo. **Princípios no direito tributário internacional**, cit., p. 344.

De qualquer forma, pode-se afirmar que, de uma maneira geral, não pairam dúvidas de que a residência da pessoa no território de um Estado legitima o poder tributário deste, assim como a localização da fonte de produção ou pagamento no território de um Estado legitima tal poder a este Estado.

No caso envolvendo o tenista Andre Agassi, a pretensão do Fisco britânico poderia, em tese, ter-se baseado na fonte de produção do rendimento obtido pela Agassi Enterprises, na medida em que este rendimento tem alguma relação com as participações de seu sócio em torneios de tênis no Reino Unido. No entanto, além do fato de a empresa ser uma pessoa jurídica distinta de seu sócio, os pagamentos feitos pela Nike e pela Head não decorrem de rendimentos do trabalho, mas sim de patrocínio, o que dificulta a identificação da fonte de produção do rendimento.

Em outras palavras, quando se trata de um rendimento pela cessão de um bem imaterial – direito de uso de imagem – a delimitação do nexo causal entre a renda e o fato que a determina torna-se mais complexa.

Deixando de lado a legitimidade dessa tributação sob a ótica do direito britânico, tem-se que, da forma em que perpetrada, tal exigência ofende a capacidade contributiva do beneficiário do rendimento, que se sujeitará a uma pluritributação sobre o mesmo rendimento em três jurisdições diversas, em desacordo com sua real capacidade econômica[43].

---

[43] Augusto Fantozzi adverte que os critérios de conexão devem permitir, por parte do tributo, o respeito ao princípio da capacidade contributiva. Segundo esse autor, "(...) é preciso, de qualquer modo, considerar que o 'genuine link' que há de existir entre o pressuposto e a ordem do Estado deva ser capaz de permitir a avaliação do primeiro com base no princípio da capacidade contributiva" (FANTOZZI, Augusto. Evolução, problemas atuais e perspectivas do direito tributário internacional na ótica italiana. *In:* TÔRRES, Heleno Taveira. **Direito tributário internacional aplicado**. São Paulo: Quartier Latin, 2003, p. 22).

Isso porque o princípio da territorialidade encontra suporte, também, na própria idéia de capacidade contributiva, pois o Estado somente tem condições de aferir a capacidade contributiva daqueles que com ele mantenham alguma relação mais próxima (*v.g.*, residência; permanência duradoura), o que, a nosso ver, não se verifica na relação entre Andre Agassi e o Fisco britânico[44].

Percebe-se, assim, que um dos principais motivos que tornam questionável a pretensão do Fisco britânico diz respeito ao fato de que tal tributação não leva em conta a real capacidade econômica de Andre Agassi.

2.7 Conclusão

O caso Andre Agassi revela uma tendência dos sistemas fiscais modernos em buscar novas fontes de tributação, notadamente de estrangeiros, ainda que estes não sejam residentes ou que os rendimentos objeto da tributação não sejam provenientes do território do Estado que pretende impor a tributação.

Embora o desfecho do caso em questão passe necessariamente por uma análise da legislação britânica, partindo-se das proposições consuetudinárias que, tomando como pressuposto a coexistência dos ordenamentos jurídicos, procuram estipular delimitações formais aos respectivos poderes de tributar dos Estados, tem-se que a exigência em questão não parece justificar-se em razão da ausência de um critério de conexão que denote um contato efetivo entre os pagamentos feitos pela Nike e pela Head à Agassi Enterprises e o Reino Unido.

Os advogados de Andre Agassi sustentaram que a decisão da Câmara dos Lordes está equivocada, pois a legislação que justificaria a tributação de Andre Agassi limita-se a pagamentos feitos por

[44] SCHOUERI, Luís Eduardo. **Princípios no direito tributário internacional**, cit., p. 334.

residentes no Reino Unido (*"UK-source income"*), não se aplicando a pagamentos feitos no exterior. O próprio Andre Agassi havia obtido uma decisão favorável nesse caso, em 19 de novembro de 2004, quando do julgamento da questão pela Corte de Apelação do Reino Unido.

Não bastasse isso, a identificação da fonte de produção de um rendimento decorrente da cessão de um bem imaterial – direito de uso de imagem – num contexto internacional é tarefa árdua e dá margem a uma tributação desconforme com a real capacidade econômica do sujeito passivo.

Ainda que se tenha por legítima tal pretensão, certo é que imposições tributárias dessa natureza levam à indesejável dupla ou pluritributação da renda, resultado, muitas vezes, das diversidades das políticas fiscais dos Estados.

Com a globalização, a maior internacionalização dos sistemas produtivos e a intensificação do fluxo de capitais, os fenômenos de pluritributação tendem a se tornar mais freqüentes, razão pela qual a harmonização tributária no âmbito internacional, embora audaciosa, deve ser buscada.

Ao tratar dos problemas advindos da dupla tributação, embora tratando das diferentes interpretações dos tratados internacionais feitas pelos Estados, Kees van Raad aponta como uma possível solução a criação de um órgão composto de especialistas no assunto que poderiam opinar sobre a interpretação de uma dada disposição de um tratado e sua aplicação ao caso concreto, a pedido dos tribunais, das autoridades fiscais ou até mesmo dos contribuintes[45].

Há quem defenda, ainda, a criação de um órgão supranacional para resolver questões tributárias internacionais, a exemplo

---

[45] VAN RAAD, Kees. International coordination of tax treaty interpretation and application. *In*: **International and comparative taxation**: essays in honour of Klaus Vogel. London: Kluver Law International, 2002, p. 219.

do que ocorre com a Corte Internacional de Justiça da Organização das Nações Unidas, com sede em Haia. A decisão da corte britânica certamente seria objeto de intenso debate num órgão como esse.

Segundo Kees van Raad, todas as tentativas de constituir esse órgão supranacional falharam, basicamente, pela mesma razão, que é o fato de os Estados relutarem em abrir mão de parte de sua soberania fiscal[46].

Conclui-se, assim, que, enquanto não houver disposição efetiva dos Estados em lidar com essas questões, os malefícios da dupla ou pluritributação permanecerão, estimulando as pessoas envolvidas em negócios internacionais a buscar opções de planejamento tributário, ainda que de legitimidade questionável.

REFERÊNCIAS

Doutrina:

ALBACH, Horst. Gewnnrealisierungen im Ertragsteuerrecht. *In*: **Steuerberaterjahrbuch 1970/71**. Köln, 1971.

ALTAMIRANO, Alejandro C. Tratamiento de la renta de artistas y desportistas. Límites para la planificación de sus rentas. *In*: ***Estudios de derecho tributario constitucional e internacional***: homenage latinoamericano a Victor Uckman. Buenos Aires: Depalma, 2005 (449-479).

BAKER, Philip. A tributação internacional no século XXI. **Direito Tributário Atual**, São Paulo, Dialética, n. 19, 2005.

DÖRING, Ulrich. Zur Vereinbarkeit des Realisationsprinzips mit dem Prinzip der Gleichmäßigkeit der Besteuerung. **DStR** (Deutsches Steuerrecht), 1977.

---

[46] VAN RAAD, Kees. International coordination, cit., p. 219.

FANTOZZI, Augusto. Evolução, problemas atuais e perspectivas do direito tributário internacional na ótica italiana. *In*: TÔRRES, Heleno Taveira. **Direito tributário internacional aplicado**. São Paulo: Quartier Latin, 2003.

GALLO, Franco. Problemi vecchi e nouvi di diritto tributario. *In*: **Diritto e pratica tributaria**. Padova: CEDAM, 1979.

GARCIA BELSUNCEK, Horácio A. **El concepto de rédito en la doctrina y en el derecho tributario**. Buenos Aires: Depalma, 1967.

GOMES DE SOUSA, Rubens. L'evolution de la notion de revenu imposable. **Archivio Fianziario**, Padova, 1951.

HALFORD, Peter. **Cahiers de droit fiscal internacional**: studies on international fiscal law by the International Fiscal Association. v. 90 a Subject I: Source and residence: new configuration of their principles.

HESSE, Konrad. Constitución y derecho constitucional. *In:* **Manual de derecho constitucional**. Coordenação de Benda, Maihofer, Vogel, Hesse e Heydel. Madrid: Marcial Pons, 1996, (1/15).

JELLINEK, G. **Allgemeine Staatslehre**. Kronberg: Atheäum, 1976.

KELSEN, Hans. **Das Problem der Souveränität und Die Theorie des Völkerrechts**. Tübingen: Scientia Aalen, 1981.

KRUSE, Heinrich Wilhelm. **Lehrbuch des Steuerrechts**: parte geral. München: C. H. Beck, 1991. v. 1.

OECD Committtee on Fiscal Affairs. **Model Tax Convention on Income and on Capital** – Condensed Version, 28-1-2003.

PEZZER, Heinz-Jürgen. Bilanzierungsprinzipien als sachgerechte Maßstäbe der Besteuerung. *In*: **Probleme des Steuerbilanzrechts**. Koln, 1991.

ROTHMANN, Gedr. W. Problemas de qualificação na aplicação das convenções contra a bitributação internacional. **Revista Dialética de Direito Tributário**, n. 76, p. 33.

SCHOUERI, Luís Eduardo. Princípio no direito tributário internacional: territorialidade, fonte e universalidade. *In*: FERRAZ, Roberto Catalano Botellho (coord.). **Princípios e limites da tributação**. São Paulo: Quartier Latin, 2005.

SEICHERT, Friedrich W. Das Realisationsprinzip – Teilgewinrealisierung bei langfristiger Aurtragsfertigung. **Der Betrieb**, 1990.

SMITH, Adam. **The wealth of nations**. New York: The Modern Library, 2000.

TANZI, Vito. Globalization, Tax Competition by the Future. *In*: **Curso de derecho tributario internacional**. Coordenação de Victor Uckmar. Bogotá: Temis, 2003. t. 1.

TIPKE, Klaus. **Die Steuerrechtordnung**, Band I: Wissenschaftsorganisatorische, systematische und grundrechtlich rechtsstaatliche Grundlagen. Köln: Dr. Otto Schmidt, 2000.

TÔRRES, Heleno Taveira. Princípio da territorialidade e tributação de não-residentes no Brasil. Prestação de serviços no exterior. Fonte de produção e fonte de pagamento. *In*: **Direito tributário internacional aplicado**. Coordenação de Heleno Taveira Tôrres. São Paulo: Quartier Latin, 2003.

UCKMAR, Victor. **Curso de derecho tributario internacional**. Coordenação de Victor Uckmar. Bogotá: Temis, 2003, t. 1.

VAN RAAD, Kees. Five fundamental rules in applying tax treaties. Tradução de Helena Rezende Grabenweger. **Revista de Direito Tributário Internacional**, São Paulo: Quartier Latin, ano 1, n. 1, 2005.

______. International coordination of tax treaty interpretation and application. *In*: **International and comparative taxation**: essays in honour of Klaus Vogel. Coordenação de Paul Kirschhof, Moris Lehner, Kees van Raad, Arndt Raupach and Micahel Rodi. London: Kluver Law International, 2002 (217/230).

VOGEL, Klaus. Problemas na interpretação de acordos de bitributação (tradução de Luís Eduardo Schoueri). *In*: **Direito tributário**:

homenagem a Alcides Jorge Costa. Coordenação de Luís Eduardo Schoueri. São Paulo: Quartier Latin, 2003.

XAVIER, Alberto. **Direito tributário internacional do Brasil**. 6. ed. atual. Rio de Janeiro: Forense, 2004.

Legislação:

UK Income and Corporation Taxes Act 1988.

Jurisprudência:

Caso *Robinson (Her Majesty's Inspector of Taxes) v. Agassi.*

Julgamento pela Corte de Apelação: C3/2004/0829 da *Court of Appeal on Appeal from the High Court of Justice.* Disponível em <http://www.bailii.org/ew/cases/EWCA/Civ/2004/1518.html>. Acesso em 29-9-2006.

Julgamento pela Câmara dos Lordes: Disponível em <http://. bailii.org/ew/cases/EWCA/Civ/2004/1518.html>. Acesso em 29-9-2006.

Ac. 3.756, de 19-5-2004 da Delegacia da Receita Federal de Julgamento em Porto Alegre, 4ª Turma.

Ac. 106-14244 da 6ª Câmara do 1º Conselho de Contribuintes do Ministério da Fazenda.

3 SOBERANIA E GLOBALIZAÇÃO

Elidie Palma Bifano

Professora do programa de educação continuada e especialização em Direito GVlaw, mestre e doutora em Direito Tributário pela Pontifícia Universidade Católica de São Paulo, diretora de consultoria empresarial da PricewaterhouseCoopers, em São Paulo.

Cassius Vinicius de Carvalho

Professor do programa de educação continuada e especialização em Direito GVlaw, especialista em Direito Tributário pela Pontifícia Universidade Católica de São Paulo, gerente sênior de consultoria empresarial da PricewaterhouseCoopers, em São Paulo.

3.1 Descrição do caso

Na prática internacional nota-se uma tendência de grupos multinacionais centralizarem algumas atividades, comuns a diversas empresas que os integram, em uma determinada sociedade, designada, em parte ou no todo, para esse fim. Com isso, busca-se um maior nível de uniformidade, confiabilidade e agilidade na geração de informações, em conjunto com uma expectativa de redução dos custos associados a essas mesmas atividades e correspondentes processos.

Por mais que o tema pareça novo e extremamente atual, desenvolvido à luz do processo de globalização[1] experimentado pelas economias contemporâneas, a centralização de atividades como ferramenta de gestão empresarial não é prática nova no mundo corporativo. No Brasil, desde a primeira metade da década de 80, grupos financeiros já se utilizavam de estruturas similares para maximizar o aproveitamento de recursos materiais e humanos entre sociedades financeiras e/ou não-financeiras do mesmo conglomerado. Eram os chamados convênios de gestão[2].

[1] Joseph E. Stiglitz define globalização como fenômeno caracterizado pela integração mais estreita dos países e dos povos do mundo que tem sido ocasionada pela enorme redução de custos de transporte e de comunicações e a derrubada de barreiras artificiais aos fluxos de produtos, serviços, capital, conhecimento e (em menor escala) de pessoas através das fronteiras (**A globalização e seus malefícios**: a promessa não cumprida de instituições globais, p. 35).

[2] O Banco Central do Brasil aceitava essa prática que era, inclusive, objeto de divulgação em demonstrações financeiras.

No âmbito internacional, a centralização de atividades como forma de gestão empresarial surgiu com o nascimento das corporações mundiais, principalmente após o *New Deal*[3] de Franklin D. Roosevelt, em meados de 1933. Com o afloramento do capitalismo e a busca incessante por resultados, empresas transnacionais passaram a empregar capital humano e financeiro no desenvolvimento de soluções criativas e inovadoras que gerassem valor a seus acionistas. Já naquele tempo, o desbravamento de fronteiras dava indícios de que seria uma condição *sine qua non* de sobrevivência do mundo corporativo.

Nessa linha de atuação, um grupo multinacional, com sede nos Estados Unidos da América, decidiu centralizar a sua contabilidade na Índia, mediante processo de terceirização[4]. Para tanto, foi contratada uma pessoa jurídica, naquele país, a quem coube a condução e operacionalização do projeto. Com o objetivo de maximizar os benefícios foram adotadas medidas unificadoras que viabilizassem o processo, do ponto de vista do grupo como um todo, destacadamente: (i) uniformização de métodos de gerenciamento de informações e de demonstrativos contábeis e financeiros; (ii) adoção da língua inglesa para fins gerenciais e contábeis; e (iii) adoção de princípios e práticas contábeis geralmente aceitos nos Estados Unidos da América. Tais medidas se justificaram pela formulação de padrões de língua e linguagem contábil para todas as empresas do grupo que, dessa forma, trocariam informações e dados sem qualquer tipo de barreira, como o exige a globalização.

[3] Conjunto de medidas adotado pelo governo dos Estados Unidos da América ("EUA") para atenuar os efeitos da crise de 1929, com vistas à retomada do crescimento econômico.

[4] Wilson Alves Polonio, em sua obra **Terceirização**: aspectos legais, trabalhistas e tributários, p. 97, conceitua terceirização como um processo de gestão empresarial consistente na transferência para terceiros (pessoas físicas ou jurídicas) de serviços que originalmente seriam executados dentro da própria empresa.

Além dos aspectos acima ressaltados, as medidas também objetivavam a redução dos custos operacionais, especialmente por força da tradição indiana de uma adequada prestação de serviços associada aos baixos custos decorrentes do uso de mão-de-obra naquele país, se comparados com outros países similares e, principalmente, economias mais desenvolvidas. Nesse contexto, uma comparação bastante genérica entre os custos de mão-de-obra brasileiros e indianos revelava, segundo a avaliação do Grupo, que os custos indianos estariam em patamar inferior aos locais, principalmente no quesito encargos sociais.

Além dos fatos acima descritos, restou definido que os custos incorridos com a terceirização seriam repartidos para cada um dos países beneficiados em função das suas respectivas representatividades (no caso: faturamento[5]) à luz do grupo como um todo. Em termos práticos, foi adotada uma estrutura de compartilhamento de custos, também conhecida como centro de custos compartilhados, por meio do mecanismo de prestação de serviços entre sociedades, no qual a empresa indiana seria o centro de serviços compartilhados, operando, para todos os fins, como um exportador de serviços para as correspondentes usuárias.

No que toca à sociedade brasileira integrante do grupo[6], os seguintes aspectos foram levantados para análise: (i) possibilidade de implementação do projeto de padronização da escrituração

[5] O critério definidor da participação individual na repartição de custos e despesas depende, principalmente, de um exercício de razoabilidade. Não existem critérios inquestionáveis, mas sim aqueles mais bem elaborados tecnicamente em função das características operacionais inerentes a cada grupo. Vale a pena destacar que esse tema tem sido bastante apreciado pelos Conselhos de Contribuintes que se têm manifestado no sentido de que a "razoabilidade" à luz do caso concreto de cada conglomerado econômico deve ser o norte para a definição do critério de compartilhamento de custos e despesas.

[6] A mesma análise procedida para fins brasileiros foi efetivada em relação a outros países, inclusive a Índia.

contábil perante a lei brasileira, na forma pretendida pelo Grupo; (ii) carga tributária associada a importação de serviços, inclusive normas voltadas às relações tributárias internacionais subscritas pelo Brasil; e (iii) outras possibilidades para evitar a prestação de serviços internacional.

Do ponto de vista jurídico, importantes considerações nascem no que tange à soberania dos Estados e à fuga da riqueza gerada pela globalização. A palavra-chave nos tempos atuais, sabidamente, é globalização. Dizem, muitos, que ela é muito mais fruto de uma mudança no comportamento dos homens, personagens da revolução digital, de vez que estão eles, na era da informação, conectados e conectando, todos e tudo, em diversos lugares, ao mesmo tempo. No mundo de desafios e contrastes, onde empresas nascem e desaparecem na velocidade de um *click*, as estratégias de negócio são concebidas, revistas e executadas a todo instante. Esse é o novo mundo corporativo, um lugar onde reduzir custos é tão importante quanto incrementar vendas; combinar eficiência com eficácia é questão de sobrevivência. Esse é o mundo em que concretamente nos encontramos para discutir a possibilidade de terceirizar o gerenciamento de informações, inclusive contábeis, de um certo grupo, na Índia.

3.2 Possibilidade de implementação do projeto de padronização da escrituração contábil em face da lei brasileira

A legislação brasileira determina que as empresas mantenham contabilidade, mas não traz disposições específicas a respeito dos procedimentos que deverão ser adotados na escrituração contábil. Dessa forma, as empresas são livres para adotar o sistema que melhor se adapte à sua atividade[7] e estrutura, como mais adiante se anali-

---

[7] Observe-se que a Ciência Contábil prevê normas e procedimentos que variam em função da atividade econômica desenvolvida pelas empresas: assim empresas

sará. Entretanto, o Código Civil[8] e a legislação societária traçam diretrizes mínimas sobre os controles e práticas contábeis que devem ser observadas pelas sociedades com o intuito de atender aos critérios de avaliação de ativos e passivos, princípios contábeis geralmente aceitos, plano de contas contábeis, dentre outros. Afora esses elementos, cabe à sociedade definir a respeito de seus procedimentos contábeis.

A lei se utiliza de conceitos definidos pela legislação societária e, muitas vezes, a ela se remete a fim de definir a base de cálculo dos tributos incidentes sobre o faturamento e os resultados das sociedades, dentre outros. Como resultado da importância dos registros contábeis na apuração de tributos, a lei também dispõe a respeito de livros e sua escrituração, os quais deverão ser mantidos pelo contribuinte, sob pena de arbitramento da base de cálculo de tributos.

3.2.1 Legislação civil e societária

O Código Civil estabelece, em seu art. 1.179, que "*o empresário e a sociedade empresária são obrigados a seguir um sistema de contabilidade, mecanizado ou não, com base na escrituração uniforme de seus livros, em correspondência com a documentação respectiva, e a levantar anualmente o balanço patrimonial e o de resultado econômico*". Observe-se que a lei faz menção a um certo sistema de contabilidade, sem adentrar em detalhes, cabendo ao profissional da contabilidade a eleição dos princípios aplicáveis a cada tipo de atividade. Além disso, a lei civil também prevê a obrigatoriedade de escrituração do livro Diário, nos seguintes termos:

---

comerciais adotam regras específicas que diferem daquelas adotadas pelas empresas agrícolas, que diferem das adotadas pelas empresas industriais, diversas das financeiras, e assim sucessivamente.

[8] Lei n. 10.406, de 10 de janeiro de 2002, e subseqüente legislação correlata.

> Art. 1.180. Além dos demais livros exigidos por lei, é indispensável o Diário, que pode ser substituído por fichas no caso de escrituração mecanizada ou eletrônica.
>
> Parágrafo único. A adoção de fichas não dispensa o uso de livro apropriado para o lançamento do balanço patrimonial e do de resultado econômico.

A Lei n. 6.404/76, por seu turno, estabelece em seu art. 177:

> Art. 177. A escrituração da companhia será mantida em registros permanentes, com obediência aos preceitos da legislação comercial e desta Lei e aos princípios de contabilidade geralmente aceitos, devendo observar métodos ou critérios contábeis uniformes no tempo e registrar as mutações patrimoniais segundo o regime de competência.
>
> § 1º As demonstrações financeiras do exercício em que houver modificação de métodos ou critérios contábeis, de efeitos relevantes, deverão indicá-la em nota e ressaltar esses efeitos.
>
> § 2º A companhia observará em registros auxiliares, sem modificação da escrituração mercantil e das demonstrações reguladas nesta Lei, as disposições da lei tributária, ou de legislação especial sobre atividade que constitui seu objeto, que prescrevam métodos ou critérios contábeis diferentes ou determinem a elaboração de outras demonstrações financeiras.

Novamente, além de determinar a adoção de sistema de contabilidade que observe a legislação comercial e os princípios contábeis geralmente aceitos no Brasil e a escrituração dos livros comerciais obrigatórios, nenhuma outra determinação especial é prevista sobre o tema.

Considerando-se que o único livro essencial, no sistema brasileiro, é o livro Diário, é de inferir que as leis civil e societária, ao mencionarem a obrigação de manter sistema de contabilidade de acordo com os princípios de contabilidade geralmente aceitos, certamente fazem referência, única e exclusivamente, à escrituração do principal livro contábil, o livro Diário, na forma determinada pelos órgãos reguladores da atividade de contabilidade[9]. Isso leva à conclusão de que o livro Diário deverá ser mantido de acordo com as normas vigentes, podendo o restante dos livros e documentos atender outros critérios, desde que compatibilizados no livro Diário.

Assim, com base na legislação a empresa poderá adotar o sistema contábil que lhe pareça mais adequado, inclusive os princípios adotados nos Estados Unidos da América[10], desde que o livro Diário obedeça aos critérios de lei. Para tanto a sociedade deverá possuir controles e documentos que comprovem: (i) observância de um sistema contábil uniforme; (ii) levantamento anual de balanço patrimonial e de resultado econômico; (iii) escrituração do livro Diário na forma dos princípios adotados no Brasil, conforme regulamentação existente; e (iv) escrituração contábil e registros do livro Diário amparados por documentação idônea.

No que tange ao uso da língua inglesa, determina a Constituição Federal, no art. 13, que o idioma oficial no Brasil é a língua portuguesa, o que vale dizer que a escrituração de livros em língua estrangeira não se presta a fazer prova de seu conteúdo, qualquer que seja a finalidade pretendida. Isso significa que o livro Diário e sua documentação suporte devem ser registrados em língua portuguesa ou para ela traduzidos.

---

[9] Com o propósito de adequar e uniformizar as práticas contábeis, o Instituto Brasileiro de Contadores ("IBRACON") edita Normas de Procedimento de Contabilidade ("NPC"). Nesse contexto, a NPC n. 27, que trata da divulgação e apresentação das demonstrações contábeis, determina a base de apresentação de demonstrações contábeis de uso geral, a fim de assegurar comparação tanto com as próprias demonstrações contábeis de períodos anteriores quanto com as demonstrações contábeis de outras entidades.

[10] Existem sistemas de gerenciamento de informações, internacionalmente adotados e reconhecidos, com padrões mundiais de práticas contábeis e financeiras. Contudo, verifica-se que, mesmo nesses casos, os sistemas sofrem customizações para atender às regras contábeis e fiscais de cada país.

3.2.2 Legislação tributária

A legislação, para fins tributários, utiliza-se da contabilidade como elemento acessório da apuração da base de cálculo dos tributos incidentes sobre as receitas e o lucro das empresas. Esse fato justifica a razão pela qual a lei dispõe sobre controles contábeis: assegurar o cumprimento das regras de apuração da base de cálculo dos tributos calculados a partir da escrituração contábil. A lei, para fins tributários, não pode nem deve pretender alterar a lei civil ou societária e, por essa razão, sempre que há divergência entre a regra contábil e a tributária, o contribuinte deve utilizar-se dos livros e controles auxiliares para a apuração das bases de cálculo dos tributos e determinação do montante devido.

Por utilizar-se dos elementos contábeis na determinação dos tributos, a legislação tributária também determina a obrigação de escriturar livros comerciais, bem como manter a respectiva documentação, sob pena de arbitramento das respectivas bases de cálculo, na forma da lei. No que concerne ao imposto sobre a renda, dispõe a Lei n. 8.218/91, em seu art. 14 (alterado pelo art. 62 da Lei n. 8.383/91):

> Art. 14. A tributação com base no lucro real somente será admitida para as pessoas jurídicas que mantiverem, em boa ordem e segundo as normas contábeis recomendadas, livro ou fichas utilizados para resumir e totalizar, por conta ou subconta, os lançamentos efetuados no Diário (Livro Razão), mantidas as demais exigências e condições previstas na legislação.
>
> Parágrafo único. A não-manutenção do livro de que trata este artigo, nas condições determinadas, implicará o arbitramento do lucro da pessoa jurídica.

Adicionalmente, as autoridades fiscais estabeleceram regras relacionadas à manutenção e apresentação de arquivos digitais e sistemas contendo informações relativas aos negócios e atividades econômicas ou financeiras das empresas, a fim de obter um maior controle sobre a efetiva tributação das sociedades, bem como tornar a fiscalização mais ágil e eficaz. Dessa forma, sob o aspecto tributário, as empresas poderão adotar sistemas de contabilização diferentes dos princípios geralmente adotados no Brasil; no entanto, deverão também manter os livros e os controles específicos exigidos pela legislação brasileira, além de outros controles auxiliares que permitam à autoridade tributária verificar e comprovar a precisão das bases de cálculo dos tributos. De toda sorte, exige-se para fins fiscais que o livro Diário esteja devidamente escriturado, razão pela qual, independentemente dos métodos adotados, os critérios de escrituração a ele referentes deverão ser observados, sob pena de arbitramento dos lucros.

3.2.3 Conclusão

À vista do exposto, infere-se que é possível, para uma sociedade brasileira, eleger as suas práticas e procedimentos contábeis, desde que sejam mantidos à disposição das autoridades fazendárias os controles e conciliações necessários à apuração dos tributos, na forma da lei[11]. Por decorrência, permite-se ao grupo, no que tange à subsidiária brasileira, seguir adiante no processo de implementação do projeto de padronização da sua escrituração contábil, na forma pretendida, por não haver óbice legal; todavia, faz-se necessário desenvolver sistemas e controles que permitam a elaboração e disponibilização de todos os documentos e demonstrativos previstos na legislação. Os livros obrigatórios devem ser escriturados em língua portuguesa e, da mesma forma, a correspondente documentação suporte. Os administradores da sociedade brasileira devem

[11] Além das práticas contábeis, também a lei brasileira prevê critérios contábeis e fiscais específicos para determinados tipos de sociedades, como é o caso das instituições financeiras e das sociedades seguradoras. Da mesma forma, as regras contábeis aplicáveis a cada um desses tipos societários deverão ser observadas, principalmente, no que tange a apuração dos tributos, na forma da lei, compatibilizando-se as divergências nos livros e documentos próprios.

ser orientados para suas responsabilidades no que tange à manutenção de livros e documentos contábeis, diante da lei, sob pena de responderem civil e penalmente pelo correspondente descumprimento.

3.3 Importação de serviços

A sociedade brasileira, como descrito, efetivaria uma importação de serviços de vez que, em última análise, a sociedade indiana iria prestar – exportar – serviços para as diversas sociedades, na forma e condições estabelecidas pelo grupo. Nessa situação era importante verificar a carga tributária associada à figura da importação de serviços. O quadro sinótico abaixo demonstra as principais sujeições tributárias aplicáveis à importação de serviços no momento em que se fez a análise sob comentário.

Quadro Sinótico **Incidências Tributárias na Importação de Serviços**
Descrição
IRPJ/CSLL: Sujeição aos requisitos gerais de dedutibilidade das despesas operacionais e dos custos oriundos da prestação de serviços, no momento do reconhecimento contábil, na forma da lei.
Preços de Transferência: Sujeição aos métodos de Preços de Transferência, nos moldes da Lei n. 9.430/96 e subseqüente legislação correlata. No caso, uma sociedade brasileira importa serviços de uma pessoa vinculada (ligada) no exterior, sediada na Índia (centro de serviços compartilhados)[12].

[12] Aplicável se houver vinculação entre as partes.

Quadro Sinótico Incidências Tributárias na Importação de Serviços (continuação)
Descrição
CPMF[13]: sujeição na remessa do numerário ao exterior.
PIS[14] **e COFINS**[15]: na remessa do numerário ao exterior, em contraprestação de serviços prestados em favor da sociedade brasileira.
IRF[16]: no crédito ou remessa do numerário ao exterior, em contraprestação aos serviços prestados em favor da sociedade brasileira.
ISS[17]: no crédito ou remessa do numerário ao exterior, nos termos da lei.
CIDE[18]: no crédito ou remessa do numerário ao exterior, nos termos prescritos na lei (com sistema de crédito).

Observe-se que o custo tributário associado à importação de serviços, no Brasil, é bastante elevado, correspondendo, em seu conjunto, a aproximadamente 40%[19] do preço do serviço tomado, não considerada a aplicação das regras de Preço de Transferência,

---

[13] Contribuição provisória sobre a movimentação financeira.

[14] Contribuição social para o Programa de Integração Social.

[15] Contribuição social ao Financiamento da Seguridade Social.

[16] Imposto sobre a Renda Retido na Fonte.

[17] Imposto sobre Serviços de Qualquer Natureza.

[18] Contribuição de Intervenção no Domínio Econômico.

[19] Destacamos que para a aferição do percentual do custo tributário associado a importação de serviços foi considerada a alíquota nominal dos tributos correspondentes. Além disso, destacamos que o custo tributário efetivo na transação também pode variar em função da possibilidade de crédito de alguns tributos, combinado com o caso concreto de cada sociedade.

aplicáveis somente na hipótese de as partes serem vinculadas, consoante a lei. As razões que podem justificar tais custos podem ser divididas em duas diferentes categorias: (i) de natureza jurídica ou ações dos Estados nacionais perante a globalização; e (ii) de natureza negocial ou eleição de modelo negocial mais oneroso, do ponto de vista tributário.

O Brasil e a Índia são signatários de acordo para evitar a dupla tributação em matéria de imposto sobre a renda[20]. Muito embora a maior parte das incidências tributárias que gravam a importação de serviços, propriamente dita, não seja objeto do acordo, alguns reflexos tributários dela decorrentes devem ser avaliados à luz desse documento, principalmente no âmbito do imposto sobre a renda na fonte, incidente sobre o pagamento, crédito ou remessa, dentre outros, do numerário ao exterior e da aplicação dos métodos de preços de transferência[21], necessariamente submetidos às disposições do tratado (art. 9º).

3.4 Globalização *versus* Soberania

Na atualidade, a escolha de países com baixa ou nenhuma tributação, pelos conglomerados financeiros e de negócios, para exercer suas atividades, associada a especiais condições técnicas e econômicas, como é o caso proposto, parece ser uma tendência generalizada; diversas razões a justificam, todas elas puramente econômicas, associadas à redução de custos. Os Estados nacionais têm adotado medidas importantes objetivando evitar ou reduzir a fuga da riqueza, objeto de tributação, de suas bases territoriais,

---

[20] Decreto n. 510, de 27 de abril de 1992.

[21] Sobre o tema, veja-se Alberto Xavier, Pressupostos e limites de aplicação dos métodos de apuração dos preços de transferência da Lei n. 9.430/96 face ao art. 9º dos Tratados contra a Dupla Tributação, **Revista de Direito Tributário Internacional**, n. 1, p. 17-36.

considerando-se que a soberania de um Estado é exercida dentro de seu território, em função da lei posta por seus cidadãos que nesse território residem.

No caso brasileiro, a terceirização da contabilidade na Índia implica reduzir a ocupação dos domiciliados no Estado brasileiro, subtraindo, também, parcela de riqueza tributável gerada pelo exercício profissional. A tributação da importação de serviços é uma das formas pelas quais o Estado brasileiro evita a fuga de parte da riqueza tributável para outros países. A outra forma pela qual o Estado brasileiro evita que a riqueza tributável seja desviada para outros países é pela introdução das regras de Preços de Transferência, obrigando que negócios realizados entre partes relacionadas sejam feitos por preços semelhantes àqueles praticados com terceiros ou àqueles praticados pelo mercado.

As medidas referidas não guardam qualquer relação com a viabilidade ou não dos negócios envolvidos, destinando-se, apenas, a evitar a concorrência tributária entre os Estados. Esse movimento de terceirizar, associado à globalização, mais e mais deverá aumentar nos próximos tempos, determinando que novas metodologias de tributação venham a ser criadas sempre objetivando minimizar a fuga da riqueza de determinado território em benefício de outro. Observe-se, novamente, que a globalização está estabelecendo a adoção de critérios que garantam aos Estados nacionais o direito de tributar a riqueza, inclusive aquela que poderia ser produzida, diretamente, no próprio Estado se as atividades nele se desenvolvessem.

Essa tendência de extrema cautela, por parte dos Estados nacionais, parece desmitificar as construções daqueles que acreditam na possibilidade de se introduzir, em decorrência da globalização, regras de tributação supranacionais com o objetivo de regular, de forma idêntica, situações similares ou de obrigar os Estados nacionais a abrirem mão de sua soberania em favor de alguma entidade ou situação, ainda não muito bem definidas, que editariam regras com a finalidade de compor tais interesses. De toda sorte, não há neste momento qualquer condição ou disposição de se regular situações dessa natureza, exceto entre partes ou blocos definidos que abriram mão de sua soberania em certas especiais circunstâncias[22].

3.5 Outras opções negociais

Outro elemento importante na questão examinada diz respeito ao negócio pretendido: prestação de serviços internacional. Alternativamente à terceirização, muitos grupos adotam o sistema de ratear os custos e despesas de seus centros de custos compartilhados. O contrato (estrutura) de compartilhamento de custos e despesas é um instrumento de gestão empresarial que vem sendo utilizado sempre que duas ou mais pessoas beneficiam-se, indistintamente, de uma mesma facilidade ou utilidade. Para tanto, os custos e despesas incorridos por uma pessoa, em proveito de outras (beneficiadas), são repartidos na proporção que cabe a cada uma, sem margem de lucro, na forma de reembolso (de custos e despesas). Assim, no contrato de compartilhamento são reembolsados custos e despesas *stricto sensu* (na essência). Sobre o assunto, Luciana Rosanova Galhardo[23] afirma que "os contratos de compartilhamento de custos e despesas são contratos celebrados entre empresas com a finalidade de ratear ou alocar custos ou despesas incorridos por uma delas para as demais, já que tais custos ou despesas acabam por beneficiar todas as empresas envolvidas na produção de bens, serviços ou direitos". Na mesma linha, Natanael Martins[24], em artigo

[22] Observe-se, em certo sentido, que Brasil e Índia já abriram mão de parcela de sua soberania, representada pelo poder de tributar, quando firmaram o tratado para evitar a dupla tributação da renda.

[23] **Rateio de despesas no direito tributário**, p. 24.

[24] Rateio de custos/despesas entre empresas sob controle comum – tratamento tributável aplicável. *In*: **Planejamento fiscal**: teoria e prática, p. 145.

dedicado ao tema, entende que o contrato de rateio de custos ou despesas "é figura atípica nas regras de direito privado (contrato inominado), que objetiva, entre as empresas aderentes, o compartilhamento (comunhão) de recursos humanos e materiais, convencionando-se que a cada empresa se alocarão os custos e despesas que lhe correspondem, na exata medida de sua utilização".

Tais contratos não envolvem a figura da remuneração, intrínseca à prestação de serviços[25]. A figura do preço é que diferencia o contrato de compartilhamento de custos, em relação ao contrato de prestação de serviços, que foi o modelo concebido para retribuir a sociedade indiana pelas atividades realizadas naquele país. Do ponto de vista fiscal, a diferença entre o contrato de compartilhamento de custos e despesas e o de prestação de serviços é que o primeiro não se sujeita ao rol de incidências tributárias aplicáveis à prestação de serviços, faltando-lhe o objetivo econômico. Por fim, destaque-se que são muitas as decisões dos tribunais administrativos (conselhos de contribuintes) admitindo a dedutibilidade do reconhecimento contábil de custos e despesas, frutos de contratos (estruturas) de compartilhamento de custos e despesas.

3.6 Reflexões finais sobre a matéria

A experiência de terceirização internacional, ora analisada, permite importantes reflexões e exercícios em termos negociais e jurídicos, a saber:

---

[25] Reembolso e remuneração não se confundem, justamente por faltar ao reembolso a característica de lucratividade (sem o fito de lucro, não há a aplicação de margem de lucro sobre os custos e despesas objeto de rateio e, conseqüentemente, a figura do preço). Como corolário, o contrato de compartilhamento de custos e despesas não se confunde e não pode ser equiparado àqueles que exigem, legalmente, a figura do preço, dentre os quais o contrato de prestação de serviços, conforme o determina o Código Civil em seu art. 593.

(i) conscientização para as importantes e inafastáveis mudanças que no mundo de negócios se apresentam, em decorrência da globalização;

(ii) percepção da perda de competitividade tributária dos Estados nacionais para outros territórios de tributação mais baixa;

(iii) atenção para a perda de referências culturais e jurídicas nacionais, tais como língua e padrões regulatórios e legais, em favor de referências globais;

(iv) educação para as mudanças sem, contudo, perder de vista os valores nacionais, tais como consagrados nos sistemas jurídicos locais; e

(v) flexibilização e adaptação, necessárias, das regras locais para a aceitação de movimentos globais.

REFERÊNCIAS

Doutrina:

GALHARDO, Luciana Rosanova. **Rateio de despesas no direito tributário**. São Paulo: Quartier Latin, 2004.

MARTINS, Natanael. Rateio de custos/despesas entre empresas sob controle comum – tratamento tributário aplicável. *In*: ROCHA, Valdir de Oliveira (Coord.). **Planejamento fiscal**: teoria e prática. São Paulo: Dialética, 1995, p.145-148.

POLONIO, Wilson Alves. **Terceirização**: aspectos legais, trabalhistas e tributários. São Paulo: Atlas, 2000.

STIGLITZ, Joseph E. **A globalização e seus malefícios**. A promessa não cumprida de instituições globais. Tradução de Bazán Tecnologia e Lingüística. São Paulo: Futura, 2002.

XAVIER, Alberto. Pressupostos e Limites de Aplicação dos Métodos de Apuração dos Preços de Transferência da Lei n. 9.430/96 face ao art. 9º dos Tratados contra a Dupla Tributação, **Revista de**

Direito Tributário Internacional, São Paulo: Quartier Latin, n. 1, p. 17-36, 2006.

Legislação:

Decreto n. 510, de 27-4-1992.

Lei n. 6.404, de 15-12-1976.

Lei n. 8.218, de 29-8-1991

Lei n. 8.383, de 30-12-1991.

Lei n. 9.430, de 27-12-1996.

Código Civil Brasileiro (Lei n. 10.406, de 10-1-2002).

4 PREÇOS DE TRANSFERÊNCIA

Fernando Aurelio Zilveti

Coordenador e professor do programa de educação continuada e especialização em Direito GVlaw, professor da Escola de Administração do Estado de São Paulo da Fundação Getulio Vargas, mestre pela Faculdade de Direito da Universidade de São Paulo, advogado e sócio do escritório Zilveti e Sanden Advogados.

Carlos Eduardo Costa M. A. Toro

Especialista em Direito Tributário pela Pontifícia Universidade Católica de São Paulo e pela Escola de Direito de São Paulo da Fundação Getulio Vargas – GVlaw, advogado do escritório Zilveti e Sanden Advogados.

Bianca Maia de Britto

Especialista em Direito Tributário pela Pontifícia Universidade Católica de São Paulo, advogada do escritório Zilveti e Sanden Advogados.

4.1 Caso: quarto método de apuração de preço de transferência

Em 6 de julho de 2005, a 3ª Câmara julgadora dos Conselhos de Contribuintes negou provimento ao recurso de um contribuinte que questionava o ajuste da base de cálculo dos tributos incidentes sobre o lucro pela aplicação do método dos Preços Independentes Comparados – PIC, na apuração dos preços de "princípios ativos" importados pela contribuinte de empresa vinculada sediada na Bélgica.

A mencionada empresa importa "princípios ativos" de pessoa jurídica estrangeira com a qual mantém vínculo societário. O preço da importação, nessas condições, é um preço de transferência, devendo a contribuinte observar as disposições contidas na Lei n. 9.430, de 1996, que instituiu o controle dos preços de transferência no Brasil, e os demais atos legais sobre o assunto.

A legislação nacional estabelece que, nas operações de comércio exterior entre partes vinculadas, a pessoa jurídica nacional deve escolher um dos métodos de controle descritos na Lei n. 9.430 e, com base no método escolhido, calcular o preço-parâmetro que deve ser observado na transação com a parte vinculada.

A escolha dos métodos facultada aos contribuintes nacionais, entretanto, está limitada aos métodos listados na Lei n. 9.430, que, no caso de importações, restringe-se aos métodos denominados Preços Independentes Comparados – PIC, Custo de Produção mais Lucro – CPL e Preço de Revenda menos Lucro – PRL.

No caso em questão, todavia, a contribuinte, em face da dificuldade ou impossibilidade de aplicação daqueles métodos à sua situação concreta, e suportada num estudo desenvolvido por empresa de consultoria, utilizou um quarto método denominado Método Margem Líquida da Operação (Transactional Net Margin Method – TNMM), aceito pelo relatório da Organização para Cooperação e Desenvolvimento Econômico – OCDE. Esse método, porém, não está previsto na legislação brasileira.

As autoridades fiscais, em processo de fiscalização apontaram a impropriedade do método TNMM e a necessidade de a contribuinte escolher um dos três métodos (PIC, CPL ou PRL) estabelecidos pela legislação brasileira para as operações de importação. Diante da recusa da farmacêutica em escolher um dos referidos métodos, as autoridades fiscais aplicaram o método PIC e autuaram a empresa pela diferença apurada nas bases de cálculo do Imposto de Renda da Pessoa Jurídica – IRPJ e da Contribuição Social sobre o Lucro Líquido – CSLL, decorrente da divergência entre o preço de transferência praticado com a empresa vinculada e o preço-parâmetro apurado pela fiscalização.

A questão foi levada à análise dos órgãos julgadores da administração tributária que mantiveram o entendimento da fiscalização relativo à inaplicabilidade de um quarto método de controle de preços de transferência nas operações de importação com partes vinculadas no Brasil.

O relator do recurso julgado pela 3ª Câmara do Conselho de Contribuintes admitiu, em seu voto, que a exposição de motivos da Lei n. 9.430, de 1996, considera que as normas contidas nos arts. 18 a 24 dessa lei foram elaboradas em conformidade com as regras da OCDE. Todavia, concluiu que, após a edição da lei, apenas o conteúdo da lei é que importa e não o que dispõe sua exposição de motivos. Portanto, segundo o entendimento do relator do recurso, não se aplicariam os métodos propostos pela OCDE, mas apenas os métodos listados na lei nacional.

O caso decidido pela corte administrativa federal brasileira não pôs fim à discussão existente acerca dos métodos de preços de transferência. Ao contrário, chamou a atenção daqueles que se dedicam ao estudo do direito tributário internacional para a distorção da legislação brasileira, não corrigida pelo tribunal administrativo. O Brasil é visto, desde a edição da legislação sobre preço de transferência, como um país que determina arbitrariamente o que vem a ser preço de transferência, sem buscar a comparação com os preços de mercado, em evidente contrariedade ao conceito de preços de transferência encontrado no direito tributário internacional.

Sob o pretexto de atender ao princípio da praticabilidade, como defendem as autoridades fiscais, a legislação brasileira incorre em ofensa ao princípio da igualdade na tributação, conforme se observará a seguir na análise dos aspectos materiais do caso em questão.

4.2 Definição de preço de transferência

O conceito de preço de transferência é multifacetado, ou seja, comporta diversas concepções de acordo com a utilidade que a ele se dá. Da parte do contribuinte se verifica tanto na teoria da administração quanto na prática comercial. Do lado do Fisco, a legislação e as autoridades exercem sua influência na lapidação conceitual, com intuito claro de proteger o objeto da tributação numa base fiscal nacional.

A história ensina que ignorar a origem de um instituto representa o mesmo que ignorar sua essência. Assim, o preço de transferência se verifica na contabilidade, na proporção da necessidade de valoração monetária de fluxos de bens e serviços entre as empresas. A aplicação ancestral do instituto se deu no âmbito das ciências contábeis, na criação de centro de custos e subseqüentemente na contabilidade de custos.

Schmalenbach definiu em 1909 o instituto do preço de transferência como fruto da necessidade de as empresas manterem relações contábeis e que, nesse sentido, a contabilidade deveria utilizar a valoração mútua da provisão de bens e serviços, o que resultaria num único tipo de preço: o preço de transferência. Outra definição válida é a de valorações de ingressos (produtos intermediários e serviços) obtidos de outras unidades de uma empresa com contabilidade independente[1].

O preço de transferência tem, portanto, fatores endógenos e exógenos que merecem a atenção da doutrina do direito tributário internacional. A interdisciplinaridade desempenha nesse campo papel de relevância ímpar, diante da adoção de conceitos da contabilidade, da economia e do direito, sem ordem de prioridade. Para as duas primeiras ciências, o preço de transferência exerce funções primordialmente endógenas. É útil na coordenação das divisões descentralizadas das empresas ou de grupos econômicos; na avaliação de performance das divisões descentralizadas e de grupos empresariais; ao incentivar estratégias para administradores de unidades de negócios. A aplicação exógena desse instituto se dá na avaliação de performance para fins externos; na tributação; e na justificação de práticas de preço[2].

No campo empresarial, o valor cobrado por empresa na alienação de bens, serviços ou propriedade intangível é denominado preço, mas quando as partes envolvidas na transação forem relacionadas, seja por motivos societários, negociais ou por simples presunções legais, o preço é denominado preço de transferência.

---

[1] SCHMALENBACH. *Apud* WEBER, Jurgen; STOFFELS, Mario; KLEINDIENST, Ingo. **International Verrechnungspreise im Konzern**. Valendar: Willey, 2004, p. 7.

[2] WEBER, Jurgen; STOFFELS, Mario; KLEINDIENST, Ingo. **International Verrechnungspreise im Konzern**, cit., p. 15.

Por se tratar de preço não negociado no mercado livre, existe potencial de desvio daqueles preços normalmente praticados além dos limites das empresas relacionadas[3]. Em outras palavras, em virtude de relações especiais, existe o risco da prática de preços artificiais, sem correlação com os preços de mercado.

Entretanto, os preços de transferência não expressam necessariamente preços artificiais, distintos daqueles que seriam praticados em condições de mercado, mas simplesmente preços praticados entre partes relacionadas que podem ser diferentes dos preços de mercado. Ou seja, os preços de transferência abrangem os preços com "vantagem anormal" para uma das partes da relação de comércio exterior, assim como aqueles em que o preço praticado se assemelha aos preços de mercado.

4.3 Pessoas vinculadas

No contexto de preços de transferência, a expressão partes vinculadas significa pessoas jurídicas ou físicas de alguma forma relacionadas, seja uma relação de parentesco, de controle ou participação societária, ou meramente comercial.

A amplitude do conceito de vinculação é definida pela legislação específica de cada país. O legislador nacional estabeleceu o conceito de partes vinculadas no art. 23 da Lei n. 9.430/96, que se assemelha ao conceito societário de pessoa ligada, sendo, no entanto, mais amplo que este[4].

São qualificadas como pessoas vinculadas às pessoas jurídicas brasileiras, para fins de controle fiscal dos preços de transferência no Brasil:

---

[3] SCHOUERI, Luís Eduardo. **Preços de transferência no direito tributário brasileiro**. 2. ed. São Paulo: Dialética, 2006, p. 10.

[4] Em muito se assemelha com o conceito de pessoas ligadas contido nas disposições sobre distribuição disfarçada de lucros ou na lei societária. GUERREIRO, Rutnéa Navarro; ANDRADE FILHO, Edmar Oliveira. **Tributos e preços de transferência**. São Paulo: Dialética, 1997, p. 111.

- matriz, filial ou sucursal domiciliada no exterior;
- pessoa jurídica estrangeira controlada ou coligada;
- pessoa jurídica estrangeira controladora ou coligada de pessoa jurídica brasileira;
- pessoa jurídica estrangeira que esteja sob controle societário ou administrativo comum ao de pessoa jurídica nacional ou que pelo menos 10% do capital social dessa empresa e da pessoa jurídica nacional sejam detidos por uma mesma pessoa jurídica ou física[5];
- pessoa jurídica estrangeira associada, na forma de consórcio ou condomínio em qualquer empreendimento, durante o período de duração do consórcio ou condomínio;
- pessoa jurídica estrangeira que goze de exclusividade, como agente, distribuidor ou concessionário, para compra e venda de bens, serviços ou direitos de pessoa jurídica nacional;
- pessoa jurídica estrangeira, em relação à qual pessoa jurídica domiciliada no Brasil goze de exclusividade, como agente, distribuidor ou concessionário, para compra e venda de bens, serviços ou direitos;
- pessoa jurídica residente ou domiciliada em país que não tribute a renda ou a tribute em até 20%.

Serão, ainda, consideradas vinculadas as pessoas jurídicas interpostas (mesmo que não pertençam ao mesmo grupo econômico) e as empresas encomendantes, nas operações de importação por encomenda[6].

---

[5] Dez por cento é o limite mínimo de participação societária que o legislador entende conferir influência sobre os preços praticados entre a pessoa jurídica nacional e estrangeira, considerando-as, portanto, vinculadas.

[6] Conforme art. 14 da Lei n. 11.281, de 20 de fevereiro de 2006.

O legislador estabeleceu, dessa forma, hipóteses que entende conferir influência ou interesse comum suficientes para as partes intervirem na política de preços adotada nas relações comerciais.

4.4 Os preços de transferência e a necessidade de controle fiscal

Nas últimas décadas as empresas superaram as fronteiras nacionais em busca da maximização dos fatores de produção. Assim, uma unidade de produção de um grupo econômico pode ser alocada em um país onde os custos de mão-de-obra são baixos, a administração permanecer no país da sede, em função da maior concentração de mão-de-obra qualificada, e a finalização do produto ser implementada em um país onde está o mercado consumidor, resultando numa redução de despesas em escala global da produção.

Nesse processo de descentralização da produção, a comercialização de bens, serviços ou direitos realizados entre as unidades de um grupo econômico visam a assegurar um custo reduzido do produto final. Assim, a busca do lucro máximo em cada transação é convertida pela lucratividade obtida na totalidade do processo produtivo.

Naturalmente, as transações implementadas entre as unidades de um mesmo grupo econômico, em função da vinculação existente entre essas empresas, são influenciadas pelo interesse comum de lucro global (ou mesmo pelo poder decisório único). Isso resulta em impacto no preço praticado entre as unidades, assim denominado preço de transferência.

A reorganização dos negócios, com conseqüente realocação de funções, riscos e ativos, é motivada, primordialmente, por razões comerciais e estratégicas. Entretanto, o impacto tributário em cada etapa do processo produtivo é analisado, e os negócios são estruturados de modo a reduzir as despesas com tributos, muitas vezes por meio do subfaturamento das exportações ou superfaturamento das importações.

Assim, no âmbito do direito tributário internacional, a prática dos preços de transferência pode resultar numa indesejável transferência disfarçada de lucros entre empresas ligadas e domiciliadas em diferentes jurisdições. Com efeito, para evitar tributação, por vezes as empresas alocam estrategicamente lucros ou despesas para obter uma redução da carga tributária pelo aproveitamento das diferentes imposições tributárias existentes entre os Estados[7].

Para evitar planejamentos fiscais e estratégias de transferência de preços por parte do contribuinte e, por parte do Fisco, gerar maior segurança jurídica na arrecadação, autoridades fiscais de diversas jurisdições e mesmo entidades supranacionais como a OCDE elaboraram diretrizes, recomendações e leis fiscais para determinar os padrões de formação dos preços de transferência.

O controle se dá mediante a imposição de métodos de ajuste dos preços praticados entre partes "vinculadas" aos preços utilizados entre partes independentes em situações semelhantes, os chamados "preços de mercado", para fins de cálculo dos tributos incidentes sobre o lucro.

O processo de controle dos preços de transferência visa, portanto, equiparar o preço praticado nas operações entre partes vinculadas com aquele que seria praticado em operações semelhantes entre partes independentes.

4.5 Princípio *Arm´s Length*

O ideal de equiparação dos preços de transferência aos preços de mercado é o conteúdo do princípio *arm's length* (ou "ficção de independência").

[7] MOSQUERA, Roberto Quiroga; UTUMI, Ana Cláudia Akie. Aspectos fundamentais da aplicação das regras de *transfer pricing*. *In*: **Planejamento Fiscal**: teoria e prática. São Paulo: Dialética, 1998, v. 2, p. 126.

A expressão *arm's length* (distância de um braço) significa, no idioma inglês, manter-se distante, não ser amigável (amigo) ou íntimo, evitar relacionamento próximo[8]. A expressão "manter alguém ou algo *at arm's length*" é o mesmo que evitar se tornar ligado, ou mesmo que nessa distância o contato físico ou social é desencorajado[9].

No contexto de transações comerciais, os preços praticados "à distância de um braço" (*arm's length*) são aqueles acordados (ou que seriam acordados) entre partes não relacionadas (não ligadas; distantes).

Dada sua relevância para a problemática dos preços de transferência, o significado da expressão *arm's length* é erigido a princípio de direito tributário, significando autonomia na formação de preços, ou seja, como se fossem acordados entre partes independentes. No âmbito tributário, a busca pelos preços "autônomos" (independentes) é primordial para aferir os resultados que, em condições de mercado, seriam imputáveis às empresas sujeitas a determinada jurisdição tributária.

Confirmando sua importância, a Organização para a Cooperação e o Desenvolvimento Econômico – OCDE[10] aponta, em

---

[8] Conforme **Wiktionary**: "At a distance, so as to keep from be friendly or intimate; Avoiding a close relationship". Disponível em <http://en.wiktionary.org/wiki/at_arm's_length>, acesso em 14-9-2006.

[9] De acordo com **The Free Dictionary**, *at arm's length* significa que "at such a distance that physical or social contact is discouraged" e *keep someone/something at arm's length* é "to avoid becoming connected with someone or something". Disponível em <http://www.thefreedictionary.com/arm>, acesso em 14-9-2006.

[10] A despeito de o Brasil não ser um país membro da OCDE e, portanto, não estar obrigado às normas expedidas por essa organização internacional, o legislador nacional, na exposição de motivos da Lei n. 9.430/96, deixou consignado que as nomas propostas naquela lei para o controle dos preços de transferência no Brasil foram elaboradas *em conformidade com as regras adotadas nos países integrantes da OCDE*. Inegável, portanto, a relevância de analisar e compreender os estudos e as propostas da OCDE.

seus estudos, o princípio *arm's length* como norteador para a questão dos preços de transferência[11].

Na definição da OCDE, o princípio *arm's lenght* "consiste, em síntese, em tratar os membros de um grupo multinacional como se eles atuassem como entidades separadas, não como partes inseparáveis de um negócio único. Devendo-se tratá-los como entidades separadas (*separate entity approach*), a *atenção volta-se à natureza dos negócios celebrados entre os membros daquele grupo*"[12].

Esse princípio demanda que o preço praticado entre partes vinculadas seja o mesmo utilizado em transações entre partes independentes (preço de mercado ou preço de livre concorrência), em circunstâncias semelhantes.

Dessa forma, o preço segundo o princípio *arm's length* seria aquele acordado entre partes não relacionadas, envolvidas nas mesmas transações ou transações similares, nas mesmas condições ou em semelhantes condições de mercado. Devem ser consideradas, portanto, as condições nas quais é possível concluir que as transações foram efetuadas como se fossem entidades independentes.

O princípio é parâmetro eleito pelos países membros da OCDE[13] para que grupos internacionais e administrações fiscais dele se utilizem para transformar os preços dos grupos de empresas em preços de mercado.

Como podemos observar, o princípio *arm's length* é corolário do princípio da igualdade, na medida em que exige que as partes relacionadas sejam tratadas da mesma forma que as partes

---

[11] SCHOUERI, Luís Eduardo. **Preços de transferência**, cit., p. 19.

[12] SCHOUERI, Luís Eduardo. **Preços de transferência**, cit., p. 27.

[13] SCHOUERI, Luís Eduardo. Precios de transferencia: consideraciones propedeuticas. *In*: **Estudios de derecho tributario constitucional e internacional**: homenaje latinoamericano a Victor Uckmar. Coordenado por Pasquale Pistone e Heleno Taveira Tôrres. Buenos Aires: Depalma, 2005, (831-851), p. 838.

independentes ou em condições de mercado. É cláusula geral, de aplicação clara no campo do direito tributário internacional. Sua generalidade, abstração, abertura, vinculação a valores, analogia, além da diversidade de concretização na legislação tributária, são atributos que não só tornam irrefutável sua condição de princípio jurídico, mas também limitam as autoridades à utilização de métodos que não premiem a efetiva apuração da renda tributável em condições de independência das partes.

Sendo o princípio da igualdade uma limitação constitucional ao poder de tributar imposta ao legislador tributário nacional pelo art. 150 da Constituição Federal, os contribuintes que estão na mesma situação devem ser tratados de forma isonômica. A igualdade na tributação tem a virtude de expor de maneira clara a relação jurídica entre o cidadão e o Estado no âmbito obrigacional. Dessa forma, as pessoas jurídicas que travam relações de comércio exterior com partes vinculadas devem ser tratadas da mesma forma que outra pessoa jurídica que celebra idêntica transação comercial com uma parte com a qual não possui vínculo.

Assim, a observância do princípio *arm's length*, como expressão ou realização da isonomia, é que garante a constitucionalidade das regras brasileiras sobre preço de transferência, inscritas na Lei n. 9.430, de 1996. Logo, o princípio *arm's length*, apesar de não ter sido positivado expressamente no ordenamento jurídico brasileiro, é de aplicação indispensável à realização do princípio da isonomia.

O princípio *arm's length*, entretanto, constitui uma determinação geral que estabelece um valor a ser buscado, exigindo instrumentos que viabilizem sua realização no caso concreto. Para tanto as legislações dos diversos países estabelecem métodos de controle dos preços de transferência.

4.6 Métodos de controle dos preços de transferência

Para tentar reverter os efeitos que as relações de interdependência podem causar nos preços e para manter as condições de mercado, as administrações tributárias de diversos países estabeleceram métodos de controle dos preços de transferência, baseados no princípio *arm's length*.

Os métodos de controle dos preços de transferência visam determinar um preço-parâmetro (ou preço médio), semelhante àquele que seria aplicado nas relações com partes interdependentes, o qual sendo divergente dos preços praticados pelas partes vinculadas ensejará retificações.

Esses métodos de controle são estabelecidos pela legislação de cada país. Entretanto, a OCDE, em estudos publicados sobre o tema, apresentou métodos de controle dos preços de transferência que entende atingirem o valor buscado pelo princípio *arm's length*. A OCDE adverte que os métodos apresentados em seus estudos não são cogentes, tendo as empresas liberdade para adotar outros métodos, desde que atinjam preços independentes[14].

A OCDE apresenta como métodos tradicionais de aplicação do princípio *arm's length* os seguintes: (i) Método de Comparação com os Preços do Mercado Livre (Comparable Uncontrolled Price or CUP Method); (ii) Método do Preço de Revenda Minorado (Resale Price Method); e (iii) Método do Custo Majorado (Cost Plus Method)[15].

---

[14] OCDE. Transfer Pricing Guidelines for Multinacional Enterprices and Tax Administrations. Paris: OCDE. *Apud* SCHOUERI, Luís Eduardo. **Preços de transferência**, cit., p. 21.

[15] OCDE. Transfer Pricing Guidelines, cit., p. 59, tradução de acordo com glossário contido no documento "Princípios aplicáveis em matéria de preços de transferência destinados a empresas multinacionais – síntese", disponível em <http://www.oecd.org/dataoecd/9/55/1915504.pdf >, acesso em 3-9-2006.

Além dos métodos tradicionais, a OCDE acolhe outros métodos que levam em consideração não mais o preço praticado, mas o lucro auferido nas transações entre partes ligadas, denominados Métodos Baseados no Lucro das Operações (Transactional Profit Methods), ressaltando que somente satisfazem o princípio *arm's length* o Método da Divisão do Lucro (*Profit Split Method*) e o Método Margem Líquida da Operação (*Transactional Net Margin Method*). Os métodos *Comparable Profits Methods* e *Modified Cost Plus/Resale Price Methods* são aceitos à medida que atendam as linhas definidas pela OCDE em suas recomendações[16].

O método Divisão do Lucro busca eliminar os efeitos causados pela vinculação nos lucros auferidos em transações implementadas entre empresas ligadas. De acordo com esse método, deve-se aferir os lucros nas operações controladas e dividi-los entre as partes, tal qual seria efetuado por partes independentes. Assim, busca-se um critério economicamente válido de divisão que teria sido acordado numa relação *at arm's length*[17].

O método Margem Líquida da Operação, por sua vez, consiste em verificar a margem de lucro líquido em relação a uma base adequada (por exemplo, os custos, as vendas ou os ativos) obtido em uma transação controlada. A margem deve ser obtida pela comparação com a margem que seria utilizada numa operação independente equivalente.

A OCDE faz referência, ainda, ao método Divisão dos Lucros Mundiais por Fórmulas Predeterminadas, que consiste na alocação dos lucros consolidados de um grupo multinacional, entre as diversas empresas associadas, com base em uma fórmula mecânica previamente determinada. Assim, para o cálculo é necessário determinar as empresas envolvidas (ou estabelecimentos conside-

---

[16] Transfer Pricing Guidelines, cit.

[17] OCDE. Transfer Pricing Guidelines, cit., p. 60.

rados), a forma de obtenção do lucro global e a fórmula para divisão dos lucros[18].

A OCDE ressalta a incompatibilidade desse método com o princípio *arm's length* por não se relacionar exclusivamente com as transações controladas, tomando por base o lucro de empresas (ou estabelecimentos).

Os métodos não tradicionais, entretanto, devem ser utilizados de forma subsidiária aos métodos transacionais tradicionais, ou seja, apenas quando estes não puderem ser consistentemente aplicados.

4.7 Controle fiscal dos preços de transferência no Brasil

O controle dos preços de transferência foi instituído no Brasil em 1996, pela Lei n. 9.430, para fins de apuração da base de cálculo do IRPJ e da CSLL.

Como visto acima, o objetivo da legislação de controle dos preços de transferência é impedir a remessa de lucros para o exterior com intuito de reduzir a tributação, nas operações entre pessoas vinculadas, por meio de subfaturamento nas exportações ou superfaturamento nas importações. Para tanto, a legislação brasileira estabeleceu métodos para apuração de preços-parâmetro, que representam, (i) na importação, o custo máximo de aquisição de bens, direitos e serviços, de empresas não-residentes e vinculadas, considerado dedutível na determinação do lucro real, base de cálculo do IRPJ, e da base de cálculo da CSLL[19]; e, (ii) na exportação, a receita mínima de exportação tributável pelo IRPJ e pela CSLL.

A prática de um preço de transferência (i) superior ao preço-parâmetro na importação, ou (ii) inferior ao preço-parâmetro na

[18] SCHOUERI, Luís Eduardo. **Preços de transferência**, cit., p. 208.

[19] Apurado na forma do art. 18 da Lei n. 9.430, de 1996.

exportação, implica a obrigação de adicionar a diferença às bases de cálculo do IRPJ e da CSLL.

Nas operações de importação, a legislação nacional estabeleceu três métodos de controle dos preços de transferência, enquanto nas operações de exportação existem quatro métodos.

4.8 Controle fiscal dos preços de transferência nas importações

Nas operações de importação de bens, serviços ou direitos, as empresas brasileiras podem aplicar os seguintes métodos de preço de transferência:

4.8.1 Método dos Preços Independentes Comparados - PIC

O preço-parâmetro corresponderá a uma média aritmética dos *preços de bens, serviços ou direitos, idênticos ou similares*, apurados no mercado brasileiro ou de outros países, em operações de compra e venda, praticadas entre compradores e vendedores não vinculados, em condições de pagamento semelhantes. A média aritmética dos preços e o custo médio de produção dos bens, serviços e direitos devem ser calculados considerando-se os preços praticados e os custos incorridos durante o período de apuração da base de cálculo do imposto de renda a que se referirem os custos, despesas e encargos.

4.8.2 Método do Custo de Produção mais Lucro - CPL

O preço-parâmetro é calculado com base no *custo médio de produção de bens, serviços ou direitos, idênticos ou similares*, no país onde tiverem sido originalmente produzidos, *acrescido de impostos e taxas cobrados pelo referido país na exportação e de margem de lucro de 20%, calculada sobre o custo apurado.*

4.8.3 Método do Preço de Revenda menos Lucro – PRL

Será considerada a média aritmética dos preços de revenda dos bens, serviços ou direitos, pactuados com compradores não vinculados, deduzindo-se os descontos incondicionais concedidos, além de impostos e contribuições incidentes sobre vendas, comissões e corretagens pagas e margem de lucro de 20%, calculada sobre o preço de revenda, e de *60% na hipótese de bens, serviços e direitos aplicados à produção, calculado sobre o preço de revenda*, após as deduções já referidas e do valor agregado no país[20].

4.9 Controle dos preços de transferência nas exportações

A legislação brasileira estabelece que as receitas oriundas de operações de exportação efetuadas com pessoa vinculada ficam sujeitas a arbitramento naqueles casos em que o preço médio de venda dos bens, durante o respectivo período de apuração da base de cálculo do IRPJ e da CSLL, for inferior a 90% do preço médio praticado na venda dos mesmos bens no mercado brasileiro, durante o mesmo período, em condições de pagamento semelhantes[21].

Como se vê, a legislação estabelece o chamado *safe harbour*, por meio do qual o contribuinte fica dispensado de apurar suas receitas de exportação com base nos métodos de preços de transferência, caso o preço médio de venda dos bens nas exportações seja igual ou superior a 90% do preço médio praticado na venda dos mesmos bens no mercado brasileiro, durante o mesmo período, em condições de pagamento semelhantes.

Além disso, a pessoa jurídica pode comprovar a adequação dos preços praticados nas exportações exclusivamente com os do-

---

[20] Cf. art. 12 da Instrução Normativa SRF n. 243, de 11 de novembro de 2002.

[21] Cf. art. 19, *caput*, da Lei n. 9.430, de 27 de dezembro de 1996.

cumentos relacionados com a própria operação, ou seja, sem a necessidade de cálculo dos métodos de controle de preços de transferência quando[22]:

(i) comprovar haver apurado lucro líquido, antes da contribuição social sobre o lucro líquido e do imposto de renda, decorrente das receitas de vendas nas exportações para empresas vinculadas, em valor equivalente a, no mínimo, 5% do total dessas receitas; e

(ii) a receita líquida das exportações não exceder a 5% do total da receita líquida no mesmo período[23].

Verificado, entretanto, que o preço de venda nas exportações é inferior a 90% do preço médio de vendas semelhantes no mercado nacional e que supera os referidos limites de 5%, as receitas das vendas nas exportações, para fins de apuração da base de cálculo do IRPJ e da CSLL, serão determinadas tomando-se por base o valor apurado segundo um dos métodos previstos na legislação[24].

Os métodos para determinação dos preços de transferência nas operações de exportação são os seguintes:

4.9.1 Método do Preço de Venda nas Exportações – PVEx

A média aritmética ponderada dos preços de venda nas exportações efetuadas pela própria empresa, para outros clientes, ou

---

[22] Cf. arts. 35 e 36 da Instrução Normativa SRF n. 243, de 2002.

[23] Essas hipóteses de dispensa de comprovação não se aplicam às vendas efetuadas por empresas vinculadas domiciliadas em países com tributação favorecida ou cuja legislação oponha sigilo, conforme definido no art. 39 da Instrução Normativa SRF n. 243, de 2002, nos termos dos arts. 37, I, e 30, § 4º, da Instrução Normativa SRF n. 243, de 2002.

Cf. art. 36 da Instrução Normativa SRF n. 243, de 2002.

[24] Cf. art. 19, § 3º, da Lei n. 9.430, de 1996.

por outra exportadora nacional de bens, serviços ou direitos, idênticos ou similares, durante o mesmo período de apuração da base de cálculo do imposto de renda e em condições de pagamento semelhantes.

4.9.2 Método do Preço de Venda por Atacado no País de Destino Diminuído do Lucro – PVA

A média aritmética ponderada dos preços de venda de bens, idênticos ou similares, praticados no mercado atacadista do país de destino, em condições de pagamento semelhantes, diminuídos dos tributos incluídos no preço, cobrados no referido país, e de margem de lucro de 15% sobre o preço de venda no atacado.

4.9.3 Método do Preço de Venda a Varejo no País de Destino Diminuído do Lucro – PVV

A média aritmética ponderada dos preços de venda de bens, idênticos ou similares, praticados no mercado varejista do país de destino, em condições de pagamento semelhantes, diminuídos dos tributos incluídos no preço, cobrados no referido país, e de margem de lucro de 30% sobre o preço de venda no varejo.

4.9.4 Método do Custo de Aquisição ou de Produção mais Tributos e Lucro – CAP

A média aritmética ponderada dos custos de aquisição ou de produção dos bens, serviços ou direitos exportados, acrescidos dos impostos e contribuições cobrados no Brasil e de margem de lucro de 15% sobre a soma dos custos mais impostos e contribuições.

É facultada às empresas a escolha de qualquer dos métodos mencionados na lei para o cálculo do preço a ser usado como parâmetro[25]. Uma vez identificado o preço-parâmetro, a parcela das

---

[25] Cf. art. 19, § 5º, da Lei n. 9.430, de 1996.

receitas que exceder ao valor já apropriado na escrituração da empresa deve ser adicionada ao lucro líquido para determinação do lucro real[26].

Vale mencionar, ainda, que a legislação considera satisfatória a comprovação quando o preço utilizado como parâmetro divirja em até 5% (cinco por cento), para mais ou para menos, daquele constante dos documentos de importação ou exportação, hipótese em que nenhum ajuste é exigido da empresa na apuração do imposto de renda e da base de cálculo da CSLL[27].

4.10 Dificuldades na utilização dos métodos de controle no Brasil

Os métodos listados pelo legislador nacional possuem nítida influência da disciplina internacional apresentada pela OCDE. O método PIC, aplicável nas operações de importação, e o método PVEx, para as exportações, têm sua essência fundada na comparação dos preços praticados entre pessoas ligadas àqueles praticados entre empresas independentes, com os ajustes para anular os efeitos sobre os preços das diferentes condições de negócios, da natureza física e conteúdo[28]. Nessa medida, o PIC e o PVEx se assemelham ao método CUP (Comparable Uncontrolled Price).

O método PRL na importação e os métodos PVV e PVA aplicáveis nas operações de exportação utilizam sistemática semelhante ao *Resale Price Method*, pela comparação entre preço praticado e preço de revenda, diminuído da margem de lucro e custos da operação.

O método CPL, aplicável na importação, e o método CAP, utilizável na exportação, partem da comparação entre o preço pra-

---

26 Cf. art. 19, § 7º, da Lei n. 9.430, de 1996.

27 Cf. art. 38 da Instrução Normativa SRF n. 243, de 2002.

28 SCHOUERI, Luís Eduardo. **Preços de transferência**, cit., p. 70.

ticado e o custo dos bens, serviços e direitos comercializados, acrescidos de uma margem de lucro e os custos da operação (impostos e taxas), semelhantes ao *Cost-plus method.*

Todavia, as possibilidades de ajuste e flexibilização dos métodos nacionais são restritas ao (i) prazo de pagamento; (ii) quantidades negociadas; (iii) obrigação por garantia; (iv) obrigação pela promoção, propaganda e publicidade; (v) obrigação pelos custos de fiscalização de qualidade, higiene e padrão; (vi) obrigação pelos custos de intermediação; (vii) acondicionamento; e (viii) frete e seguro, resultando em inúmeras limitações de aplicação aos casos concretos.

Os métodos que se baseiam na comparação entre transações efetivas – PIC e PVEx – têm sua aplicabilidade restrita porque pressupõem a existência de transações comparáveis com produtos, serviços ou direitos idênticos ou assemelhados[29].

As diferentes circunstâncias em que estão inseridas as transações comerciais tornam as operações não comparáveis. Por exemplo, uma exportação para um país de notória instabilidade política requer um *spread* em função do risco que não seria incluído numa transação realizada com parceiro comercial localizado na Suíça.

Além disso, o alto grau de especialização e concentração da produção contemporânea implica a dificuldade de identificar transações comparáveis. Constantemente um grupo econômico, espalhado pelo mundo, é produtor exclusivo de determinado produto.

Nesse contexto, torna-se indispensável a utilização de ajustes para tornar as operações comparáveis. Entretanto, a legislação prevê um rol limitado de ajustes, que se apresentam insuficientes para afastar as inúmeras circunstâncias que distinguem os casos concretos.

---

[29] SCHOUERI, Luís Eduardo. **Preços de transferência**, cit., p. 130.

A eficiência da utilização de métodos baseados na comparação de operações em face da complexidade das operações poderia ser alcançada pela possibilidade de o contribuinte apresentar ajustes para a análise e autorização das autoridades administrativas. É impossível que o legislador preveja a totalidade dos ajustes necessários para tornar as inúmeras operações celebradas pelos contribuintes em operações comparáveis. Entretanto, o Fisco brasileiro não aceita ajustes não previstos na legislação.

O cenário apresentado não deixa dúvidas sobre a dificuldade de utilização dos métodos PIC e PVEx.

Outros métodos exigem uma comparação de preço de custo com diversos concorrentes – CPL e CAP; ou informações precisas dos fornecedores internacionais – PVV e PVA.

O custo de um produto é informação confidencial nas empresas, pois define toda a estratégia de concorrência. As indústrias farmacêuticas, por exemplo, transacionam entre suas unidades princípios ativos que são protegidos por patentes mundiais e, portanto, não são comercializados entre partes independentes.

No caso específico do CPL, tem-se que a dificuldade reside na obtenção dos custos da unidade de produção no exterior, seja pelo sigilo, seja pelas diferentes regras contábeis existentes entre os países, que são um empecilho à mensuração do custo de produção do bem ou serviço importado.

Além do inconveniente de ser obrigado a abrir os custos de produção no exterior para o Fisco brasileiro, esse método apresenta o obstáculo da comprovação, exigindo a apresentação dos seguintes documentos pela pessoa jurídica vinculada domiciliada no exterior:

- cópias dos documentos que embasaram os registros constantes dos livros contábeis, tais como faturas comerciais de aquisição das matérias-primas e outros bens ou serviços utilizados na produção;

- planilhas de rateio do custo de mão-de-obra e cópias das folhas de pagamentos, comprovantes de custos com locação, manutenção e reparo dos equipamentos aplicados na produção;
- demonstrativos dos percentuais e dos encargos de depreciação, amortização ou exaustão utilizados e das quebras e perdas alocadas[30];
- cópia da declaração do imposto sobre a renda entregue ao Fisco do outro país, equivalente a DIPJ do Brasil.

O PVV e PVA apresentam a dificuldade de obter os preços de varejo e atacado, respectivamente, praticados no exterior, no mercado varejista ou atacadista do país de destino dos bens, serviços e direitos exportados pelas empresas nacionais.

O PRL é o único método que independe de informações de concorrentes, dos fornecedores internacionais ou de mercados estrangeiros, podendo ser usado com base unicamente nas informações da empresa importadora. Todavia, a utilização desse método esbarra noutros empecilhos, que são as margens prefixadas de lucro.

Também no cálculo dos preços de transferência estabelecidos pelos métodos PVV e PVA, para operações de importação, CPL e CAP, para exportações, há margens de lucro predeterminadas.

A determinação de margens prefixadas de lucros afasta o modelo brasileiro de controle de preços de transferência do princípio *arm's length*. Todos os métodos desenvolvidos pela OCDE com base nesse princípio carregam a idéia de comparação, seja dos preços, seja das margens. É indispensável alcançar o preço ou as margens praticadas pelas partes independentes, ou, caso não haja operações comparáveis, efetuar uma análise econômica da operação, como

[30] Observando-se o disposto no § 4º do art. 13 da Instrução Normativa SRF n. 243, de 2002.

capital investido e funções exercidas, para verificar a lucratividade razoável para cada tipo de transação.

A fixação de margens que não refletem a realidade das operações, impondo limites de dedutibilidade não condizentes com os fatos concretos, afronta o conceito de renda e ofende o princípio *arm's length*[31].

A predeterminação legal de uma margem de lucro não poderia conduzir a resultados tão ou mais afastados da realidade objetiva do mercado que o preço efetivamente praticado, seja qual for a conjuntura da economia ou a natureza da empresa, do lucro ou do serviço[32].

Embora a legislação brasileira admita, em circunstâncias especiais, a aplicação de margens de lucro diversas das mencionadas acima, impõe aos contribuintes o ônus de comprovar tais margens de lucro com base em publicações, pesquisas ou relatórios elaborados nos seguintes termos:

1. publicações ou relatórios oficiais do governo do país do comprador ou vendedor ou declaração da autoridade fiscal desse mesmo país, quando com ele o Brasil mantiver acordo para evitar a bitributação ou para intercâmbio de informações;

2. pesquisas efetuadas por empresa ou instituição de notório conhecimento técnico ou publicações técnicas, em que se especifiquem o setor, o período, as empresas pesquisadas e a margem encontrada, bem como identifiquem, por empresa, os dados coletados e trabalhados[33].

A legislação estabelece, ainda, que as publicações, as pesquisas e os relatórios oficiais em questão somente serão admitidos como

---

[31] SCHOUERI, Luís Eduardo. **Preços de transferência**, cit., p. 103.

[32] XAVIER, Alberto. **Direito tributário internacional do Brasil**. Rio de Janeiro: Forense, 2004, p. 378.

[33] Cf. art. 21, § 2º, da Lei n. 9.430, de 1996.

prova se houverem sido realizados com observância aos métodos de avaliação internacionalmente adotados e se referirem a período contemporâneo com o de apuração da base de cálculo do imposto de renda da empresa brasileira.

Vale mencionar que as publicações técnicas, as pesquisas e os relatórios podem ser desqualificados mediante ato do Secretário da Receita Federal, quando considerados inidôneos ou inconsistentes.

Nesse sentido, cabe destacar que as autoridades fazendárias entendem que, não satisfeitas as condições impostas pela legislação tributária, descabe alteração no percentual de margem de lucro utilizado na determinação do preço de transferência[34].

A propósito, vale mencionar que já houve caso em que a Secretaria da Receita Federal desqualificou, expressamente, pesquisa técnica realizada pela empresa de auditoria independente PricewaterhouseCoopers, o que evidencia a dificuldade dos contribuintes em comprovar a existência de margem de lucro diversa daquelas preestabelecidas na legislação[35].

4.11 O pleito do quarto método

As dificuldades ou impossibilidades de aplicação dos métodos de controle dos preços de transferência descritos na Lei n. 9.430 têm levado empresas nacionais a pleitear perante o Fisco a aplicação de outros métodos de controle. Um desses pleitos se refere ao também conhecido "quarto método"[36] de controle, conforme doutrina nacional e internacional especializada.

---

[34] Cf. Decisão 843 da 10ª Turma da Delegacia da Receita Federal de Julgamento em São Paulo, em 14 de maio de 2002.

[35] Cf. Ato Declaratório Executivo SRF n. 37, de 26 de julho de 2002.

[36] A expressão "quarto método" faz referência a outro método que não os três métodos tradicionais indicados pela OCDE, quais sejam, *Comparable Uncontrolled Price; Resale Price Method* e *Cost Plus Method.*

Como mencionado acima, em diversos casos concretos os métodos propostos pelo legislador nacional não permitem a identificação de um preço de mercado, seja pela inexistência de empresas concorrentes, seja pela falta de transações em condições idênticas ou semelhantes, seja pela imposição de margens de lucro que não refletem a realidade dos mercados ou, ainda, pela impossibilidade de se obter as informações requeridas pelos métodos de controle. Nesses casos, impor às empresas a utilização taxativa dos métodos constantes na legislação nacional, para efeito de apuração dos tributos incidentes sobre o lucro, pode implicar uma presunção de renda que não reflete as condições de mercado, em evidente ofensa ao princípio da isonomia.

A defesa da utilização do quarto método é suportada na posição da OCDE, que faculta a utilização de outros métodos além daqueles citados em seus relatórios. Essa organização deixa claro que os métodos apresentados em seus relatórios são apenas exemplos de instrumentos para realização do princípio *arm's length*.

Dessa forma, as empresas podem utilizar outros métodos, que não os descritos no relatório daquela organização, desde que os preços alcançados satisfaçam àquele princípio. Segundo a própria OCDE, os métodos constantes de seu relatório são preferíveis em relação a outros, o que não quer dizer que sejam exclusivos[37].

Assim, a despeito da preferência manifestada em relação à aplicação dos métodos tradicionais – *Comparable Uncontrolled Price; Resale Price Method* e *Cost Plus Method* –, a OCDE admite a utilização de outros métodos para realização do *arm's length principle*.

De fato, os métodos não constituem um fim em si mesmos, sendo possível, a nosso ver, a satisfação do princípio *arm's length* pelos métodos não objetivamente descritos ou sugeridos[38].

---

[37] BALZANI, Francesca. El "Transfer Pricing". *In*: UCKMAR, Victor. **Curso de derecho tributario internacional**. Coordenação de Victor Uckmar. Bogotá: Temis, 2003, t. 1, p. 398.

[38] OCDE. **Transfer Pricing and Multinational Enterprises**: Report of the OECD Commitee on Fiscal Affairs. Paris: OCED, 1979.

Nesse sentido, caso as normas brasileiras sejam insuficientes para a concretização do princípio *arm's length*, nada impede a adoção de outros métodos ou mesmo a combinação de alguns dos métodos[39].

A despeito das resoluções da OCDE, cuja influência foi consagrada na exposição de motivos da Lei n. 9.430/96, e das manifestações doutrinárias, o entendimento das autoridades fiscais brasileiras é que os métodos que podem ser utilizados no controle fiscal dos preços de transferência foram estabelecidos de forma taxativa e exaustiva pelo legislador nacional.

A administração tributária faculta às empresas a escolha e utilização do método que lhe for mais conveniente, mas não permite alterar a forma de aplicação dos métodos ou utilizar um outro tipo de método. Nessa linha, tem sido o entendimento manifestado pelo órgão julgador máximo da esfera administrativa de tributos federais, os Conselhos de Contribuintes.

4.12 Conclusão

A disciplina do controle dos preços de transferência no Brasil é ainda relativamente recente, apresentando dificuldades que urgem serem debatidas e solucionadas. Atualmente, os Conselhos de Contribuintes estão a analisar os primeiros casos de preços de transferência. Não há, portanto, precedentes administrativos que possam servir de parâmetro para um estudo exaustivo de casos.

Pode-se afirmar, no entanto, que a aplicação taxativa e engessada dos métodos de controle nacionais pela administração tributária é inadmissível, cabendo uma revisão legislativa ou mesmo uma flexibilização na utilização dos métodos de controle.

---

39 TORRES, Ricardo Lobo. **Tratado de direito constitucional, financeiro e tributário**. 3. ed. São Paulo: Revista dos Tribunais, 2005, p. 370.

A criação, por exemplo, de um órgão administrativo responsável pela análise de ajustes dos métodos propostos pelos contribuintes seria uma forma eficiente de atingir o princípio *arm's length* nos casos concretos vivenciados pelas empresas nacionais. Assim ocorre em outros países onde se aplica legislação de controle de preços de transferência[40].

Entretanto, não basta haver uma previsão abstrata na legislação facultando ao contribuinte a solicitação de ajustes à administração tributária, como ocorre com os percentuais de lucro dos métodos de controle. De fato, como visto acima, a legislação prevê a possibilidade de alteração dos percentuais de lucro em circunstâncias especiais[41], mas, na prática, em razão das exigências probatórias estabelecidas por instruções normativas, tal alteração de percentuais não é factível.

Apesar de o princípio *arm's length* não estar expressamente estabelecido na ordem jurídica nacional, o controle dos preços de transferência deve ser pautado nesse princípio. A sua observância é imprescindível à realização do princípio da isonomia e, conseqüentemente, à constitucionalidade das regras brasileiras sobre preço de transferência, estabelecidas pela Lei n. 9.430, de 1996.

A razão e o intuito do controle são evidentes, as autoridades fiscais dos países não admitem a "exportação de lucros" ou "importação de prejuízos", com a conseqüente perda de arrecadação de tributos nas operações de comércio exterior.

A verificação da perda de arrecadação em operações entre partes vinculadas ocorre mediante a comparação entre os preços praticados em operações entre partes vinculadas e operações semelhantes realizadas entre partes independentes.

---

[40] FROTSCHER, Gerrit. *Internationales Steuerrecht*. München: C.H. Beck, 2001, p. 332. No mesmo sentido, WEBER, Jurgen; STOFFELS, Mario; KLEINDIENST, Ingo. *International Verrechnungspreise im Konzern*, cit., p. 18.

[41] Conforme art. 20 da Lei n. 9.430, de 1996.

Logo, por apego ao princípio constitucional da igualdade na tributação, apenas o método comparativo, seja pelo confronto direto entre os preços acordados pelas partes vinculadas e aqueles contratados pelas partes independentes, seja pela formação do preço que seria utilizado por partes independentes, ajustado pela análise econômica de fatores que influenciam os preços nos casos concretos, pode autorizar a alteração dos preços de transferência pelas autoridades fiscais.

Conclui-se, assim, que a circunstância de os métodos de controle dos preços de transferência estabelecidos na legislação brasileira se afastarem, em muitos casos, do princípio *arm's length*, e não terem qualquer conexão com os preços praticados entre partes independentes, em evidente ofensa ao princípio da isonomia, serve de justificativa para o pleito dos contribuintes pela aplicação do quarto método.

REFERÊNCIAS

Doutrina:

BALZANI, Francesca. El "Transfer Pricing". *In*: UKCMAR, Victor. **Curso de derecho tributario internacional**. Coordenação de Victor Uckmar. Bogotá: Temis, 2003. t. 1.

FROTSCHER, Gerrit. **Internationales Steuerrecht**. München: C. H. Beck, 2001.

GUERREIRO, Rutnéa Navarro; ANDRADE FILHO, Edmar Oliveira. **Tributo e preços de transferência**. São Paulo: Dialética, 1997.

LEHNER, Moris. Europarechtliche Perspektiven für das Internationale Steurrecht. *In*: Münchener Schriften zum Internationalen Steuerrecht. Coordenação de Moris Lehner, Otmar Thömmes e outros. München: C. H. Beck, 1994, p. 19.

MOSQUERA, Roberto Quiroga; UTUMI, Ana Cláudia Akie. Aspectos fundamentais da aplicação das regras de *transfer pricing*.

In: **Planejamento fiscal**: teoria e prática. São Paulo: Dialética, 1998. v. 2.

OCDE. **Transfer Pricing Guidelines for Multinacional Enterprices and Tax Administrations**. Paris: OCDE. *Apud* SCHOUERI, Luís Eduardo. **Preços de transferência no direito tributário brasileiro**. 2. ed. São Paulo: Dialética, 2006.

______. **Princípios aplicáveis em matéria de preços de transferência destinados a empresas multinacionais – síntese**. Disponível em <http://www.oecd.org/dataoecd/9/55/1915504.pdf>. Acesso em 3-9-2006.

SCHMALENBACH. *Apud* WEBER, Jurgen; STOFFELS, Mario; KLEINDIENST, Ingo. **International Verrechnungspreise im Konzer**. Valendar: Willey, 2004.

SCHOUERI, Luís Eduardo. **Preços de transferência no direito tributário brasileiro**. 2. ed. São Paulo: Dialética, 2006.

______. Precios de transferencia: consideraciones propedeuticas. *In*: **Estudios de derecho tributario constitucional e internacional**: homenaje latinoamericano a Victor Uckmar. Coordenação de Pasquale Pistone e Heleno Taveira Tôrres. Bueno Aires: Depalma, 2005.

TORRES, Ricardo Lobo. **Tratado de direito constitucional, financeiro e tributário**. 3. ed. São Paulo: Revista dos Tribunais, 2005.

TROYA JARAMILLO, José Vicente. Interpretación y aplicación de los tratados en materia tributaria. In: **Estudios de derecho tributario constitucional e internacional**: homenaje latinoamericano a Victor Uckmar. Coordenação de Pasquale Pistone e Heleno Taveira Tôrres. Buenos Aires: Depalma, 2005.

UCKMAR, Victor. **Curso de derecho tributario internacional**. Coordenação de Victor Uckmar. Bogotá: Temis, 2003. t. 1.

VAN RAAD, Kees. International coordination of tax treaty interpretation and application. *In*: **International and comparative**

taxation: essays in honour of Klaus Vogel. Coordenação de Paul Kirschhof, Moris Lehner, Kees van Raad, Arndt Raupach and Michael Rodi. London: Kluver Law International, 2002 (217/230).

VEDDER, Cristoph. Einwirkungen des Europarechts auf das innerstaatliche Recht und auf internationale Verträge der Mitgliedstaate: die Regelund der Doppelbesteuerung. *In*: **Münchener Schriften zum Internationalen Steuerrecht**. Coordenação de Moris Lehner, Otmar Thömmes e outros. München: C. H. Beck, 1994.

VOGEL, Klaus. Problemas na interpretação de acordos de bitributação (tradução de Luís Eduardo Schoueri). *In*: **Direito tributário**: homenagem a Alcides Jorge Costa. Coordenação de Luís Eduardo Schoueri. São Paulo: Quartier Latin, 2003.

XAVIER, Alberto. **Direito tributário internacional do Brasil**. 6. ed. atual. Rio de Janeiro: Forense, 2004.

Wiktionary. Disponível em <http://en.wiktionary.org>. Acesso em 14-9-2006.

The Free Dictionary. Disponível em <http://www.thefreedictionary.com.arm>. Acesso em 14-9-2006.

Legislação:

BRASIL. Constituição (1988). Constituição da República Federativa do Brasil.

Lei n. 9.430, de 27-12-1996.

Lei n. 11.281, de 20-2-2006.

Instrução Normativa SRF n. 243, de 11-11-2002.

Ato Declaratório Executivo SRF n. 37, de 26 de julho de 2002.

Jurisprudência:

Decisão n. 843, da 10ª Turma de Delegacia da Receita Federal de Julgamento em São Paulo, de 14-5-2002.

5 GANHO DE CAPITAL DO NÃO-RESIDENTE

Gustavo Lian Haddad

Professor do programa de educação continuada e especialização em Direito GVlaw, membro do Primeiro Conselho de Contribuintes do Ministério da Fazenda, advogado e sócio da área tributária do escritório Lefosse Advogados em cooperação com Linklaters.

Joana Chia Yin Liu

Especialista em Direito Tributário pela Pontifícia Universidade Católica de São Paulo, advogada da área tributária do escritório Lefosse Advogados em cooperação com Linklaters.

5.1 Descrição do caso

Empresa estrangeira A ("**Empresa A**"), constituída de acordo com as leis de um país estrangeiro ("**País Estrangeiro**"), celebra contrato de compra e venda para aquisição de quotas de empresa nacional C ("**Empresa Nacional C**"), constituída de acordo com as leis brasileiras e residente no Brasil, com outra empresa estrangeira B ("**Empresa B**"), sociedade também constituída de acordo com as leis do país estrangeiro e atual titular das quotas da Empresa Nacional C.

É objeto do presente estudo o exame da tributação do ganho de capital resultante da operação de venda das quotas da Empresa Nacional C pela Empresa B tendo em vista a regra constante do art. 26 da Lei n. 10.833, de 29 de dezembro de 2003 ("**Lei n. 10.833**").

5.2 Tributação do ganho de capital do não-residente até 2003

Nos termos do art. 18 da Lei n. 9.249, de 26 de dezembro de 1995, o ganho de capital auferido por residente ou domiciliado no exterior na alienação de bens e direitos situados no Brasil é apurado e tributado de acordo com as regras aplicáveis aos residentes no Brasil.

Em outras palavras, a diferença apurada pelo não-residente entre o valor de alienação do bem ou direito situado no Brasil e seu custo de aquisição está sujeita a tributação definitiva como de ganho de capital, à alíquota de 15%, salvo nos casos em que (i) haja acordo, tratado ou convenção firmado entre o Brasil e o país de residência do alienante dispondo de forma diversa ou (ii) o beneficiário do ganho seja residente ou domiciliado em país que não tribute a renda ou a tribute à alíquota máxima inferior a 20% (paraísos fiscais), hipótese em que a alíquota do imposto de renda sobre o ganho de capital é de 25%.

Entretanto, era entendimento da doutrina (e prática comum no Brasil) que as regras vigentes até a edição da Lei n. 10.833 eram aplicadas somente se a aquisição de um bem ou direito localizado no Brasil de titularidade de um não-residente fosse concretizada por um residente no Brasil, ou seja, desde que o adquirente (fonte pagadora da renda) fosse residente no Brasil.

Nesse sentido, se o adquirente e o alienante de um bem situado no Brasil fossem ambos não-residentes, e sendo a transação levada a efeito fora do Brasil, entendia-se que não haveria base legal para tributar o ganho de capital resultante da transação.

Tal posição decorria da aplicação dos arts. 682 e 685 do Regulamento do Imposto de Renda (Dec. n. 3.000, de 26 de março de 1999 – RIR). Note-se que esses artigos encontram-se inseridos no capítulo que dispõe sobre os rendimentos de residentes ou domiciliados no exterior (Capítulo V), o qual, por sua vez, está inserido no título que trata da tributação na fonte (Título I do Livro III).

> Art. 682. Estão sujeitos ao imposto na fonte, de acordo com o disposto neste Capítulo, a renda e os proventos de qualquer natureza *provenientes de fontes situadas no País*, quando percebidos:
>
> I – pelas pessoas físicas ou jurídicas residentes ou domiciliadas no exterior;
>
> (...)
>
> (grifos nossos).
>
> Art. 685. Os rendimentos, ganhos de capital e demais proventos *pagos, creditados, entregues, empregados ou remetidos, por fonte*

> *situada no País, a pessoa física ou jurídica residente no exterior*, estão sujeitos à incidência na fonte:
>
> I – à alíquota de quinze por cento, quando não tiverem tributação específica neste Capítulo, inclusive:
>
> (...)
>
> b) os ganhos de capital auferidos na alienação de bens ou direitos;
>
> (...) (grifos nossos)

Com efeito, da análise dos arts. 682 e 685 acima transcritos denota-se que os rendimentos e ganhos auferidos por não-residente tributáveis no Brasil são aqueles provenientes de fonte situada no Brasil, ou seja, produzidos no Brasil, pagos, creditados, remetidos etc., por fonte brasileira.

É o que ensina Alberto Xavier[1]:

> O art. 682 do RIR declara que a renda e os proventos de qualquer natureza auferidos por residentes no exterior são tributáveis no Brasil apenas se "provenientes de fontes situadas no País", consagrando assim o princípio da "tributabilidade limitada" (*beschränkte Steuerpflicht*). Por sua vez, o art. 685 do RIR dispõe que estão sujeitos à incidência do imposto os rendimentos, ganhos de capital e demais proventos pagos, creditados, entregues, empregados ou remetidos "por fonte situada no País".
>
> (...)
>
> A proveniência da fonte alude à *fonte de produção*, fonte econômica ou fonte objetiva, que é a origem da renda, ou seja, a atividade, bem ou direito de que resulta; o "pagamento" pela fonte alude à *fonte de pagamento*, fonte financeira ou fonte subjetiva, que é a pessoa que efetua o pagamento da renda ao seu titular.

---

[1] **Direito tributário internacional do Brasil**. 6. ed. Rio de Janeiro: Forense, 2003, p. 510.

> A lei exigiu, pois, que *estejam localizadas no Brasil* cumulativamente *a fonte de produção e a fonte de pagamento*. A fonte de produção, porque é ela que estabelece a real conexão econômica de renda com o território do país tributante; a fonte de pagamento, pois para a natureza deste imposto, retido exclusivamente na fonte, é essencial que no país seja residente a pessoa que paga o rendimento tributável e que será considerada fonte pagadora para efeitos de retenção e de recolhimento do imposto descontado, quando o rendimento for pago, creditado, remetido, empregado ou entregue.
>
> (...)
>
> Com efeito, a lei brasileira considerou indispensável para a tributação de residentes no exterior a localização no Brasil da fonte de renda, no seu sentido financeiro de "fonte pagadora".
>
> (...)
>
> **O fato de no Brasil se localizar o bem ou direito que é objeto da renda** não foi arvorado pela lei brasileira como elemento de conexão suficiente para efeito do imposto de renda, ao invés do que sucede, por exemplo, para efeito de imposto de transmissão. (grifos e negritos nossos)

Assim, para que o ganho de capital do não-residente decorrente de alienação de bem ou direito situado no Brasil ficasse sujeito à tributação no Brasil exigia-se que houvesse também, além da presença da fonte de produção de renda no Brasil, o elemento de conexão adquirente/fonte pagadora brasileiro(a). Em conseqüência, entendia-se que as operações realizadas no exterior entre dois não-residentes estavam fora do alcance da tributação pelo imposto de renda brasileiro, ainda que o objeto da negociação fosse um ativo localizado no Brasil (fonte produtora da renda).

5.3 Art. 26 da Lei n. 10.833 – tributação do ganho de capital a partir de fevereiro de 2004

A edição do art. 26 da Lei n. 10.833 (com eficácia a partir de 1º-2-2004) acrescentou um elemento de incerteza em relação a essa posição. O referido dispositivo estabelece, *in verbis*:

> O adquirente, pessoa física ou jurídica residente ou domiciliada no Brasil, ou *o procurador, quando o adquirente for residente ou domiciliado no exterior*, fica responsável pela retenção e recolhimento do imposto de renda incidente sobre o ganho de capital a que se refere o art. 18 da Lei n. 9.249, de 26 de dezembro de 1995, auferido por pessoa física ou jurídica residente ou domiciliada no exterior que alienar *bens localizados no Brasil.* (grifos nossos)

Desde a sua edição, o art. 26 tem suscitado discussões. Com base em diferentes argumentos legais, alguns entendem que o aludido dispositivo não teve o condão de estabelecer a incidência do imposto de renda sobre o ganho de capital decorrente de operações efetuadas entre não-residentes, ao passo que outros posicionam-se no sentido de que o preceito legal deve ser interpretado como apto a estabelecer a mencionada incidência.

A nosso ver, a partir da Lei n. 10.833 tornou-se bastante para legitimar a tributação pelo imposto de renda brasileiro do ganho de capital auferido pelo não-residente a presença da fonte de produção (bem ou direito) no Brasil, sendo desnecessária a existência de fonte pagadora aqui localizada.

Vale dizer, a partir da introdução do art. 26 da Lei n. 10.833 o elemento de conexão para a apuração e tributação no Brasil do ganho de capital do não-residente passou a ser tão-somente a fonte de produção da renda (ativo localizado no Brasil), independentemente da existência de fonte pagadora brasileira (adquirente residente no Brasil).

A escolha do referido elemento de conexão, não obstante não ser a mais recomendável do ponto de vista da política legislativa, não excede aos contornos do conteúdo de soberania do Estado brasileiro, afeita que está ao princípio da territorialidade[2].

---

[2] Como explica Heleno Taveira Tôrres in **Pluritributação internacional sobre as rendas de empresas**. 2. ed. Revista dos Tribunais, 2001, p. 70. "O conceito de territorialidade é imprescindível para o tratamento de qualquer elemen-

Sem embargo das discussões doutrinárias quanto aos efeitos do dispositivo em comento, e a despeito de os mecanismos para sua efetiva aplicação, i.e., recolhimento do imposto, ainda não restarem claros para os contribuintes e tampouco para as próprias autoridades fiscais, estas adotam a posição de que transações que envolvam bens e direitos situados no Brasil, realizadas entre não-residentes, e das quais resulte ganho de capital para o alienante, estão sujeitas ao imposto de renda à alíquota de 15%.

Não obstante e embora ainda não tenhamos conhecimento de precedentes das cortes administrativas ou judiciais que tenham enfrentado a questão, entendemos que há argumentos para limitar a aplicação do dispositivo a situações em que o procurador do adquirente não-residente tenha algum grau de participação no processo de aquisição do bem ou direito situado no Brasil. Trataremos disto no item 5.4, abaixo.

5.3.1 A regra do art. 26 e os tratados celebrados pelo Brasil para evitar a dupla tributação

Aspecto que merece ser ressaltado diz respeito à consonância da regra prevista no art. 26 da Lei n. 10.833 com os tratados firmados entre o Brasil e outros países para evitar a dupla incidência tributária ("**tratados**").

A Convenção-Modelo da Organização para Cooperação do Desenvolvimento Econômico – OCDE para a celebração de tratados internacionais ("**Convenção-Modelo da OCDE**") adota a posição de excluir da tributação pelo país da fonte de produção os ganhos de capital decorrentes da alienação de bens e direitos

to de direito internacional. Nenhum conceito pode ter maior interesse no direito tributário internacional do que este (...) por servir como fundamento para todos os demais contornos dos regimes jurídicos aplicáveis, em particular pelos vínculos que mantém com a noção de soberania, em face do poder de tributar dos Estados".

que não imóveis, ativos de estabelecimento permanente e embarcações/aeronaves, atribuindo competência exclusiva ao Estado de residência do alienante. É o que dispõe o art. 13 da Convenção-Modelo da OCDE:

> "Artigo 13
>
> Ganhos de capital
>
> (...)
>
> 4. Ganhos decorrentes da alienação de bens distintos daqueles mencionados nos parágrafos 1, 2 e 3 *devem ser tributáveis apenas no Estado Contratante do qual o alienante é residente.* (grifos nossos)

Entretanto, os tratados celebrados pelo Brasil, muito embora adotem a Convenção-Modelo da OCDE como ponto de partida, não acolhem a regra do parágrafo 4 do artigo 13 e atribuem a ambos os Estados Contratantes (o da residência e o da fonte) o direito de tributar o ganho de capital decorrente da alienação dos bens acima referidos.

Com efeito, os tratados firmados entre o Brasil e outros países, como a Bélgica, Canadá, Dinamarca, Espanha, Holanda, Luxemburgo, Suécia etc., prevêem a possibilidade de se tributarem os ganhos de capital decorrentes de alienações de bens e direitos (que não bens imóveis, ativos de estabelecimento permanente e embarcações/aeronaves) *em ambos os Estados contratantes*, exceção feita ao tratado firmado com o Japão[3], que segue a Convenção-

[3] "Artigo 12

(...)

3) Os ganhos obtidos por um residente de um Estado Contratante com a alienação de quaisquer outros bens diferentes dos mencionados no parágrafo (1) e (2) somente são tributáveis nesse Estado Contratante" (Convenção entre os Estados Unidos do Brasil e o Japão destinada a evitar a dupla tributação em matéria de impostos sobre rendimentos, aprovada pelo Decreto legislativo n. 43, de 1967, e promulgada pelo Decreto n. 61.899, de 14-12-1967).

Modelo da OCDE e prevê a competência exclusiva do Estado de residência do alienante para a tributação do ganho de capital.

Em face do exposto, conclui-se que a aplicação da regra constante do art. 26 da Lei n. 10.833 não é afastada quando o alienante é residente de país com o qual o Brasil tenha celebrado tratado, exceção feita a alienante residente do Japão.

Nessas hipóteses ficará caracterizada a dupla tributação internacional sempre que a legislação do país de residência do alienante também previr a tributação do ganho de capital, sendo necessário fazer-se remissão aos métodos para evitar a bitributação previstos no próprio tratado, notadamente a previsão de crédito pelo imposto de renda pago ao Estado brasileiro, para afastar-se o efeito econômico adverso advindo do fenômeno.

5.4 Sujeito passivo do imposto de renda incidente sobre o ganho de capital do não-residente

Não obstante as considerações acima acerca da possibilidade de o Brasil tributar o ganho de capital decorrente de operações realizadas entre não-residentes, quer nos parecer que a eleição do procurador do adquirente não-residente como responsável pelo pagamento do imposto não necessariamente se coaduna com o ordenamento jurídico pátrio, especialmente com as disposições de lei complementar (Código Tributário Nacional – CTN) acerca da responsabilidade tributária editadas no exercício da atribuição conferida pelo art. 146, III, da Constituição Federal.

Como comentado acima, o art. 26 da Lei n. 10.833 prevê que o ganho de capital auferido por não-residente na alienação de bens localizados no Brasil a outro não-residente deve ser retido e recolhido pelo *procurador do não-residente que adquire o bem.*

Todavia, o referido dispositivo e os atos infralegais editados pela Secretaria da Receita Federal não explicitam os mecanismos para que referida retenção e recolhimento sejam efetuados.

A nosso ver, é bastante questionável a aplicação do art. 26 da Lei n. 10.833 nas situações em que o procurador do não-residente não tem poderes para atuar em nome do adquirente estrangeiro nas negociações e no pagamento do preço de aquisição do ativo brasileiro.

O principal óbice para a atribuição de responsabilidade pela retenção e pagamento do imposto de renda ao procurador do não-residente nas situações em que ele não tenha poderes para pagar o preço decorre da sistemática de responsabilidade tributária veiculada pelo art. 128 do CTN, cuja redação é a seguinte:

> Art. 128. Sem prejuízo do disposto neste Capítulo, a lei pode atribuir de modo expresso a responsabilidade pelo crédito tributário a terceira pessoa, *vinculada ao fato gerador da respectiva obrigação*, excluindo a responsabilidade do contribuinte ou atribuindo-a a este em caráter supletivo do cumprimento total ou parcial da referida obrigação. (grifos nossos)

O óbice decorre do fato de que, embora a lei possa deslocar a responsabilidade tributária do contribuinte original para terceira pessoa (neste caso o procurador do não-residente), tal pessoa não pode ser escolhida arbitrariamente, devendo estar vinculada ao fato gerador da obrigação tributária.

Nas palavras de Ricardo Mariz de Oliveira[4]

> o responsável pode ser um terceiro, desde que tenha qualquer vinculação com o fato gerador: assim, no imposto de renda, em que o contribuinte é o adquirente da renda ou provento de qualquer natureza, o responsável pode ser a fonte pagadora, que tem vinculação com o fato gerador, mas não pode ser, por exemplo, o vizinho do contribuinte, que nenhuma vinculação tem com o fato gerador.

Não há previsão específica acerca dos critérios ou elementos que são necessários para que a vinculação da "terceira pessoa" ao

[4] *In*: **Guia IOB Imposto de Renda Pessoa Jurídica**, Procedimento I.6, p. 3.

fato gerador de um determinado tributo seja caracterizada. Entretanto, o critério que nos pareceu mais convincente para definir o tipo de vinculação requerido pelo art. 128 do CTN é o de que somente poderá ser eleito como terceiro aquele que tenha condições de fazer com que o *tributo seja recolhido sem que haja oneração própria*.

Luciano Amaro[5] assim explica a questão:

> Já o art. 128 diz que a lei pode eleger terceiro como responsável, se ele estiver vinculado ao fato gerador. Por aí já se vê que *não se pode responsabilizar qualquer terceiro, ainda que por norma legal expressa*.
>
> Porém, mais do que isso, deve-se dizer que também não é qualquer tipo de vínculo com o fato gerador que pode ensejar a responsabilidade de terceiro. Para que isso seja possível, *é necessário que esse vínculo seja de tal sorte que permita a esse terceiro, elegível como responsável, fazer com que o tributo seja recolhido sem onerar seu próprio bolso*.
>
> (...)
>
> Em suma, o ônus do tributo não pode ser deslocado arbitrariamente pela lei para qualquer pessoa (como responsável por substituição, por solidariedade ou por subsidiariedade), ainda que vinculada ao fato gerador, se essa pessoa *não puder agir no sentido de evitar esse ônus nem tiver como diligenciar no sentido de que o tributo seja recolhido à conta do indivíduo que, dado o fato gerador, seria elegível como contribuinte*. (grifos nossos)

Transpondo os comentários acima ao caso em análise, entendemos haver argumentos para sustentar que a compra das quotas da Empresa Nacional C pela Empresa A somente estaria no

[5] **Direito tributário brasileiro**. São Paulo: Saraiva, 1997, p. 292. Neste mesmo sentido: BALEEIRO, Aliomar. **Direito tributário brasileiro**. 11. ed., Rio de Janeiro: Forense, 1999, p. 737.

alcance da tributação prevista no art. 26 da Lei n. 10.833 se a Empresa A tiver um procurador brasileiro com poderes específicos para a prática da transação e para o pagamento do preço, de modo que a retenção e o recolhimento do imposto sobre o ganho não lhe imputem qualquer ônus financeiro, sob pena de afronta às disposições do CTN. Não é comum a existência de procurador brasileiro com referidos poderes, normalmente limitando-se estes à consecução de atividades relacionadas ao objeto social da sociedade adquirida ou à representação da sociedade ou do não-residente perante órgãos públicos nacionais.

Tal posição, entretanto, não é necessariamente aceita pelas autoridades fiscais, podendo haver questionamento cujo deslinde se dará no âmbito dos tribunais administrativos e judiciais, que, segundo nos consta, ainda não se pronunciaram sobre a matéria.

REFERÊNCIAS

Doutrina:

AMARO, Luciano. **Direito tributário brasileiro**. São Paulo: Saraiva, 1997.

BALEEIRO, Aliomar. **Direito tributário brasileiro**. 11. ed. Rio de Janeiro: Forense, 1999.

OLIVEIRA, Ricardo Mariz. **Guia IOB Imposto de Renda Pessoa Jurídica**. Procedimento I.6.

TÔRRES, Heleno Taveira. **Pluritributação internacional sobre as rendas de empresas**. 2. ed. São Paulo: Revista dos Tribunais, 2001.

XAVIER, Alberto. **Direito tributário internacional do Brasil**. 6. ed. Rio de Janeiro: Forense, 2003.

Legislação:

Código Tributário Nacional (Lei n. 5.172, de 25-10-1966).

Lei n. 9.249, de 26-12-1995.

Lei n. 10.833, de 29-12-2003.

Regulamento do Imposto de Renda (Decreto n. 3.000, de 26-3-1999).

Decreto Legislativo n. 43, de 1967, e Decreto n. 61.899, de 14-12-1967, que aprova e promulga, respectivamente, a Convenção entre os Estados Unidos do Brasil e o Japão destinada a evitar a dupla tributação em matéria de impostos sobre rendimentos.

6 INTERPRETAÇÃO DE TRATADOS INTERNACIONAIS

Fernando Aurelio Zilveti

Coordenador e professor do programa de educação continuada e especialização em Direito GVlaw, professor da Escola de Administração do Estado de São Paulo da Fundação Getulio Vargas, mestre pela Faculdade de Direito da Universidade de São Paulo, advogado e sócio do escritório Zilveti e Sanden Advogados.

Carlos Eduardo Costa M. A. Toro

Especialista em Direito Tributário pela Pontifícia Universidade Católica de São Paulo e pela Escola de Direito de São Paulo da Fundação Getulio Vargas, advogado do escritório Zilveti e Sanden Advogados.

Bianca Maia de Britto

Especialista em Direito Tributário pela Pontifícia Universidade Católica de São Paulo, advogada do escritório Zilveti e Sanden Advogados.

6.1 Caso prático

O caso a ser analisado trata da tributação incidente sobre rendimentos de aposentadoria auferidos na Alemanha no contexto do "Acordo Destinado a Evitar a Dupla Tributação em Matéria de Imposto sobre a Renda e o Capital", firmado entre a República Federativa do Brasil e a República Federal Alemã.

Importa mencionar que o tratado em questão foi denunciado pelo governo alemão, perdendo seus efeitos no Brasil a partir de 1º de janeiro de 2006[1].

O intuito do estudo desse caso é apresentar um panorama geral das questões mais atuais de interpretação de tratados internacionais.

Referido caso trata de um cidadão alemão, residente para fins fiscais no Brasil, que auferiu rendimentos de aposentadoria na Alemanha. Esses rendimentos decorrem de duas aposentadorias, sendo uma paga pelo governo da Alemanha e a outra por empresa privada na qual o sujeito passivo trabalhava.

---

[1] Cf. Ato Declaratório Executivo SRF n. 72, de 22 de dezembro de 2005. Na Alemanha, o tratado será aplicado no ano de 2006, exceto para os tributos retidos na fonte sobre quantias pagas ou remetidas. Cf. *site* do "Bundesministerium der Finanzen": www.bundesfinanzministerium.de e OEPEN, Wolfgang. A Alemanha denuncia seu Tratado de Dupla Tributação com o Brasil – Razões e conseqüências da denúncia do Tratado sob um ponto de vista alemão. **Revista de Direito Tributário Internacional**, São Paulo: Quartier Latin, n. 1, p. 220, 2005.

Para a definição de suas obrigações tributárias perante o Fisco brasileiro é imprescindível a caracterização da condição do cidadão em questão como residente ou não no Brasil para fins fiscais. Isto, pois, enquanto os não-residentes estão sujeitos ao imposto de renda apenas em relação aos rendimentos provenientes de fontes situadas no Brasil, os residentes são tributados com base em seu rendimento mundial (*worldwide income basis*).

Com a caracterização da residência no Brasil, o contribuinte passa ser tributado com base em seu rendimento mundial[2]. Em outras palavras, deve oferecer à tributação no Brasil a totalidade dos rendimentos auferidos, independentemente da denominação dos rendimentos, títulos ou direitos, da localização, condição jurídica ou nacionalidade da fonte, da origem dos bens produtores da renda e da forma de percepção das rendas ou proventos.

No entanto, o tratado, para evitar a dupla tributação do imposto sobre a renda celebrado entre o Brasil e a Alemanha, previa, expressamente, que as pensões e outras remunerações similares, assim entendidos os pagamentos periódicos efetuados depois da aposentadoria em conseqüência de empregos anteriores, que não excederem um montante equivalente a DM 12.000 (doze mil marcos) em um ano-calendário, pagas a um residente de um Estado contratante, só seriam tributáveis neste Estado[3].

---

[2] Cf. art. 38 do Regulamento do Imposto de Renda (Dec. n. 3.000, de 26-3-1999).

[3] Decreto Legislativo n. 92, de 5 de novembro de 1975, que aprova o texto do Acordo Destinado a Evitar a Dupla Tributação em Matéria de Imposto sobre a Renda e o Capital firmado entre a República Federativa do Brasil e a República Federal da Alemanha, em Bonn, a 27 de junho de 1975. Decreto n. 76.988, de 6 de janeiro de 1976, que promulga o referido acordo:

"ARTIGO 19

Pensões e Anuidades

Em outras palavras, considerando-se que o contribuinte em questão é residente para fins fiscais no Brasil, os rendimentos de aposentadoria auferidos, até o limite de DM 12.000 em um ano-calendário, somente são tributáveis no Brasil. A parcela dos rendimentos de previdência que exceder a DM 12.000 em um ano-calendário seria tributada também na Alemanha[4].

Tendo em vista que os rendimentos recebidos pelo contribuinte em análise, relativos à aposentadoria paga pelo governo alemão ou pela empresa, não excedem o limite de DM 12.000 em um ano-calendário, conclui-se que, ao menos durante a vigência do acordo, esses rendimentos somente seriam tributáveis no Brasil.

---

1. Com ressalva das disposições dos parágrafos 1º e 3º do artigo 18, as pensões e outras remunerações similares que não excederem um montante equivalente a DM 12.000 em um ano-calendário, e anuidade pagas a um residente de um estado contratante só são tributáveis nesse estado.

O montante de pensão que exceder o limite acima mencionado será tributável também no outro estado contratante, se for proveniente desse estado.

*2. As pensões, anuidades e outros pagamentos periódicos ou não periódicos feitos a uma pessoa física pela República Federal da Alemanha ou por um estado federal (*Land*), uma sua subdivisão política ou autoridade local como compensação por danos resultantes de ação militar ou perseguição política são isentos de impostos no Brasil.*

3. No presente artigo:

a) a expressão 'pensões e outras remunerações similares' designa pagamentos periódicos, efetuados depois da aposentadoria, em conseqüência de emprego anterior, ou a título de compensação por danos sofridos, em conseqüência de emprego anterior;

b) o termo 'anuidade' designa uma quantia determinada, paga periodicamente em prazos determinados durante a vida ou durante um período de tempo determinado ou determinável, em decorrência de um compromisso de efetuar os pagamentos como retribuição de um pleno e adequado contravalor em dinheiro ou avaliável em dinheiro (que não seja por serviços prestados)".

[4] Ressalte-se que o marco alemão foi substituído pelo euro, mas sua utilização no texto foi mantida para facilitar a compreensão.

Com a denúncia do acordo entre Brasil e a Alemanha, as autoridades fiscais alemãs podem, teoricamente, vir a tributar os rendimentos em questão.

Vale mencionar que, com o intuito de evitar a bitributação, a Secretaria da Receita Federal reconheceu, por meio do Ato Declaratório Interpretativo SRF n. 16, de 22 de dezembro de 2005, a reciprocidade de tratamento com a Alemanha, de maneira que o imposto pago nesse país, pelas pessoas físicas residentes no Brasil, sobre os rendimentos auferidos na Alemanha, pode ser compensado com o imposto devido no Brasil, observados os limites previstos na legislação.

Resumidamente, a tributação dos rendimentos de aposentadoria do contribuinte seria a seguinte:

Alemanha

Os rendimentos decorrentes de aposentadoria paga pelo governo e pela empresa que não excederem o limite estabelecido pelo tratado de DM 12.000 em um ano-calendário não são tributados na Alemanha. Com a denúncia do tratado, tais rendimentos podem vir a ser tributados na Alemanha.

Brasil

Em relação à tributação brasileira, tem-se que os rendimentos de aposentadoria auferidos pelo contribuinte de fontes situadas no exterior (Alemanha) estão sujeitos à tributação sob a forma de recolhimento mensal obrigatório (carnê-leão), no mês do recebimento, e na Declaração de Ajuste Anual.

Em princípio, a legislação brasileira estabelece que pode ser deduzida da base de cálculo mensal do imposto de renda, entre outras deduções, a quantia de R$ 1.058,00 (um mil e cinqüenta e oito reais), correspondente à parcela isenta dos rendimentos provenientes de aposentadoria e pensão pagos pela Previdência Social da União, dos Estados, do Distrito Federal e dos Municípios, por qualquer pessoa jurídica de direito público interno, ou por entidade de previdência privada, a partir do mês em que o contribuinte completar 65 (sessenta e cinco) anos de idade[5].

No entanto, o Fisco brasileiro entende que essa isenção não se aplica aos residentes no Brasil beneficiários de aposentadoria com recursos provenientes do exterior, como é o caso do contribuinte em questão[6].

Diante disso, os rendimentos de aposentadoria recebidos pelo contribuinte da Alemanha se sujeitam à tributação sob a forma de recolhimento mensal obrigatório, que deve ser calculado mediante utilização da tabela progressiva mensal vigente no mês do recebimento do rendimento, descontadas as deduções previstas em lei.

Com a denúncia do tratado, caso os rendimentos em análise passem a ser tributados na Alemanha, o contribuinte poderá compensar o imposto pago nesse país com o imposto devido no Brasil.

6.2 O regime geral de interpretação dos tratados

O artigo 31 da Convenção de Viena, considerada como uma

---

[5] Cf. art. 4º, V, da Lei n. 9.250, de 26 de dezembro de 1995, com a redação dada pela Lei n. 10.451, de 10 de maio de 2002.

[6] "SOLUÇÃO DE CONSULTA N. 70, DE 14 DE MARÇO DE 2001 (DOU DE 01.06.2001)

ASSUNTO: Imposto sobre a Renda de Pessoa Física - IRPF

EMENTA: RENDIMENTOS DO EXTERIOR. PROVENTOS E PENSÕES DE MAIORES DE 65 ANOS.

Não fazem jus à isenção de R$ 900,00, dos proventos e aposentadorias recebidas pelos maiores de 65 anos, os beneficiários de pensões com recursos provenientes do exterior (Itália) residentes no Brasil, quando o Acordo celebrado entre esses dois países contra a dupla tributação determinar que as mesmas sejam tributadas aqui, por não estar prevista na Lei brasileira que concede tal benefício, a possibilidade de ser ele utilizado, senão nos casos ali expressamente previstos."

verdadeira declaração de direito internacional consuetudinário[7], apresenta as regras gerais de interpretação dos tratados internacionais. O artigo 32 dessa convenção trata dos meios complementares de interpretação, enquanto o artigo 33 cuida da interpretação de tratados autenticados em dois ou mais idiomas[8]. Portanto, o méto-

---

[7] BACKER, Philip. **Double Taxation Agreements and International Tax Law**: a Manual on the OECD Model Tax Convention on Income and on Capital of 1992. 2. ed. London, 1994. Apud XAVIER, Alberto. **Direito tributário internacional do Brasil**. 5. ed. Rio de Janeiro: Forense, 1998, p. 157.

[8] "Artigo 31. Regra geral de interpretação. 1. Um tratado deverá interpretar-se de boa-fé conforme o sentido corrente que haja de se atribuir aos termos do tratado no contexto destes e tendo em conta seu objeto e fim. 2. Para os efeitos da interpretação de um tratado o contexto compreenderá, além do texto, incluindo seu preâmbulo e anexos: a) todo acordo que se refira ao tratado e tenha sido acordado entre as partes com motivo da celebração do tratado; b) todo instrumento formulado por uma ou mais partes com motivo de celebração do tratado e aceito pelos demais como instrumento referente ao tratado. 3. Juntamente com o contexto, haverá de se ter em conta: a) todo acordo ulterior entre as partes acerca da interpretação do tratado ou da aplicação de suas disposições; b) toda prática ulteriormente seguida na aplicação do tratado pela qual conste o Acordo das partes acerca da interpretação do tratado; c) toda forma de direito internacional aplicável nas relações entre as partes. 4. Dar-se-á a um termo um sentido especial se estiver estabelecido que essa era a intenção das partes.

Artigo 32. Meios de interpretação complementares. Pode-se recorrer aos meios de interpretação complementares, em particular aos trabalhos preparatórios do tratado e das circunstâncias de sua celebração para confirmar o sentido resultante da aplicação do artigo 31, ou para determinar o sentido quando a interpretação dada de conformidade com o artigo 31: a) deixe ambíguo ou obscuro o sentido; ou b) conduza a um resultado manifestamente absurdo ou irracional.

Artigo 33. Interpretação de tratados autenticados em dois ou mais idiomas. 1. Quando um tratado tenha sido autenticado em dois ou mais idiomas, o texto fará igualmente fé em cada idioma, a menos que o tratado disponha ou as partes convenham que em caso de discrepância prevalecerá um dos textos. 2. Uma versão do tratado em idioma distinto daquele em que haja sido autenticado o texto será considerada como texto autêntico unicamente se o tratado assim dispõe ou as partes assim o convierem. 3. Presume-se que os termos do tratado têm o mesmo

do de hermenêutica denominado como "objetivo" pela Convenção de Viena, toma o texto tal como ele é, e não como se pretendeu, salvo casos pontuais, em que se permite investigar qual tenha sido a vontade das partes[9].

A corrente objetivista considera relevantes os aspectos gramatical e lógico, enquanto os subjetivistas dão maior relevância aos aspectos históricos e práticos dos tratados[10].

O fenômeno da internacionalização da economia, em função da facilidade trazida pela tecnologia na circulação de pessoas, capitais e serviços, trouxe para o direito uma infinidade de conseqüências. Dentre esses reflexos, a fragilidade do poder de tributar as diversas manifestações de riqueza foi sem dúvida aquele que motivou a celebração de tratados internacionais em matéria tributária. Diversos países passaram, então, a celebrar tratados com o objetivo de eliminar os chamados conflitos positivos de tributação[11].

Os tratados mais comuns em matéria tributária são aqueles destinados a evitar a bitributação entre os países contratantes. Há, todavia, tratados em matéria tributária destinados a derrubar bar-

sentido nos diversos textos autênticos. 4. Salvo o caso em que prevaleça um texto determinado conforme ao previsto no parágrafo 1, quando a comparação dos textos autênticos revele uma diferença de sentido que não se possa resolver com a aplicação dos artigos 31 e 32, adotar-se-á o sentido que melhor concilie esses textos, levando em conta o objeto e fim do tratado."

[9] TROYA JARAMILLO, José Vicente. Interpretación y aplicación de los tratados en materia tributaria. *In*: **Estudios de derecho tributario constitucional e internacional**: homenaje latinoamericano a Victor Uckmar. Coordenado por Pasquale Pistone e Heleno Taveira Tôrres. Buenos Aires: Depalma, 2005 (903-915), p. 905.

[10] SHAW, Malcom N. **International law**. 4. ed. London: Cambridge University Press, p. 655-660. Apud TROYA JARAMILLO, José Vicente. Interpretación y aplicación, cit., p. 906.

[11] UCKMAR, Victor. *Los tratados internacionales en materia tributaria. In*: **Curso de derecho tributario internacional**. Organizado por Victor Uckmar. Buenos Aires: Temis, 2003, t. 1. (85-122), p. 93.

reiras tarifárias sobre produtos, dirimir controvérsias sobre comércio exterior ou efetivar cooperação entre autoridades fiscais. Esses últimos, em que pese tratarem de temas mais relacionados às finanças públicas, dispõem com muita freqüência sobre questões tributárias.

Assim, ao menos no plano ideológico, servem os tratados em matéria tributária para eliminar a dupla tributação; alocar o poder de tributar entre os Estados contratantes; eliminar entraves para o comércio internacional; promover o fluxo internacional de capitais; e combater os problemas fiscais como a elisão, a evasão e a lavagem de dinheiro.

De fato, as transações multilaterais ocasionam freqüentemente a dupla imposição sobre a renda pelos países envolvidos. O objetivo dos tratados é justamente lidar com tal bitributação, distribuindo o poder de tributar em relação às diversas categorias de renda experimentadas nas relações entre os Estados contratantes.

Tema de grande relevância quando se analisam tratados internacionais é a dificuldade de sua aplicação ao caso concreto. Tornar compreensível um texto, de sorte a decidir sobre a aplicabilidade de determinado mandamento jurídico, é uma forma de interpretação. A interpretação de tratados em matéria tributária difere um pouco da interpretação ordinária. Tais tratados são normas sobre a aplicação normativa, pois não disciplinam, como no caso do direito público internacional, a aplicação de direito estrangeiro, mas limitam o próprio direito interno do Estado contratante[12].

Em diversos sistemas, como no alemão, o tratado de direito internacional é interpretado sob o princípio da prioridade, segundo o qual, no caso de simples colisão, o direito interno não será

---

[12] VOGEL, Klaus. Problemas na interpretação de acordos de bitributação. *In*: **Direito tributário**: homenagem a Alcides Jorge Costa. Coordenado por Luís Eduardo Schoueri. São Paulo: Quartier Latin, 2003, (961-973), p. 964.

aplicável[13]. Na Europa, há muito tempo o direito europeu exerce forte influência no direito interno dos países-membros, em especial no campo do direito tributário[14]. No Brasil, porém, a questão da prioridade não é aplicada. Existem, todavia, diversas razões pelas quais determinada disposição de um tratado em matéria tributária possa ser interpretada de modo diverso pelos países contratantes.

Para um trabalho interpretativo adequado à matéria tributária, utiliza-se em geral o assim denominado Modelo OCDE, comentado pelo grupo de trabalho do Comitê Fiscal desta instituição. O caráter vinculante dos comentários ao Modelo OCDE somente pode ser levado em consideração em relação aos países-membros desta instituição, embora essa seja uma matéria polêmica[15].

O artigo 25, § 3º, do Modelo OCDE estabelece que a interpretação autêntica de um tratado, por via normativa, deve-se dar por mútuo acordo das partes interessadas. Em adição, os arts. 31 e 32 da Convenção de Viena prescrevem que os tratados serão interpretados de boa-fé, em harmonia com o significado comum a ser dado aos termos do tratado em seu contexto e à luz do seu objeto e propósito[16]. Nos tratados para evitar a bitributação, além de seguir o quanto disposto na Convenção de Viena e no artigo 25, § 3º, do

---

[13] VEDDER, Cristoph. Einwirkungen des Europarechts auf das innerstaatliche Recht und auf internationale Verträge der Mitgliedstaate: die Regelung der Doppelbesteuerung. *In*: **Münchener Schriften zum Internationalen Steuerrecht**. Coordenado por Moris Lehner, Otmar Thömmes e outros. München: C.H. Beck, 1994, p. 4.

[14] LEHNER, Moris. Europarechtliche Perspektiven für das Internationale Steuerrecht. *In*: **Münchener Schriften zum Internationalen Steuerrecht**. Coordenado por Moris Lehner, Otmar Thömmes e outros. München: C.H. Beck, 1994, p. 19.

[15] VOGEL, Klaus. Problemas na interpretação, cit., p. 970.

[16] XAVIER, Alberto. **Direito tributário**, cit., p. 158.

Modelo OCDE, aplica-se também o previsto no artigo 3º, § 2º, do mesmo Modelo, que determina que qualquer expressão que não se encontre de outro modo definida no acordo terá o significado que tem no momento de sua aplicação[17].

Klaus Vogel trabalhou intensamente na redação da cláusula de interpretação do artigo 3º, § 2º, do Modelo de Convenção da OCDE. Para tanto, o tributarista alemão desenvolveu profunda pesquisa sobre os diversos sistemas jurídicos dos países-membros da OCDE, bem como das nações que celebram tratados para evitar a bitributação. A dedicação na interpretação dos tratados de bitributação fez de VOGEL referência em matéria de tributação internacional, constatada nas diversas homenagens a ele rendidas quando da celebração de seu 70º aniversário[18]. A doutrina de Vogel prega uma interpretação tão restritiva quanto possível do referido artigo 3º, § 2º[19].

A doutrina de Vogel tem influenciado a jurisprudência de alguns países, que passaram a adotar a noção de "harmonia decisória" sustentada pelo jurista alemão. Tal expressão traduz a idéia de

---

[17] A redação em inglês do mencionado artigo 3º, § 2º, é a seguinte: "As regards the application of the Convention at any time by a Contracting State, any term not defined therein shall, unless the context otherwise requires, have the meaning that it has at that time under the law of that State for the purposes of the taxes to which the Convention applies, any meaning under the applicable tax laws of that State prevailing over a meaning given to the term under other laws of that State".

[18] LANG, Michael. Qualifikationskonflikte im Recht der Doppelbesteuerungsabkommen. *In*: **Staaten und Steuern, Festschrift für Klaus Vogel zum 70. Geburtstag**. Organizado por Paul Kirchhof, Moris Lehner, Arndt Raupach e Michael Rodi. Edelberg: C.F. Müller, (907/924), p. 907.

[19] VOGEL, Klaus. Harmonia decisória e problemática da qualificação nos acordos de bitributação. *In*: **Direito Tributário**: estudos em homenagem a Brandão Machado. Coordenado por Luís Eduardo Schoueri e Fernando Aurelio Zilveti. São Paulo: Dialética, 1998, p. 73.

que, apenas quando um acordo definir de um modo autônomo e definitivo um conceito ou na hipótese em que o acordo se referir ao direito tributário integral de um dos Estados contratantes, seria admissível a aplicação uniforme do acordo de bitributação em ambos os Estados. Não obstante tal consideração, os acordos aplicariam conceitos no sentido que lhes dão o ordenamento tributário nacional, mesmo sob o risco de conflitos de qualificação[20].

Existe atualmente um esforço comum na interpretação dos tratados internacionais em matéria tributária, no sentido da interpretação uniforme entre os Estados contratantes, sendo que o Modelo OCDE consubstancia o crescente desejo de harmonização das convenções internacionais, de acordo com princípios uniformes, definições, regras e métodos, além da concordância na interpretação comum.

6.3 Tratados internacionais e direito interno

O poder de criar tributos, derivado da soberania do Estado, está sujeito não só aos poderes constituintes originários, mas também ao disposto nos tratados internacionais dos quais os Estados sejam partes. Existem, porém, dúvidas na doutrina e na jurisprudência acerca da prevalência dos tratados internacionais sobre a legislação interna à luz das disposições da Constituição Federal de 1988.

A questão a ser enfrentada diz respeito à soberania do país que tem sua própria política tributária. Segundo os princípios modernos de direito tributário, é justificável expandir as bases tributárias além das fronteiras territoriais. Nesse sentido, a maioria dos países tem adotado a base mundial para considerar os rendimentos de seus residentes.

[20] VOGEL, Klaus. Harmonia decisória e problemática, cit., p. 71.

Ao tratar da soberania como poder sobre a ordem jurídica, como fonte normativa de direito subjetivo, Kelsen entende, com base em Jellinek, que a soberania pode ser definida como o direito de ser obrigado e obrigar somente segundo a própria vontade[21]. A vontade própria seria representada pela vontade da maioria que exerceria sua soberania sobre o indivíduo organizado em sociedade.

Jellinek, porém, acentua que a soberania não significa falta de limitação, mas capacidade de exclusiva autodeterminação e, por isso, de autolimitação do poder público juridicamente independente de poderes alienígenas. Compreenda-se, então, poder público no sentido de formação de uma ordem jurídica, com base na qual apenas a atividade do Estado mantém um caráter de valor jurídico[22].

A globalização tem como efeito a crescente importância dos fatos exteriores tanto para vida interna dos cidadãos como para a ação do Estado. A múltipla vinculação num sistema de tratados internacionais e suas conseqüentes obrigações deixam clara a dependência econômica interna em relação à ordem econômica mundial. Esta exerce cada vez mais influência sobre os Estados, que se vêem obrigados a se organizar em blocos, ou se relacionar por meio de tratados, para manter sua autonomia relativa.

---

[21] KELSEN, Hans. **Das Problem der Souveränität und Die Theorie des Völkerrechts**. Tubingen: Scientia Aalen, 1981, p. 37. Em nota, Kelsen cita Jellinek no livro **Staatenverbindungen**, p. 22, 34, 32-33, 262.

[22] JELLINEK, Georg. **Allgemeine Staatslehre**. 3. ed. Kronberg: Athenäum, 1976, p. 481. O autor ensina: "Souveränität ist nicht Schrankenlosigkeit, sondern Fähigkeit der ausschliesslichen Selbstbestimmung und daher der Selbstbeschränkung der durch äussere Mächte rechtlich nicht gebundenen Staatsgewalt auf dem Wege der Aufstellung einer Rechtsordnung, auf Grund deren allein die Tätigkeit des Staates einen rechtlich wertenden Charakter erhält".

A evolução da economia mundial gera numerosas interdependências, culminando com a difícil separação entre questões internas e externas[23]. A soberania constitucional cede espaço na medida da renúncia estatal à sua própria soberania no âmbito internacional. Por outro lado, a integração entre países membros e as entidades supranacionais produz reformulações no ordenamento constitucional dos países envolvidos[24].

Entende-se por soberania o poder supremo, que se realiza na relação ideal entre soberania interna e externa. O sistema das relações entre Estados dá-se hoje em grande medida pela interdependência, caracterizada especialmente nas questões econômicas.

De qualquer sorte, mesmo que se institucionalize essa interdependência por meio de organizações internacionais, a soberania não é suprimida[25]. Essa limitação da liberdade de determinação trata da autonomia da vontade do Estado, representada pela substância da soberania da Constituição. Fala-se, portanto, que as entidades supranacionais romperam a blindagem da soberania dos Estados independentes. Isso não significa que os Estados membros mitigaram suas soberanias[26].

Na tributação, cada país é, em tese, soberano para eleger o sistema tributário que melhor atenda seus propósitos de política fiscal e social. Dentre nós, alguns autores adotam a teoria dualista, firmada pela superioridade constitucional do direito interno em relação ao direito internacional. Os sistemas normativos, segundo

---

[23] HESSE, Konrad. Constitución y derecho constitucional. *In*: **Manual de derecho constitucional**. Coordenado por Benda, Maihofer, Vogel, Hesse e Heyde. Madrid: Marcial Pons, 1996, (1/15), p. 13.

[24] HESSE, Konrad. Constitución, cit., p. 14.

[25] RANDELZHOFER, Albrecht. Staatsgewalt und Souveränität. *In*: **Handbuch des Staatsrechts der Bundesrepublik Deutschland**. Organizado por Josef Isensee e Paul Kirchhof. Edelberg: C.F. Müller, 1995, p. 703.

[26] RANDELZHOFER, Albrecht. Staatsgewalt und Souveränität, cit., p. 704.

essa teoria, convivem sem qualquer antinomia[27]. Há, porém, relativa incoerência na afirmação de que os tratados entram no sistema nacional em nível subconstitucional, mas supralegal[28]. Ora, ao admitir a existência de dois sistemas, apoiando-se na teoria da soberania plena, o tratado, quando ratificado, especialmente, em nosso sistema normativo constitucional, só pode ter caráter de lei ordinária, pois acima da lei só se admite a Constituição como fonte normativa.

Para admitir relativa soberania, como parece ser a tendência atual, melhor ficar com os argumentos daqueles que adotam a teoria monista, em que pese os argumentos formais igualmente controvertidos. Para Schoueri, tratado não é lei interna e o simples fato de ser adotado pela ordem interna não desnatura sua categoria de tratado[29].

No sentido monista, vale o exemplo da máscara, citado por Vogel para justificar a sobreposição do tratado internacional à ordem interna, sem necessariamente revogá-la. Vogel utiliza o exemplo da máscara para sustentar sua tese de que a norma de distribuição é como uma máscara que cobre uma parte do direito nacional. Assim, desde que não esteja totalmente encoberto, o direito interno não perde aplicação[30]. Schoueri avança no exemplo didático de Vogel:

---

[27] OLIVEIRA, Régis Fernandes, Os tratados internacionais e seus reflexos no direito brasileiro. *In*: **Teoria geral da obrigação tributária**: estudos em homenagem ao Professor José Souto Maior Borges. Coordenado por Heleno Taveira Tôrres. São Paulo: Malheiros, 2005, (190-213), p. 198.

[28] OLIVEIRA, Régis Fernandes. Os tratados, cit., p. 213.

[29] SCHOUERI, Luís Eduardo. Anotações sobre temas do direito tributário internacional. *In*: **Tributação internacional e dos mercados financeiro e de capitais**. Coordenado por Eurico Marcos Diniz de Santi, Fernando Aurelio Zilveti e Roberto Quiroga Mosquera. São Paulo: Quartier Latin, 2005, (231-260), p. 250.

[30] VOGEL, Klaus. Harmonia decisória e problemática, cit., p. 73.

"O remetente pegava uma cartolina, cortava algumas janelinhas nesta e enviava a tal 'máscara' de cartolina para o amigo destinatário, o qual sabia que tanto ele como o remetente tinham um mesmo livro na estante; em um canto da máscara identificava-se o número da página e, após colocada tal máscara sobre o livro, tornava-se possível identificar nas janelinhas uma mensagem. As janelinhas permitiam que fossem vistas algumas palavras, mas também recortavam-se algumas janelinhas que dariam um espaço em branco, só para enganar"[31].

O exemplo trazido pelos mencionados tributaristas serve para normas redutoras de tributos. As normas de combate à elisão, evasão e lavagem de dinheiro, porém, não teriam a mesma sorte das redutoras, uma vez que a sobreposição seria integral, com determinação de nova conduta para os países contratantes.

Sabe-se que na atualidade a autonomia dos países é relativa. Não se pode mais pensar em soberania plena. Há, em nome da neutralidade, a necessidade de limitar a soberania dos países que pretendam manter múltiplas relações internacionais, celebrando tratados bilaterais ou integrando entidades supranacionais. As relações internacionais levam à evolução das relações entre países no sentido da integração dos sistemas jurídicos da maior importância para o ordenamento jurídico interno em sua relação com o externo[32].

McLure classifica as limitações à soberania da seguinte forma:

a) limitações voluntárias – limitações impostas pelo próprio país, geralmente devido a políticas econômicas ou pressões de mercado (*v.g.*, incentivos de investimento; programas para promover determinadas atividades econômicas). Tais limitações acirram a

---

[31] SCHOUERI, Luís Eduardo. Anotações, cit., p. 253.

[32] STREINZ, Rudolf. **Europarecht**. Edelberg: C.F. Müller, 2001, p. 4.

competição por fluxo de capitais, sendo em vários casos para diminuir o desemprego ou despertar a competitividade internacional de empresas locais. Muitas vezes, essa prática é considerada como competitividade tributária nociva (*harmful tax competition*);

b) limitações negociadas – obtidas por meio de convenções bilaterais ou multilaterais, frutos de tratados de bitributação ou convenções mais amplas, como as regras da Comunidade Econômica Européia, ou outras normas, como as regras da Organização Mundial do Comércio – OMC (WTO – World Trade Organization). Em todas as normativas mencionadas é possível observar concessões recíprocas que limitam o exercício da soberania nacional em tributação;

c) limitações impostas externamente – é de conhecimento geral que os assim denominados paraísos fiscais estão sofrendo muita pressão por parte da comunidade internacional. Algumas jurisdições nessas condições têm feito movimentos no sentido de obter uma forma de "reclassificação" de seu *status*, como é o caso das Antilhas Holandesas e das Ilhas Virgens Britânicas. Outras negociações, ainda em andamento, devem trazer alterações em determinados países europeus, como a Áustria, Bélgica, Holanda e Luxemburgo, que pleitearam condições especiais a seus parceiros comunitários[33].

Conclui-se, assim, que soberania e sua limitação importam para a interpretação de tratados internacionais. Na medida em que os tratados internacionais para evitar a bitributação interferem na competência dos entes tributantes, a limitação da soberania é patente. Convertidos em lei ordinária, os tratados internacionais

---

[33] McLURE JR., Charles E. Globalization, Tax Rules and National Sovereignty. *In*: **Bulletin for International Fiscal Documentation**, 2000 (p. 238), p. 333. *Apud* SHINDEL, Angel; ATCHABAHIAN, Adolfo. General Report. *In*: **Cahiers de droit fiscal international**. Buenos Aires: International Fiscal Association, 2005, p. 39.

seguem o mesmo regime de interpretação das demais normas jurídicas internas. Assim, os tratados internacionais em matéria tributária convertidos em lei seguem o regime previsto no Código Civil brasileiro, no Código Tributário Nacional e nas demais normas que tratam de interpretação. O regime geral de interpretação, contudo, não altera a característica dos tratados internacionais em matéria tributária como fonte do direito internacional tributário.

6.4 Novas tendências na interpretação de tratados internacionais

Antes de tratar das tendências na interpretação de tratados internacionais, faz-se necessário abordar, ainda que sinteticamente, dois importantes conceitos para o direito tributário internacional, que são a neutralidade na importação de capital (*Capital Import Neutrality – CIN*) e a neutralidade na exportação de capital (*Capital Export Neutrality – CEN*).

Entende-se por neutralidade na exportação de capital (CEN), a condição de determinado investidor pagar o mesmo tributo no âmbito doméstico ou internacional, independentemente da fonte da renda ser local, estrangeira ou mista. Do outro lado, a neutralidade na importação de capital (CIN) significa que os fundos de capital investidos em diversos países devem ser tributados de modo equânime, independentemente do domicílio do investidor.

Baseado na neutralidade da exportação de capital e na capacidade contributiva dos residentes, o domicílio é relativamente fácil de fixar e difícil de alterar. O que se questiona é se os países da fonte de tributação estariam em condições de tributar a renda advinda de não-residentes, com base apenas no princípio do benefício. De acordo com a política fiscal da OCDE, o reconhecimento de uma competência mais ampla de tributação da renda, no caso de países em desenvolvimento, seria entendida como uma ajuda econômica (*economic aid*) para os países de importação de capital menos favorecidos, em vez de significar uma forma de distribuição eqüitativa da base de tributação da renda[34].

Um país fonte, ao determinar o poder de tributar a renda e, em caso positivo, se houver alguma restrição a ser observada por força do tratado, deveria interpretar a regra distributiva. Ao mesmo tempo, o país de residência, se chamado a interpretar a mesma regra, poderia chegar à mesma conclusão do país fonte. No caso de os países chegarem à idêntica conclusão, o tratado normalmente virá requerer que o país de residência dê a isenção. Se, por outro lado, os dois países não chegarem à mesma conclusão, o país fonte tributará e o país residência não dará isenção. Pode ocorrer, mesmo que com menor freqüência, que o país fonte não tribute, mas o país residência considere que o país fonte tem o direito de tributar e, conseqüentemente, dê isenção. O resultado disso seria, respectivamente, dupla tributação ou dupla isenção[35].

O alto índice de conflitos de interpretação dos tratados de bitributação entre contribuintes, autoridades fiscais, países e autoridades competentes em matéria de tributação internacional dá a dimensão da importância do tema. Van Raad propõe, inclusive, a criação de um corpo consultivo de especialistas independentes em matéria de tratados fiscais[36]. Compartilha mesma opinião Victor Uckmar, que defende há algum tempo a criação de uma Corte

---

[34] RAJMILOVICH, Darío Marcelo. Revalorización del principio de la fuente como política fiscal de Argentina. X Congreso Tributario, CPCECABA. Buenos Aires, 2003, p. 154. *Apud* SHINDEL, Angel; ATCHABAHIAN, Adolfo. General Report, p. 37.

[35] VAN RAAD, Kees. International coordination of tax treaty interpretation and application. *In*: **International and comparative taxation**: essays in honour of Klaus Vogel. Coordenado por Paul Kirschhof, Moris Lehner, Kees van Raad, Arndt Raupach and Michael Rodi. London/New York: Kluwer Law, 2002 (217/230), p. 217.

[36] VAN RAAD, Kees. International coordination, cit., p. 219.

Internacional de resolução de controvérsias nos tratados internacionais em matéria tributária, em especial naqueles destinados a evitar a dupla tributação, iniciativa que somente não é levada adiante em função da resistência dos Estados em limitar seu poder de tributar[37].

A definição de determinadas expressões é, sem dúvida, questão relevante. Existem, por exemplo, definições controversas em diversos Estados de conceitos como propriedade imóvel, dividendos, juros e *royalties*. Essas definições, típicas dos tratados internacionais de bitributação, divergem com muita freqüência daquelas adotadas no direito interno[38].

De fato, quando interpretado um determinado tratado, determinadas definições levam as partes contratantes a conflitos de qualificação. A título exemplificativo, tem-se que a) o termo "emprego" pode comportar um sentido literal expresso nos tratados internacionais ou ser entendido no aspecto econômico, como fazem determinados países; b) o termo "artista" pode ser aplicado apenas àqueles que entram em cena ou também ao diretor de cinema e demais protagonistas desse ramo de atividade; ou, ainda, c) o termo esportista incluiria o jogador ou também o juiz de futebol[39].

Além das mencionadas definições, outras são também relevantes para a uniformização tributária. De grande impacto para a questão da neutralidade na tributação é a precisa distinção entre

---

[37] UCKMAR, Victor. I trattati internazionali in materia tributaria. *In*: **Corso di diritto tributario internazionale**. 2. ed. Padova: CEDAM, 2002, p. 97.

[38] AVERY JONES, John F. Problems of categorizing income for tax treaty purposes. *In*: **International and comparative taxation**: Essays in Honour of Klaus Vogel. Coordenado por Paul Kirschhof, Moris Lehner, Kees van Raad, Arndt Raupach and Michael Rodi. London/New York: Kluwer Law, 2002, (9/27), p. 9.

[39] VAN RAAD, Kees. International coordination, cit., p. 223.

renda e ganhos de capital. Visando facultar interpretação adequada e uniforme dos tratados é preciso aplicar um significado comum a determinadas expressões ou palavras, como, por exemplo: a) rendimentos de diretores; b) estudantes; c) embarque; d) rendimentos externos; e) transações internas etc. Existem dúvidas, todavia, se definições de significado comum auxiliariam definitivamente a interpretação[40].

Há de reconhecer que a importância da correta interpretação dos tratados internacionais, com o efeito de neutralizar os problemas decorrentes da bitributação, implica pensar em instituições para resolução de controvérsias em matéria fiscal.

Tais instituições, que seriam responsáveis pela resolução de controvérsias interpretativas, poderiam certamente contribuir para evitar medidas drásticas de denúncia de tratados, como ocorreu no caso sob análise.

6.5 "Tax Treaty Override"

A inaplicação voluntária das obrigações convencionadas nos tratados de bitributação, embora não seja propriamente um problema de interpretação de tratados, interessa ao presente estudo. Para tanto, importa saber quando se está diante de uma simples alteração legislativa, legítima e de acordo com a autonomia dos Estados contratantes, ou quando os Estados, sob a escusa de alteração normativa, praticam verdadeiramente um *tax treaty override.*

O Brasil é pródigo em alterar sua legislação tributária sem levar em consideração os reflexos de seus atos unilaterais para os tratados dos quais é signatário. A qualificação dos juros sobre capital próprio como receita e/ou despesa financeira é um caso emblemático, quando se leva em conta que tal rendimento pode vir a

[40] AVERY JONES, John F. Problems, cit., p. 13.

ser considerado como dividendos[41]. Essa qualificação pode bem ser fruto de interpretação evolutiva, porém tem efeito similar à modificação de tratado[42].

Alteração de significado de expressões operadas pela lei interna ou mesmo esclarecimentos de expressões já utilizadas em tratados firmados anteriormente não configuram, necessariamente, inaplicação voluntária[43].

O caso das normas antielusivas que procuram coibir abusos por parte do contribuinte não é próprio de *tax treaty override*. A aplicação da norma interna, nos limites das convenções internacionais em matéria fiscal, não afronta o tratado, pois, constatado o abuso, não se justifica a inaplicação da legislação interna[44]. Conclusão diversa é possível adotar no caso de a legislação antiabuso resultar na decomposição do regime convencional, em contrariedade ao texto constitucional que determina supremacia de tratados sobre lei interna[45].

No que concerne à inaplicação voluntária e eventual sanção ao Estado contratante que pratica o *tax treaty override*, faz-se necessária uma adequada interpretação da natureza do tratado interna-

[41] O Brasil introduziu a possibilidade de dedução dos assim denominados JCP, por meio da Lei n. 9.249/95, art. 9º.

[42] XAVIER, Alberto. **Direito tributário**, cit., p. 161.

[43] Em maio de 2005 o Governo brasileiro editou decreto para reduzir a zero as alíquotas da Contribuição para o PIS/PASEP e da COFINS incidentes sobre as receitas financeiras auferidas pelas pessoas jurídicas sujeitas à incidência não-cumulativa das referidas contribuições. No Decreto n. 5.442/2005, art. 1º, I, esclarece-se que referida isenção não se aplica aos juros sobre o capital próprio.

[44] VOGEL, Klaus. **On Doublé Taxation Conventions**. 3. ed. London/Haia/Boston, p. 121. Apud PISTONE, Pasquale. El abuso de los convenios internacionales en materia fiscal. *In*: **Curso de derecho tributario internacional**. Organizado por Victor Uckmar. Buenos Aires: Temis, 2003, t. 1, (102-153), p. 135.

[45] PISTONE, Pasquale. El abuso de los convenios internacionales, cit., p. 135.

cional em matéria tributária. Explique-se: se o mencionado tratado consiste na autolimitação de soberania, a inaplicação voluntária de dispositivo de tratado representa a volta ao *status quo ante*, ou seja, ao exercício pleno da soberania. Seria, então, a rigor, um caso de revogação parcial de tratado.

6.6 São necessários tratados internacionais em matéria tributária?

Em cinqüenta anos os tratados internacionais para evitar dupla tributação tiveram um aumento numérico de aproximadamente 2.000%, podendo atingir, ainda na metade deste século, a casa dos 16.000, numa projeção bastante otimista[46]. O excessivo número de tratados internacionais pode, à primeira vista, indicar o sucesso desse tipo de transação.

Por outro lado, tal constatação indica também a saturação do modelo OCDE para solução de conflitos em matéria tributária internacional. Os tratados em matéria tributária, muitas vezes reproduções de outros ou concebidos em termos programáticos, apresentam graves problemas de hermenêutica, conforme se discutiu acima.

Do ponto de vista político, os tratados internacionais em matéria tributária sofrem acirradas críticas da doutrina especializada. Sustenta-se que os países desenvolvidos têm mais a ganhar com a celebração de tratados internacionais em matéria tributária, forçando neutralidade nas nações mais pobres, com o intuito de garantir o fluxo de capitais e beneficiar suas próprias economias. A neutralidade promove, segundo Vogel, a discriminação contra países de tributação mais favorecida, em particular, os países em desenvol-

---

[46] TAVOLARO, Agostinho Tóffoli. O Brasil ainda precisa de tratados de dupla tributação? *In*: **Direito tributário**: homenagem a Alcides Jorge Costa. Coordenado por Luís Eduardo Schoueri. São Paulo: Quartier Latin, 2003, (867-891), p. 868.

vimento. O celebrado tributarista alemão se refere a esse sistema como "imperialismo fiscal"[47].

A neutralidade seria, então, um princípio a serviço dos países ricos, numa forma de proteger seus sistemas tributários. A endossar a crítica de Vogel, tem-se o exemplo do chamado BRIC, grupo de países integrados por Brasil, Rússia, Índia e China. O bloco de países tem concentrado a atenção dos investidores, com intenso fluxo de capitais para suas economias. Esses mesmos países não têm celebrado grande número de tratados internacionais em matéria tributária. Compartilham legislação tributária protecionista e prática, sem muito espaço para grandes questões interpretativas em matéria de direito internacional tributário.

A adoção de tratados multilaterais sobre tributação, com a harmonização das leis tributárias dos países aderentes, bem como a cooperação entre agentes fiscais, seria medida possivelmente mais eficaz do que a celebração de incontáveis acordos bilaterais de dupla tributação. Um exemplo da efetividade dessas medidas vem da União Européia, que se mostra bastante efetiva na harmonização da tributação direta dos países-membros[48].

Deve-se reconhecer que os tratados, bilaterais ou multilaterais, servem para realizar uma divisão mais justa e igualitária do objeto da tributação e evitar a pluritributação.

Conclui-se, assim, que os tratados internacionais em matéria tributária são sim essenciais ao desenvolvimento econômico das

---

[47] VOGEL, Klaus. Which method should the European Community Adopt for the Avoidance of double taxation? **Bulletin for International Fiscal Documentation**. Amsterdam, v. 56, n. 1, p. 4-10, 2002. *Apud* SHINDEL, Angel; ATCHABAHIAN, Adolfo. General Report. *In*: **Cahiers de droit fiscal international**. Buenos Aires: International Fiscal Association, 2005.

[48] TAVOLARO, Agostinho Tóffoli. O Brasil ainda precisa de tratados de bitributação? *In*: **Direito Tributário**: homenagem a Alcides Jorge Costa. Coordenação de Luís Eduardo Shoueri. São Paulo: Quartier Latin, 2003, v. 2, p. 870.

relações entre os Estados, não só no que diz respeito aos impostos diretos e indiretos, mas também em relação aos tributos aduaneiros e às regras de intercâmbio entre autoridades fiscais.

Do ponto de vista jurídico, os tratados tratam da abdicação do poder de tributar. À medida que tomam por objeto o direito tributário dos entes contratantes, assumem um poder mais amplo no sistema jurídico, permitindo com suas disposições a ampliação do princípio da segurança jurídica entre residentes e não-residentes[49].

No caso em análise, tal princípio foi alcançado, mesmo na ausência de um tratado, pela disposição dos países envolvidos, Brasil e Alemanha, em concederem um tratamento recíproco de reconhecimento dos impostos pagos no outro Estado, o que nem sempre acontece.

REFERÊNCIAS

Doutrina:

AVERY JONES, John F. Problems of categorizing income for tax treaty purposes. *In*: **International and comparative taxation**: Essays in honour of Klaus Vogel. Coordenação de Paul Kirschhof, Moris Lehner, Kees Van Raad, Arndt Raupach and Raupach and Michael Rodi. London/New York: Klumer Law, 2002 (9/27).

BACKER, Philip. Doublé Taxation agreements and international tax law? A Manual on the OECD Model Tax Convention on Income and on Capital of 1992. 2. ed. London, 1994, *Apud* **Direito**

[49] TÔRRES, Heleno Taveira. El derecho internacional tributario: tratados y disposiciones nacionales. *In*: **Estudios de derecho tributario constitucional e internacional**: homenaje latinoamericano a Victor Uckmar. Coordenado por Pasquale Pistone e Heleno Taveira Tôrres. Buenos Aires: Depalma, 2005, (871-901), 880.

tributário internacional do Brasil. 5. ed. Rio de Janeiro: Forense, 1998.

HESSE, Konrad. Constitución y derecho constitucional. *In*: **Manual de derecho constitucional**. Coordenação de Benda, Maihofer, Vogel, Hesse e Hiede. Madrid: Marcial Pons, 1996 (1-15).

JELLINEK, G. **Allgemeine Staatslehre**. Kronberg: Atheäum, 1976.

KELSEN, Hans. **Das Problem der Souveränität und Die Theorie des Völkerrechts**. Tubingen: Scientia Aalen, 1981.

LANG, Michael. Qualifikationskonflikte im Recht der Doppelbesteuerungsabkommen. *In*: **Staaten und Steuern, Festschrift für Klaus Vogel zum 70**. Geburtstag. Organização de Paul Kirchhorf, Moris Lehner, Arndt Raupach e Michael Rodi. Edelberg: C.F. Müller (907/924).

LEHNER, Moris. Europarechtliche Perspektiven für das Internationale Steuerrecht. *In*: **Münchener Schriften zum Internationalen Steuerrecht**. Coordenação de Moris Lehner, Otmar Thömmes e outros. München: C. H. Beck, 1994.

McLURE JR., Charles E. Globalization, Tax Rules and National Soveregnity. *In*: **Bulletin for International Fiscal Documentation**. *Apud* SHINDEL, Angel; ATCHABAHIAN, Adolfo. General Report. **Cahiers de droit fiscal international**. Buenos Aires: International Fiscal Association, 2005.

OEPEN, Wolfgang. A Alemanha denuncia seu Tratado de Dupla Tributação com o Brasil – Razões e conseqüências da denúncia do Tratado sob um ponto de vista alemão. **Revista de Direito Tributário Internacional**, São Paulo, Quartier Latin, n. 1, 2005.

OLIVEIRA, Régis Fernandes. Os tratados internacionais e seus reflexos no direito brasileiro. *In*: **Teoria geral da obrigação tributária**: estudos em homenagem ao Professor José Souto Maior Borges. Coordenação de Heleno Taveira Tôrres. São Paulo: Malheiros, 2005 (190-213).

PISTONE, Pasquale. El abuso de los convenios internacionales en material fiscal. *In*: **Curso de derecho tributario internacional**. Organização de Victor Uckmar. Buenos Aires: Temis, 2003, t. 1 (102-153).

RAJMILOVICH, Dario Marcelo. Revalorización del principio de la fuente como política fiscal de Argentina. X Congresso Tributario, CPCECABA. Buenos Aires, 2006. *Apud* SHINDEL, Angel; ATCHABAHIAN, Adolfo. General Report. *In*: **Cahiers de droit fiscal international**. Buenos Aires: International Fiscal Association, 2005.

RANDELZHOFER, Albrecht. Staatsgewalt und Souveränität. *In*: **Handbuch des Staatsrechts der Bundesrepublik Deutschland**. Organização de Josef Isensee e Paul Kirchhof. Edelberg: C. F. Müller, 1995.

SCHOUERI, Luís Eduardo. Anotações sobre temas do direito tributário internacional. *In*: **Tributação internacional e dos mercados financeiros e de capitais**. São Paulo: Quartier Latin, 2005 (231-260).

SHAW, Malcom N. **International law**. 4. ed. London: Cambridge University Press, p. 655-660. *Apud* TROYA JARAMILLO, José Vicente. Interpretación y aplicación de los tratados em material tributaria. *In*: **Estudios de derecho tributario constitucional e internacional**: homenaje latinoamericano a Victor Uckmar. Coordenação de Pasquale Pistone e Heleno Taveira Tôrres. Buenos Aires: Depalma, 2005 (903-915).

STREINZ, Rudolf. **Europarecht**. Edelberg: C. F. Muller, 2001.

TAVOLARO, Agostinho Tóffoli. O Brasil ainda precisa de tratados de bitributação? *In*: **Direito tributário**: homenagem a Alcides Jorge Costa. Coordenação Luís Eduardo Schoueri. São Paulo: Quartier Latin, 2003 (867-891).

TÔRRES, Heleno Taveira. El derecho internacional tributario: tratados y disposiciones nacionales. *In*: **Estudios de derecho tributario constitucional e internacional:** homenaje latinoamericano a Victor Uckmar. Coordenação de Pasquale Pistone e Heleno Taveira Tôrres. Buenos Aires: Depalma, 2005 (871-901).

TROYA JARAMILLO, José Vicente. Interpretación y aplicación de los tratados en materia tributaria. *In*: **Estudios de derecho tributario constitucional e internacional**: homenaje latinoamericano a Victor Uckmar. Coordenação de Pasquale Pistone e Heleno Taveira Tôrres. Buenos Aires: Depalma, 2005 (903-915).

UCKMAR, Victor. Los tratados internacionales en materia tributaria. *In*: **Curso de derecho tributario internacional**. Organização de Victor Uckmar. Buenos Aires: Temis, 2003, t. 1 (85-122).

______. I trattati internazionali in materia tributaria. *In*: **Corso di diritto tributario internazionale**. 2. ed. Padova: CEDAM, 2002.

VEDDER, Cristoph. Einwirkungen des Europarechts auf das innerstaatliche Recht und internationale Verträge der Mitgliedstaate: die Regelung der Doppelbesteuerung. *In*: **Münchener Schriften zum Internationalen Steuerrecht**. Coordenação de Moris Lehner, Otmar Thömmes e outros. München: C. H. Beck, 1994.

VOGEL, Klaus. Harmonia decisória e problemática da qualificação nos acordos de bitributação (tradução de Luís Eduardo Shoueri). *In*: **Direito tributário**: esudos em homenagem a Brandão Machado. Coordenação de Luís Eduardo Schoueri e Fernando Aurélio Zilveti. São Paulo: Dialética, 1998.

______. **On Doublé Taxation Conventions**. 3. ed. London/Haia/Boston. *Apud* PISTONE, Pasquale. El abuso de los convenios internacionales en materia fiscal. *In*: **Curso de derecho tributario internacional**. Organização de Victor Uckmar. Buenos Aires: Temis, 2003, t. 1 (102-153).

______. Problemas na interpretação de acordos de bitributação. *In*: **Direito tributário**: homenagem a Alcides Jorge Costa. Coordenação de Luís Eduardo Shoueri. São Paulo: Quartier Latin, 2003 (961-973).

______. Which method should the European Community Adopt for the Avoidance of Double Taxation? Bulletin for International Fiscal Documentation, Amsterdam, v. 56, n. 1, p. 4-10, 2002. *Apud* SHINDEL, Angel; ATCHABAHIAN, Adolfo. General Report. *In*: **Cahiers de droit fiscal international**. Buenos Aires: International Fiscal Association, 2005.

XAVIER, Alberto. **Direito tributário internacional do Brasil**. 6. ed. atual. Rio de Janeiro: Forense, 2004.

Legislação:

Ato Declaratório Executivo SRF n. 72, de 22-12-2005.

Ato Declaratório Interpretativo SRF n. 16, de 22-12-2005.

Convenção de Viena sobre Direito dos Tratados.

Decreto-Lei n. 92, de 5-11-1975, e Decreto n. 76.988, de 6-1-1976, que aprova e promulga, respectivamente, Acordo destinado a evitar a bitributação em matéria do imposto sobre a renda e o capital firmado entre a República Federativa do Brasil e a República Federal da Alemanha.

Decreto n. 5.442, de 9-5-2005.

Lei n. 9.249, de 26-12-1995.

Lei n. 9.250, de 26-12-1995.

Lei n. 10.451, de 10-5-2002.

Regulamento do Imposto de Renda (Decreto n. 3.000, de 26-3-1999).

Jurisprudência:

Solução de consulta n. 70, de 14 de março de 2001, publicada no *DOU* de 1º-6-2001.

7 TRIBUTAÇÃO DAS CONTROLADAS E COLIGADAS NO EXTERIOR

Roberto França de Vasconcellos

Coordenador e professor do programa de educação continuada e especialização em Direito GVlaw, LLM em Direito Tributário Internacional pela Universidade de Munique, doutor em Direito Econômico e Financeiro pela Universidade de São Paulo, advogado e sócio do escritório Maitto, Vieira, Silva e Vasconcellos Advogados.

Flavio Rubinstein

Mestrando em Direito Econômico e Financeiro pela Universidade de São Paulo, advogado em São Paulo.

Gustavo Gonçalves Vettori

Mestrando em Direito Econômico e Financeiro pela Universidade de São Paulo, advogado do escritório Lacaz Martins, Halembeck, Pereira Neto, Gurevich & Schoueri Advogados.

7.1 Caso prático

Empresa brasileira Tropicalice, fabricante de sorvetes, resolve atuar na Europa, preferencialmente a partir de Portugal e Espanha.

Em Portugal, a Tropicalice decide constituir uma sociedade controlada – a Portuice, da qual deterá cerca de 70% da participação societária, devendo a parcela restante (30%) ser detida por sócio local. Na constituição da Portuice, estabelece-se uma cláusula no contrato social segundo a qual 15% de todo o lucro apurado deverá ser reinvestido na própria sociedade.

Já na Espanha, a Tropicalice irá adquirir participação equivalente a 15% de uma sociedade atuante também no segmento de sorvetes, a Icespain, sem deter qualquer tipo de controle.

Estima-se que a Portuice, em Portugal, por ser uma empresa nova, ainda sem reputação comercial no mercado local, deverá apurar prejuízo nos primeiros dois anos de funcionamento e, na hipótese de tudo correr como planejado, passará a ter lucro já a partir do terceiro ano. Por seu turno, a Icespain, uma tradicional empresa com marca já fortemente associada aos sorvetes na Espanha, deverá manter boa margem de lucratividade todos os anos.

O cenário econômico internacional indica, para os dois primeiros anos de atuação da Tropicalice no exterior, uma forte valorização do euro em relação ao real.

Nesse contexto, solicita-se a elaboração de uma consulta tributária que aborde fundamentalmente os seguintes pontos:

1) como se dará, no Brasil, a tributação dos lucros auferidos pelas sociedades em Portugal e na Espanha;

2) se há benefícios em função dos acordos de bitributação assinados pelo Brasil com Portugal e Espanha;

3) se o eventual prejuízo da Portuice poderá ser compensado com os lucros da Icespain;

4) quais os efeitos da variação cambial no caso mencionado; e

5) se a mencionada cláusula do contrato social da Portuice tem implicações fiscais.

7.2 Determinação da residência das pessoas jurídicas

Antes de ingressar nos efeitos tributários relacionados à atuação de empresas brasileiras no exterior, importa analisar os critérios para a fixação da residência das pessoas jurídicas nos termos da legislação nacional vigente e dos acordos de bitributação dos quais o Brasil é parte signatária, uma vez que da caracterização de residência decorrerão efeitos tributários relevantes.

A questão da residência das pessoas jurídicas, para fins de tributação pelo Imposto sobre a Renda, é tratada pelos arts. 146 e 147 do Decreto n. 3.000, de 26 de março de 1999 (Regulamento do Imposto de Renda – RIR/99).

Enquanto o art. 146 determina que as pessoas jurídicas sujeitam-se ao imposto de renda brasileiro, o art. 147 indica quais os entes que devem ser considerados "pessoas jurídicas" relativamente ao imposto indicado no artigo precedente, nos seguintes termos:

> Art. 147. Consideram-se pessoas jurídicas, para efeito do disposto no inciso I do artigo anterior:
>
> I – as pessoas jurídicas de direito privado domiciliadas no País, sejam quais forem seus fins, nacionalidade ou participantes no capital;
>
> II – as filiais, sucursais, agências ou representações no País das pessoas jurídicas com sede no exterior;

III – os comitentes domiciliados no exterior, quanto aos resultados das operações realizadas por seus mandatários ou comissários no País.

Desse modo, serão tributadas como residentes no Brasil as pessoas jurídicas de direito privado aqui domiciliadas, independentemente de sua nacionalidade ou dos detentores de seu capital.

As pessoas jurídicas domiciliadas no País serão tributadas pela aplicação do elemento de conexão residência, sujeitando-se, conforme se demonstrará adiante, ao regime de tributação de sua renda auferida em bases universais. Na hipótese de as pessoas jurídicas domiciliadas no Brasil desempenharem atividades no exterior por meio de controladas, coligadas, filiais ou sucursais, deverão reconhecer os resultados dessas atividades, no País, de acordo com o que dispõe o art. 74 da Medida Provisória n. 2.158-35/01 ("MP 2.158"), o qual será examinado em momento oportuno.

Para determinar os entes sujeitos a esse regime de tributação é fundamental compreender como o direito tributário brasileiro distingue as pessoas jurídicas residentes das não-residentes no País.

Consoante se viu acima, o art. 147 do RIR dispõe que serão tributadas como pessoas jurídicas residentes no Brasil (sujeitas às normas do Imposto de Renda das Pessoas Jurídicas – IRPJ), aquelas pessoas aqui domiciliadas, bem como as filiais, sucursais, agências ou representações no País de pessoas jurídicas com sede no exterior.

Nesse ponto, é necessário esclarecer algumas noções. Em primeiro lugar, deve-se constatar que a residência (ou o domicílio) da pessoa jurídica difere de sua nacionalidade.

A nacionalidade das pessoas jurídicas, para fins de disciplina de sua atuação no Brasil, segue regime próprio. De acordo com o que dispõem o art. 60 do Decreto-lei n. 2.627/40 e o art. 1.126 do Código Civil de 2002, a determinação de tal nacionalidade depende da presença do seguinte binômio de fatores: (i) organização da sociedade de acordo com as leis brasileiras; e (ii) sede da administração no Brasil.

Consoante o art. 147 do RIR, o regime pátrio de tributação das pessoas aplicar-se-á àquelas pessoas domiciliadas no Brasil, *independentemente de sua nacionalidade.*

Em outras palavras, o regime tributário brasileiro aplicável às pessoas jurídicas – o qual diferencia as empresas aqui residentes de suas subsidiárias não-residentes – não leva em conta o critério da nacionalidade, e sim o da residência.

O art. 212 do RIR traz algumas regras para a determinação do domicílio fiscal das pessoas jurídicas, quais sejam:

> Art. 212. O domicílio fiscal da pessoa jurídica é:
>
> I – em relação ao imposto de que trata este Livro:
>
> a) quando existir um único estabelecimento, o lugar da situação deste;
>
> b) quando se verificar pluralidade de estabelecimentos, à opção da pessoa jurídica, o lugar onde se achar o estabelecimento centralizador das suas operações ou a sede da empresa dentro do País;
>
> (...)

Esse dispositivo, como se pode observar, vincula a noção de domicílio à existência de ao menos um estabelecimento.

Para que efetivamente se apreenda a noção de domicílio, parece oportuno recorrer às normas de direito civil. O inciso IV do art. 75 do Código Civil de 2002 dispõe que o domicílio das pessoas jurídicas de direito privado é o lugar onde funcionarem as respectivas diretorias e administrações, ou onde elegerem domicílio especial no seu estatuto ou atos constitutivos.

Em suma, diferentemente da nacionalidade, a caracterização do domicílio das pessoas jurídicas (e, conseqüentemente, de sua sujeição tributária pautada na residência) depende apenas do local onde funcionarem a diretoria e administração das referidas pessoas, ou de domicílio eleito nos atos constitutivos (*statutory seat*)[1]. Pode-

[1] Cf. XAVIER, Alberto. **Direito tributário internacional do Brasil**. 6. ed. Rio de Janeiro: Forense, 2003, p. 296.

se cogitar, portanto, de sociedade não nacional que tenha o seu domicílio no Brasil.

Na hipótese de haver acordo de bitributação entre o Brasil e o país em que se discute se a pessoa jurídica é residente, aplicam-se as regras geralmente previstas no artigo 4º de tais acordos.

O referido artigo faz remissão, em um primeiro momento, ao direito interno dos Estados contratantes para determinar a residência das pessoas jurídicas. Assim, para a aplicação do acordo, conforme expresso no parágrafo 1º deste artigo, será residente de um país a pessoa jurídica que estiver nele sujeita à tributação como tal.

Contudo, se houver conflito, ou seja, se ambos os Estados contratantes reputarem a pessoa jurídica residente em seus respectivos territórios, os acordos de bitributação costumam trazer regras de desempate ("*tie breaker rules*"), geralmente previstas no parágrafo 3º do artigo 4º dos acordos assinados pelo Brasil.

Apenas a título de exemplo, a regra de desempate mais comum[2] exige que, para efeitos de aplicação do acordo, a pessoa jurídica seja considerada residente somente no Estado em que tiver a sua sede de direção efetiva ("*effective place of management*").

Por força do acima exposto, deve-se concluir ter a Tropicalice domicílio no Brasil, uma vez que sua diretoria e sua administração estão localizadas em território nacional e, ainda, pelo fato de estar expressamente indicado, nos seus atos constitutivos, que sua sede é no Brasil, preenchendo, destarte, as exigências previstas no inciso IV do art. 75 do Código Civil de 2002.

---

[2] Podemos encontrar a regra da sede de direção efetiva, de acordo com o modelo da OCDE, nos acordos do Brasil com a África do Sul, Argentina, Áustria, Bélgica, China, Coréia do Sul, Dinamarca, Equador, Espanha, França, Hungria, Índia, Israel, Itália, Luxemburgo, Noruega, Holanda, Paraguai, Portugal, República Checa, Eslováquia, Suécia, Ucrânia, e no já denunciado acordo com a Alemanha.

De outra parte, tanto a Portuice como a Icespain serão consideradas, segundo a legislação brasileira, sociedades não-residentes no Brasil, uma vez que foram constituídas à luz da legislação de Portugal e Espanha, respectivamente, e têm as sedes designadas estatutariamente nestes países.

Tais afirmações encontram-se em perfeita consonância com os acordos de bitributação firmados pelo Brasil com Portugal e Espanha, como se pode comprovar da leitura do artigo 4º do acordo com a Espanha (de conteúdo semelhante ao artigo 4º do acordo com Portugal), segundo o qual a expressão

> residente de um Estado Contratante designa qualquer pessoa que, em virtude da legislação desse Estado, esteja aí sujeita a imposto em razão de seu domicílio, sua residência, de sua sede de direção ou de qualquer outro critério de natureza análoga.

7.3 Princípio da universalidade no Brasil

Em relação às pessoas jurídicas, até 1995, vigia no Brasil o princípio da territorialidade estrita, isto é, não abarcava nenhuma renda cuja fonte de produção se localizasse no exterior, para efeitos de incidência do Imposto de Renda das Pessoas Jurídicas (IRPJ).

Nos termos da legislação então vigente, consolidada no art. 337 do Decreto n. 1.041/94, o lucro proveniente de atividades exercidas parte no País e parte no exterior somente seria tributado em relação à primeira parte.

Todavia, a tributação de pessoa jurídica pelo imposto de renda em bases estritamente territoriais foi extinta pela Lei n. 9.249/95, que introduziu um novo sistema de tributação da renda *externa*, auferida pelas pessoas jurídicas domiciliadas no Brasil (sistema este parcialmente modificado pela Lei n. 9.532/97), inaugurando-se assim o princípio da universalidade no Brasil.

Segundo o princípio da universalidade, a renda da pessoa jurídica deve ser tributada no país de sua residência (no caso brasileiro, considerado como o local de funcionamento da diretoria e da administração da referida pessoa, ou de domicílio eleito nos atos constitutivos), incluindo a renda auferida por ela no exterior.

Conforme dispõe o art. 25 da Lei n. 9.249/95,

> os lucros, rendimentos e ganhos de capital auferidos no exterior serão computados na determinação do lucro real das pessoas jurídicas correspondente ao balanço levantado em 31 de dezembro de cada ano.

De acordo com o que determina o § 2º deste mesmo artigo, os lucros auferidos por filiais, sucursais ou controladas, no exterior, de pessoas jurídicas domiciliadas no Brasil, serão computados na apuração do lucro real, devendo a conversão em reais dos lucros mencionados acima ser feita pela taxa de câmbio do dia das demonstrações financeiras em que tenham sido apurados, conforme disposto no artigo 25, § 4º, da Lei n. 9.249/95.

No referido art. 25, enquanto a expressão "rendimentos e ganhos de capital" aplica-se à atividade direta no exterior, o conceito de "lucros" reporta-se à atividade indireta, exercida pelas filiais, sucursais, controladas ou coligadas no exterior, conforme esclarece o art. 1º da Instrução Normativa SRF n. 213/2002.

Por outro lado, conforme se verá mais detalhadamente adiante, o princípio da universalidade adotado pelo Brasil tem por característica o fato de, a despeito de instituir a tributação da renda auferida no exterior, não permitir que o prejuízo apurado também no exterior seja compensado com o imposto de renda devido pela pessoa jurídica residente no Brasil.

Pessoas jurídicas que auferirem lucros, rendimentos ou ganhos de capital provenientes do exterior deverão obedecer ao regime de tributação pela sistemática do lucro real, nos termos do art. 26 da Lei n. 9.249/95, tendo a referida lei estabelecido o momento da tributação no Brasil na data de 31 de dezembro do próprio ano em que tiverem sido apurados os lucros pela controlada ou coligada no exterior.

Uma possível leitura do art. 25 da Lei n. 9.249/95 sugere que o legislador ordinário, ao determinar a adição de lucros auferidos por empresas "vinculadas" no exterior ao lucro real da empresa controladora no País, tenha pretendido tributar os lucros obtidos por aquelas no momento da sua percepção, independentemente de qualquer ato que implicasse a efetiva disponibilização desses lucros.

A mencionada pretensão do legislador não escapou de intensas críticas, já que na sistemática do art. 43 do Código Tributário Nacional, o qual define o conceito de renda tributável, prevê-se a necessidade de efetiva disponibilidade econômica ou jurídica da renda pelo contribuinte, o que efetivamente não ocorre quando da mera percepção do lucro pelas empresas vinculadas no exterior.

O aparente exagero do legislador da Lei n. 9.249/95 foi reconhecido pela Secretaria da Receita Federal, que, com a edição da Instrução Normativa n. 38/96 (posteriormente revogada pela IN n. 213/2002), determinou que a tributação somente se desse no momento da disponibilização dos lucros no exterior.

A mesma instrução normativa definiu, ainda, o que entendia por "lucros disponibilizados", considerando como tais aqueles pagos ou creditados à matriz, controladora ou coligada, no Brasil, pela filial, sucursal, controlada ou coligada no exterior.

Todavia, tendo em vista que a definição dos elementos do fato gerador da obrigação tributária (inclusive o temporal) deve constar de lei, a mencionada instrução normativa que intentou modificar o momento de incidência do imposto de renda sobre os lucros auferidos por controladas ou coligadas no exterior, não era apta para instituir obrigação tributária válida.

Finalmente, em dezembro de 1997, foi editada a Lei n. 9.532, cujo art. 1º, notoriamente inspirado na Instrução Normativa n. 38/96, definia como fato gerador do imposto de renda o lucro auferido no exterior, quando efetivamente disponibilizado (mediante pagamento ou crédito) à empresa controladora ou coligada brasileira.

Essa sistemática de tributação foi mantida nos anos posteriores, tendo sido, inclusive, albergada pelo RIR/99. Ademais, tal sistemática foi igualmente estendida à Contribuição Social sobre o Lucro, conforme previsto pela Medida Provisória n. 1.856-11.

Somente no ano de 2001 abriu-se espaço para que a pretensão original do legislador, já manifestada em 1995 com o art. 25 da Lei n. 9.249, pudesse ser restaurada. A Lei Complementar n. 104/2001, publicada naquele ano, deu novos contornos ao princípio da universalidade ao introduzir os §§ 1º e 2º no art. 43 do Código Tributário Nacional, conforme se verá adiante.

Com respaldo da inovação introduzida por essa lei complementar, a qual teria atribuído ao legislador ordinário competência para definir o momento em que se dá a disponibilidade dos lucros advindos do exterior para fins fiscais, o Governo editou a Medida Provisória n. 2.158-35/2001 que, criando ficção jurídica, tomou novamente a mera aferição de lucro pela empresa no exterior como fato gerador do IRPJ.

7.4 Medida Provisória n. 2.158-35/2001: efeitos, questionamentos e confronto com os acordos de bitributação

Anteriormente ao advento da Medida Provisória n. 2.158-35 de 2001 (MP n. 2.158-35), os lucros de coligadas ou controladas seriam tributados quando fossem efetivamente disponibilizados para a sociedade brasileira.

A MP n. 2.158-35, em seu art. 74, alterou o momento da tributação dos lucros auferidos por sociedade coligada ou controlada no exterior, determinando que estes devem ser tributados na data do balanço no qual tiverem sido apurados, considerando-os ficticiamente disponibilizados para a sociedade brasileira controladora ou coligada.

Abaixo se transcreve o texto do referido artigo:

> Art. 74. Para fim de determinação da base de cálculo do imposto de renda e da CSLL, nos termos do *art. 25 da Lei n. 9.249, de 26 de dezembro de 1995*, e do art. 21 desta Medida Provisória, os lucros auferidos por controlada ou coligada no exterior serão considerados disponibilizados para a controladora ou coligada no Brasil na data do balanço no qual tiverem sido apurados, na forma do regulamento.
>
> Parágrafo único. Os lucros apurados por controlada ou coligada no exterior até 31 de dezembro de 2001 serão considerados disponibilizados em 31 de dezembro de 2002, salvo se ocorrida, antes desta data, qualquer das hipóteses de disponibilização previstas na legislação em vigor.

Ao definir que os lucros de coligadas ou controladas no exterior devem ser oferecidos à tributação pela sociedade controladora no País, ainda que não distribuídos, o citado art. 74 instituiu no Brasil a sistemática de transparência fiscal, já há algum tempo adotada no cenário internacional por meio das regras de Controlled Foreign Corporations – CFC.

A precitada transparência fiscal implica a imputação automática (independentemente de distribuição) dos lucros gerados por sociedade não-residente, aos seus sócios, submetendo à tributação o lucro que tem sua fonte no exterior, como se houvesse sido produzido internamente.

Nesse passo, mesmo sendo o lucro mantido na sociedade não-residente, coligada ou controlada, sem a distribuição aos sócios, ocorrerá na pessoa destes, em seu país de residência, a tributação dos lucros da sociedade.

Isto posto, à luz da legislação atualmente vigente no Brasil, os lucros que vierem a ser apurados tanto pela Portuice como pela Icespain, estarão submetidos à tributação pelo IRPJ e pela Contribuição Social sobre o Lucro, devidos pela Tropicalice, independentemente destes lucros virem a ser disponibilizados por aquelas sociedades para esta última, em sintonia com o disposto no art. 74 da MP n. 2.158-35. O regime tributário aplicável a esses rendimentos será analisado mais a fundo nos itens 7.5, 7.6 e 7.7 *infra*.

7.4.1 Questionamentos à MP n. 2.158-35/2001

No caso presente, deve-se levar em conta, dentre outros aspectos, o fato de não ter a Tropicalice disponibilidade absoluta sobre os lucros auferidos pela Portuice, na medida que o contrato social desta última exige que 15% de todo o lucro seja reinvestido na própria sociedade.

No caso de coligadas, assim entendidas as sociedades em que se detêm 10% ou mais do capital da sociedade investida sem a controlar[3], o investidor não tem domínio sobre a contabilidade, de tal forma que o § 3º do art. 25 da Lei n. 9.249/95 dispensa que os lucros apurados no balanço da coligada sejam computados nos termos da legislação brasileira, muito embora a sociedade no Brasil deva conservar em seu poder cópia das demonstrações financeiras da coligada.

Justamente por essa razão, é possível segregar a tributação das atividades exercidas no exterior em dois regimes: (i) o das filiais, sucursais e controladas; e (ii) o das coligadas.

A ambos os regimes são comuns as seguintes normas:

a) conversão dos lucros apurados em reais pela taxa de câmbio para venda referente ao dia em que as demonstrações financeiras tenham sido apuradas;

b) os prejuízos apurados no exterior não podem ser compensados com os lucros auferidos no Brasil;

c) o lucro a ser computado na apuração do lucro real da pessoa jurídica domiciliada no Brasil deve ser proporcional à sua

---

[3] Art. 243, § 1º, da Lei n. 6.404/76.

participação no capital da controlada ou coligada. No caso de filiais ou sucursais, na medida em que se tratam de uma mera extensão da pessoa jurídica brasileira, todos os resultados serão a ela imputáveis.

7.4.1.1 Interposição de ADIn

A Confederação Nacional de Indústria (CNI) propôs a Ação Direta de Inconstitucionalidade (ADIn) n. 2.588-1, questionando a constitucionalidade do art. 74 da MP n. 2.158-35, tanto em relação ao *caput* como em relação ao parágrafo único desse dispositivo.

Até o presente momento (setembro de 2006), quatro ministros já proferiram seus votos, quais sejam, Ministra Ellen Gracie (relatora), Ministro Nelson Jobim, Ministro Marco Aurélio Mello e Ministro Sepúlveda Pertence. Os autos do processo encontram-se no gabinete do Ministro Ricardo Lewandowski, após pedido de vista em 28 de setembro de 2006.

Conforme argumenta a CNI, o mencionado art. 74 seria inconstitucional por apresentar, dentre outros, os seguintes vícios:

i) violar os arts. 153, III, e 195, I, *c*, da Constituição Federal;

ii) exigir imposto e contribuição sobre situação que não configura renda ou lucro, por ausência de disponibilidade econômica ou jurídica; e

iii) violar as alíneas *a* e *b* do inciso III do art. 150, ao pretender tributar lucros acumulados relativos a períodos anteriores à edição da norma (ferindo, assim, o princípio da irretroatividade da lei tributária) e também relativos ao mesmo exercício financeiro em que foi editada a MP (desrespeitando o princípio da anterioridade).

O tema do momento da disponibilização do lucro já havia sido objeto de ampla discussão no STF, por ocasião do julgamento do Recurso Extraordinário n. 172.058-1, acerca da constitucionalidade do Imposto sobre o Lucro Líquido (ILL), instituído pelo art. 35 da Lei n. 7.713/88. O STF entendeu que a simples apuração do lucro líquido não implica disponibilidade econômica ou jurídica, não configurando, portanto, fato gerador do imposto de renda na modalidade "desconto na fonte". Assim, o lucro apurado pela sociedade não poderia ser considerado como automaticamente disponibilizado para fins de incidência do imposto de renda.

Não obstante, consoante se verá adiante, ambos os votos já proferidos no julgamento da ADIn 2.588-1 divergem substancialmente do posicionamento anterior desse tribunal[4].

A Ministra Relatora Ellen Gracie julgou o pedido parcialmente procedente, declarando inconstitucional apenas a expressão "ou coligadas", duas vezes mencionada no *caput* do art. 74.

Segundo a relatora, as empresas controladoras, situadas no Brasil, adquirem disponibilidade jurídica em relação aos lucros auferidos pelas empresas controladas localizadas no exterior, no momento de sua apuração no balanço realizado pela controladora. Havendo disponibilidade jurídica dos lucros a partir do momento de sua apuração, ter-se-ia o fato gerador do imposto de renda, motivo pelo qual seria constitucional o *caput* do art. 74 no que diz respeito às empresas controladas.

No que concerne às coligadas, a Ministra Ellen salientou que, pelo fato de não haver relação de controle da empresa situada no Brasil sobre a sua coligada no exterior, não seria possível falar-se em disponibilidade pela coligada brasileira, dos recursos auferidos pela coligada estrangeira, antes da efetiva remessa desses lucros para a primeira ou, pelo menos, antes da deliberação que se faça no âmbito dos órgãos diretores da coligada no exterior sobre a desti-

---

[4] As manifestações dos Ministros que votaram, aqui reproduzidas, foram disponibilizadas apenas nos Informativos do Supremo Tribunal Federal. O inteiro teor dos votos não foi disponibilizado pelos Ministros.

nação dos lucros do exercício. De acordo com seu voto, o art. 74 da MP n. 2.158-35 não feriria os princípios da anterioridade e da irretroatividade da lei tributária.

O Ministro Nelson Jobim, em seu voto, julgou a ADIn 2.588-1 improcedente, analisando a questão sob o enfoque do Método de Equivalência Patrimonial (MEP). Valendo-se de tal método, o ministro sustentou que o lucro auferido por uma investida é automaticamente registrado no balanço societário da investidora como lucro líquido, independentemente de sua efetiva distribuição, pois o regime contábil aplicável é o de competência (disponibilização econômica), e não o de caixa (disponibilização financeira). Nesse passo, segundo o ministro, a disponibilidade da renda prescindiria do efetivo recebimento da moeda, o que conduziria à conclusão de que o art. 74 da MP n. 2.158-35 seria completamente constitucional.

O Ministro Marco Aurélio julgou integralmente procedente a ADIn (i) dando interpretação conforme à Constituição ao art. 43, § 2º, do Código Tributário Nacional, para excluir o alcance da norma que resulte no desprezo da disponibilidade econômica ou jurídica da renda e (ii) declarando inconstitucional o art. 74 da MP n. 2.158-35.

Segundo notícia publicada pelo STF em 28 de setembro de 2006, "o ministro considerou que houve violação de três preceitos constitucionais: a) art. 62, por ter havido absoluta falta de urgência para justificar a edição de uma medida provisória; b) artigos 153, inciso III, e 195, inciso I, alínea *c*, ante a exigência de imposto e contribuição sobre situação que não configura renda ou lucro; c) por fim, artigo 150, inciso III, pelo fato que o dispositivo da MP questionado pretende tributar os lucros acumulados relativos a períodos anteriores à sua edição e também relativos ao mesmo exercício financeiro em que adotada a MP". O ministro salientou, ainda, "que o destino a ser dado ao lucro de determinada empresa pode ficar sujeito à deliberação da assembléia. Nos casos de empresas com sede em outros países, por exemplo, pode ocorrer, com a manutenção desses dispositivos, a sobreposição tributária fiscal ou bitributação".

O Ministro Sepúlveda Pertence antecipou seu voto, acompanhando o Ministro Marco Aurélio.

7.4.2 Acordos de bitributação

Um outro aspecto a ser considerado diz respeito à existência de acordos de bitributação assinados pelo Brasil com Portugal e Espanha, segundo os quais, conforme estatuído no artigo 7º dos dois diplomas, o lucro deve ser tributado no país onde as empresas tiverem sua residência.

Portanto, pelas regras internacionalmente reconhecidas e consagradas no artigo 7º da Convenção Modelo da OCDE e dos acordos dos quais o Brasil é signatário, a tributação do lucro da empresa acontecerá no país onde tem ela a sua residência, e somente após a efetiva disponibilização deste lucro é que poderá o país de residência do beneficiário exercer suas pretensões tributárias sobre este rendimento.

Some-se a isso o fato de o artigo 10 dos acordos assinados pelo Brasil, inclusive com Portugal e Espanha, dispor que os dividendos são tributáveis quando "pagos", ou seja, não se admitindo a tributação antes da sua efetiva distribuição.

O entendimento hoje aceito, quase sem exceções, é no sentido da prevalência dos acordos de bitributação sobre a lei interna, conforme a dicção do art. 98 do Código Tributário Nacional (CTN). Nesse sentido é possível afirmar que, por força dos acordos de bitributação firmados pelo Brasil com Portugal e Espanha, não poderá prevalecer a regra da MP n. 2.158-35, segundo a qual os lucros são considerados automaticamente disponibilizados. Todavia, como anteriormente se comentou, aguarda-se pronunciamento definitivo do STF sobre a matéria.

7.5 Regime de tributação das coligadas e controladas no exterior

Conforme verificado acima, as pessoas jurídicas residentes no Brasil serão tributadas pelo regime da universalidade, ou seja, devem ser reconhecidas e tributadas no Brasil tanto a renda auferida no País quanto aquela auferida no exterior. Isto implica que os resultados das atividades desenvolvidas no exterior por meio de filiais, sucursais, coligadas ou controladas são tributáveis no Brasil.

Nesse ponto, cabe diferenciar dois tipos diversos de atuação no exterior: (i) a atuação direta, por meio de filiais e sucursais; e (ii) a indireta, por meio de controladas e coligadas.

Na primeira hipótese (atuação direta) a empresa brasileira não constituirá uma nova pessoa jurídica, mas atuará diretamente em seu próprio nome, por meio de uma filial ou sucursal no exterior.

Já na segunda hipótese (atuação indireta), a empresa residente no Brasil deterá participação no capital de outra empresa no exterior, com personalidade jurídica diversa da empresa brasileira.

No caso concreto, trata-se de atuação indireta, na medida em que a Portuice e a Icespain são empresas diversas da Tropicalice, nas quais esta terá participação societária. Por esta razão, a presente análise será restringida à tributação de controladas e coligadas no exterior.

De modo geral, as empresas nas quais a Tropicalice tiver participação societária serão tributadas nos seus países (Portugal e Espanha) como as demais empresas neles residentes, conforme as respectivas legislações tributárias domésticas.

A tributação da distribuição de lucros feitas pela Portuice e pela Icespain à Tropicalice dependerá também das respectivas legislações tributárias domésticas, bem como do disposto nos acordos de bitributação firmados pelo Brasil com a Espanha e com Portugal.

Outrossim, o princípio da universalidade exige que a Tropicalice reconheça, para fins de tributação brasileira, os resultados auferidos no exterior pelas suas subsidiárias. Contudo, cabe indagar quais os resultados a serem reconhecidos e quando o referido reconhecimento deve ser feito.

Conforme já se discutiu acima, por força do disposto no art. 74 da MP n. 2.158-35, a tributação pátria dos lucros das coligadas e controladas no exterior independe de sua efetiva disponibilização, bastando o reconhecimento dos resultados de equivalência patrimonial na empresa controladora brasileira.

Essa sistemática seria, portanto, aplicável à Tropicalice, em relação aos resultados auferidos pela Portuice e pela Icespain. Ver-se-á, a seguir, como seria o tratamento tributário desses resultados.

Em que pesem as discussões judiciais acerca da legalidade e constitucionalidade do mecanismo de tributação dos resultados no exterior estabelecido pela MP n. 2.158-35 (e regulamentado pela IN n. 213/2002), bem como a possível distinção entre o tratamento dos resultados de controladas daqueles das meras coligadas no exterior, conforme apresentado no item *supra*, apresentar-se-á a sistemática atualmente outorgada pela legislação para a tributação de resultados das subsidiárias de empresas brasileiras no exterior, desconsiderando, por ora, estas discussões. Também não se entrará no mérito dos efeitos que acordos de bitributação poderiam exercer sobre esta sistemática.

7.6 Tratamento fiscal dispensado aos lucros e prejuízos auferidos no exterior

Viu-se, no tópico anterior, que a sujeição das empresas residentes no Brasil à tributação em bases universais importa a obrigação de reconhecimento, no País, dos resultados auferidos na atuação (direta ou indireta) dessas empresas no exterior.

O atual regime de tributação aplicado aos resultados de controladas e coligadas de empresas brasileiras no exterior, outorgado pela MP n. 2.158-35 e regulamentado pela IN n. 213/2002, pede que a empresa brasileira reconheça e tribute os resultados de suas controladas e coligadas logo que estes resultados sejam auferidos por elas, independentemente da distribuição de lucros para suas controladoras e coligadas brasileiras.

Trata-se de efetiva tributação, na empresa brasileira, ao final de cada exercício, dos resultados de suas controladas e coligadas no exterior, reconhecidos por equivalência patrimonial[5].

A tributação, no Brasil, dos resultados reconhecidos por empresas aqui residentes decorrentes dos resultados evidenciados em suas subsidiárias, controladas ou coligadas, no exterior, deve seguir as seguintes regras:

(i) os resultados de cada subsidiária devem ser computados de forma individualizada, na proporção da participação da controladora brasileira em seu capital[6];

(ii) os prejuízos de uma subsidiária somente poderão ser utilizados para compensar os lucros da mesma subsidiária, sendo vedada a sua utilização para compensar os lucros auferidos pela controladora no Brasil, ou os lucros de qualquer outra subsidiária, ainda que ambas sejam residentes no mesmo país[7];

(iii) a apuração dos resultados das subsidiárias deve ser demonstrada segundo as normas da legislação brasileira[8];

(iv) os resultados serão computados nas bases de cálculo do IRPJ e da CSLL no balanço da investidora brasileira levantado em 31 de dezembro, no qual se incluirão os resultados apurados nos balanços das subsidiárias, já considerados disponibilizados[9];

---

[5] IN n. 213, art. 7º. No caso de filiais ou sucursais, há a permissão para compensação de lucros e prejuízos daquelas filiais ou sucursais que se encontrem no mesmo país. Contudo, a regra não se aplica para subsidiárias.

[6] IN n. 213/2002, art. 1º, § 1º.

[7] IN n. 213/2002, art. 1º, §§ 1º, 4º, 5º; Lei n. 9.249/95, art. 25, § 3º, I.

[8] Lei n. 9.249/95, art. 25, § 2º, I.

[9] IN n. 213/2002, art. 2º.

(v) os resultados decorrentes da participação, ainda que indireta, da subsidiária em outra pessoa jurídica no exterior devem ser consolidados na subsidiária em que a empresa brasileira participe diretamente[10]; e

(vi) o resultado das subsidiárias deve ser considerado antes de descontado o imposto de renda pago em seus países de residência[11].

Dessa maneira, no presente caso, a Tropicalice deveria computar os resultados da Icespain e da Portuice separadamente, na proporção de suas participações societárias em cada uma dessas empresas. Tais resultados seriam adicionados ao lucro real para a apuração do IRPJ e na base de cálculo da CSLL, no balanço levantado em 31 de dezembro pela Tropicalice.

Os eventuais prejuízos apurados pela Portuice não poderiam ser compensados com o lucro brasileiro da Tropicalice, ou com o lucro desta empresa apurado em decorrência dos resultados da Icespain ou de qualquer outra subsidiária no exterior. A legislação autoriza apenas a compensação desses prejuízos com os lucros da própria Portuice.

Em que pese não haver, na legislação, menção expressa à forma de realização de compensação, parece correto afirmar que ela deverá seguir os moldes da compensação de prejuízos fiscais acumulados, à luz da sistemática do lucro real.

Assim, os prejuízos acumulados pelas controladas ou coligadas no exterior em determinado exercício poderiam ser compensados com os lucros auferidos por essas sociedades individualmente, em exercícios subseqüentes (*carry forward*). Não há, na legislação brasileira, qualquer previsão de compensação de prejuízos acumulados em determinado exercício com lucros auferidos em exercícios anteriores (*carry backward*).

---

10 IN n. 213/2002, art. 1º, § 6º.

11 IN n. 213/2002, art. 1º, § 7º.

Ressalte-se, ainda, que à compensação de prejuízos acumulados por controladas ou coligadas no exterior, conforme determina o § 3º do art. 4º da IN n. 213/2002, não se aplica a restrição de que trata o art. 15 da Lei n. 9.065/95 (limite máximo de compensação de 30% do lucro líquido de cada ano com prejuízos acumulados).

Com isso, os prejuízos eventualmente apurados pela Portuice (e refletidos, por equivalência patrimonial, na Tropicalice) poderiam ser compensados apenas com eventuais lucros futuros da Tropicalice caracterizados como reflexos nesta empresa, por equivalência patrimonial, dos resultados positivos da própria Portuice[12]. Para a referida compensação, não haveria a limitação de 30% aplicável aos prejuízos brasileiros.

7.7 Compensação do imposto pago no exterior

Da adoção, pelo Brasil, do critério da universalidade da tributação, decorre um incremento na potencialidade de ocorrência do fenômeno denominado "bitributação".

Dentre outras medidas unilaterais adotadas pelo Brasil para mitigar a bitributação, o art. 26 da Lei n. 9.249/95 e o art. 15 da Lei n. 9.430/96 (regulamentados pelo art. 395 do RIR/99) permitem a compensação do imposto de renda estrangeiro – incidente sobre os lucros, rendimentos, ganhos de capital e receitas decorrentes da prestação de serviços efetuadas diretamente, computados no lucro real – com o que for devido no Brasil.

Tais disposições introduziram no ordenamento jurídico brasileiro o chamado "método da imputação ordinária" (ou do crédito), por meio do qual a bitributação é mitigada quando se admite que se deduza do montante de imposto devido no país de

[12] Art. 4º, § 2º, da IN n. 213/2002.

residência do contribuinte o valor do imposto já pago no país da fonte do rendimento.

Na imputação ordinária, faz-se uma restrição ao montante do crédito referente ao imposto estrangeiro: este não pode ser superior ao montante de imposto que o próprio país de residência do contribuinte exigiria sobre o mesmo rendimento.

Além da limitação da compensação ao imposto de renda brasileiro incidente sobre os referidos lucros, rendimentos, ganhos de capital e receitas de prestação de serviços, o contribuinte deverá observar os demais requisitos descritos nos nove parágrafos do art. 395 do RIR/99.

Ademais, o § 1º do art. 14 da IN n. 213/2002 esclarece que, para fins de compensação, considera-se o imposto de renda efetivamente pago no exterior, não sendo permitido o aproveitamento de crédito tributário decorrente de benefício fiscal.

Diferentemente da disciplina da compensação do imposto de renda pago no exterior por pessoas físicas, as referidas normas não estabelecem os requisitos de existência de acordo de bitributação ou de reciprocidade de tratamento entre o país de origem dos rendimentos e o Brasil. Em outras palavras, a legislação tributária brasileira permite a compensação do imposto pago no exterior – por pessoa jurídica domiciliada no Brasil – com o IRPJ, desde que observados os requisitos do art. 395 do RIR/99, que regulamenta a matéria. Dentre esses requisitos, ressalte-se, não constam a celebração de acordo de bitributação ou a reciprocidade de tratamento.

Assim, o imposto de renda pago no exterior pelas subsidiárias da Tropicalice poderia ser compensado com o imposto devido no Brasil por esta empresa, mas tão-somente até o limite do imposto incidente sobre o rendimento que tenha sido efetivamente auferido pelas subsidiárias, considerando-as individualmente.

Note-se que, no caso, trata-se do imposto de renda pago pelas próprias subsidiárias em seus países de residência (ou seja, o imposto de renda de pessoas jurídicas pago em Portugal pela Portuice e na Espanha pela Icespain), bem como eventual tributação na fonte sobre a distribuição de dividendos para a Tropicalice.

Ademais, como dito, o imposto que poderá ser compensado pela Tropicalice no Brasil não poderá exceder: a) o montante do imposto efetivamente pago no exterior; e b) o montante do imposto de renda e adicional devidos no Brasil correspondentes àqueles rendimentos advindos do exterior.

Por fim, saliente-se que o imposto pago no exterior que exceder o valor compensável com o IRPJ da Tropicalice devido no Brasil poderá ser compensado com a CSLL devida por esta empresa, no montante desta contribuição que corresponda ao valor incidente sobre o rendimento auferido no exterior[13].

Ainda, se a Tropicalice, em virtude de seus resultados brasileiros, não tiver IRPJ a pagar em determinado exercício, apesar de as suas subsidiárias terem apurado lucro, o imposto recolhido pelas subsidiárias em seus respectivos países poderão ser compensados em exercícios futuros com o IRPJ da Tropicalice incidente sobre os seus resultados de equivalência patrimonial positivos decorrentes dos lucros de cada uma dessas subsidiárias[14].

7.8 Método da equivalência patrimonial

O Método da Equivalência Patrimonial corresponde à avaliação de investimento permanente, relevante, efetuado por uma pessoa jurídica em outra, de tal forma que as alterações no patrimônio líquido da sociedade investida (como aumento ou redução de capital, distribuição de dividendos, apuração de lucro ou prejuízo etc.) sejam refletidas nas demonstrações contábeis da investidora.

---

[13] De acordo com o que dispõe o art. 15 da IN n. 213/2002.

[14] IN n. 213/2002, art. 14, § 15.

Assim, a pessoa jurídica, tributada pelo lucro real e que detenha investimento relevante e influente, deverá avaliá-lo segundo o valor do patrimônio líquido da coligada ou controlada.

A noção de investimento relevante em sociedade é atribuída pelo parágrafo único do art. 247 da Lei n. 6.404/76 e aplicável a duas hipóteses:

a) em cada sociedade coligada ou controlada, se o valor contábil é igual ou superior a 10% do valor do patrimônio líquido da companhia; ou

b) no conjunto das sociedades coligadas e controladas, se o valor contábil é igual ou superior a 15% do valor do patrimônio líquido da companhia.

Já o art. 248 da referida lei impõe a avaliação dos investimentos relevantes em sociedades coligadas e controladas segundo os respectivos patrimônios líquidos.

Por ocasião da já referida instituição do princípio da universalidade no Brasil, pela edição da Lei n. 9.249/95, ficou estabelecido no § 6º do art. 25 que os resultados da avaliação de investimentos no exterior, pelo Método da Equivalência Patrimonial, continuarão a ter o tratamento previsto na legislação vigente.

Essa mesma regra pode ser ainda encontrada no art. 389 do RIR/99 que, remetendo ao mesmo § 6º do art. 25 da Lei n. 9.249/95, confirma que os

> resultados da avaliação dos investimentos no exterior pelo método da equivalência patrimonial continuarão a ter o tratamento previsto nesta Subseção, sem prejuízo do art. 394.

O art. 394 do RIR/99, no seu § 9º, mantém o Método da Equivalência Patrimonial nos termos da lei vigente para os resultados da avaliação de investimentos no exterior, da qual os resultados positivos ou negativos não deverão, então, ser computados na determinação do lucro real e da base de cálculo da CSLL.

Ocorre que a "lei vigente" – Lei n. 9.249/95 – exclui da apuração do lucro real e da base de cálculo da CSLL os resultados de coligadas e controladas no exterior reconhecidos no Brasil pelo Método da Equivalência Patrimonial, justamente por configurarem mero ajuste contábil a refletir a variação patrimonial da coligada ou controlada.

Não obstante o disposto em lei, pretendeu-se, por meio da IN n. 213/2002, impor tributação sobre o mero resultado positivo da equivalência patrimonial, senão vejamos:

> Art. 7º A contrapartida do ajuste do valor do investimento no exterior, em filial, sucursal, controlada ou coligada, avaliado pelo método da equivalência patrimonial, conforme estabelece a legislação comercial e fiscal brasileira, deverá ser registrada para apuração do lucro contábil da pessoa jurídica no Brasil.
>
> § 1º Os valores relativos ao resultado positivo da equivalência patrimonial, não tributados no transcorrer do ano-calendário, deverão ser considerados no balanço levantado em 31 de dezembro do ano-calendário para fins de determinação do lucro real e da base de cálculo da CSLL.

É evidente que a regra contida nesse dispositivo contraria frontalmente os preceitos da Lei n. 9.249/95 (art. 25, § 6º), carecendo, portanto, de base legal. Além disso, a pretensão de tributar-se o mero resultado positivo da equivalência patrimonial não é razoável, na medida em que a realidade demonstra que as empresas não conseguem, como regra, distribuir todo o lucro apurado no balanço anual. Vale mencionar o dispositivo contido no contrato social da Portuice, segundo o qual 15% de todo o lucro deverá ser reinvestido na empresa.

A lei vigente tributa o lucro auferido no exterior e não o mero resultado positivo da equivalência patrimonial, o qual poderá, inclusive, compreender valores como variação cambial das contas de capital e reservas e lucros acumulados.

Todavia, é de cogitar se esta discussão não acabou sendo superada pela MP n. 2.158-35, que submete à tributação os lucros auferidos no exterior, independentemente de terem sido eles disponibilizados ao beneficiário nacional, já por ocasião do seu registro no Brasil, vale dizer, quando do reconhecimento da equivalência patrimonial.

7.9 Variação cambial

Como se disse, o investimento relevante em sociedade deverá ser reconhecido pelo método da equivalência patrimonial. Todavia, tratando-se de investimento realizado em sociedade no exterior, haverá um componente a mais, qual seja, a variação cambial desse investimento.

O tratamento tributário dispensado à variação cambial referente a investimento no exterior é tema que gera polêmica. A principal questão que se coloca é se a variação cambial de investimentos no exterior deve compor o resultado da equivalência patrimonial ou se é o caso de variação monetária ativa ou passiva.

A Instrução CVM n. 247/96 dispõe em seu art. 16:

> Art. 16. A diferença verificada, ao final de cada período, no valor do investimento avaliado pelo método da equivalência patrimonial, deverá ser apropriada pela investidora como:
>
> I – receita ou despesa operacional quando corresponder:
>
> *a*) a aumento ou diminuição do patrimônio líquido da coligada e controlada, em decorrência da apuração de lucro líquido ou prejuízo no período ou que corresponder a ganhos ou perdas efetivos em decorrência da existência de reservas de capital ou de ajustes de exercícios anteriores; e
>
> *b*) a variação cambial de investimento em coligada e controlada no exterior.

Ocorre, entretanto, que uma instrução da CVM não pode, por força do princípio da legalidade, atribuir efeitos tributários à variação cambial, seja como receita, seja como despesa.

A Lei n. 9.718/98 trata a variação cambial de investimentos brasileiros no exterior como receita financeira, consoante o disposto no art. 9º da referida lei. Por outro lado, caso se atribua à variação cambial a natureza de equivalência patrimonial, além de ser possível discutir a incidência do PIS e da COFINS sobre estes valores (uma vez que a legislação vigente expressamente exclui da base de cálculo de ambas as contribuições o resultado da equivalência patrimonial), haverá também importantes conseqüências para fins de IRPJ e CSLL, pois a tributação aconteceria por ocasião do registro da equivalência patrimonial do investimento realizado em sociedade no exterior.

Assim, seria possível que uma sociedade no exterior, a despeito de ter apurado prejuízo, acarretasse à sua controladora ou coligada no Brasil alguma tributação apenas em função da variação cambial positiva, de tal forma que não se estaria tributando nem renda (IRPJ) nem lucro (CSLL). E esta afirmação guarda relação direta com o caso ora analisado, na medida em que se prevê a apuração de prejuízos pela Portuice nos seus dois primeiros anos de funcionamento e, neste mesmo período, uma forte valorização do euro em relação ao real, o que geraria uma variação cambial positiva que poderia ter por efeito a tributação, na Tropicalice, de uma renda e de um lucro que não foram efetivamente auferidos no exterior pela Portuice.

A variação cambial de investimentos no exterior deveria ser fiscalmente neutra, uma vez que tradicionalmente recebia o mesmo tratamento dispensado aos resultados da equivalência patrimonial.

Todavia, uma vez que o art. 7º da IN n. 213/2002 procura tributar pelo IRPJ e pela CSLL os resultados positivos de investimento no exterior, segundo o Método da Equivalência Patrimonial, seria possível sustentar, então, que o resultado positivo da variação cambial dos investimentos no exterior seja uma receita tributável. Deve-se reiterar que o referido art. 7º contraria frontalmente a Lei n. 9.249/95, que manda excluir do cálculo do lucro real o resultado positivo de equivalência patrimonial.

Caso se decida por efetuar o ajuste cambial para todas as contas do patrimônio líquido da controlada ou coligada no exterior, tal procedimento deverá preceder a equivalência patrimonial.

A Superintendência Regional da Receita Federal (SRRF) da 9ª Região Fiscal já se pronunciou anteriormente sobre o tema, tendo em 10 de novembro de 2003 expedido a decisão n. 46, segundo a qual a variação cambial de investimentos sediados no exterior não deve ser computada na apuração do lucro real e da base de cálculo da CSLL. Veja-se:

> **Processo de Consulta n. 46/03 – SRRF/9ª RF**
>
> Assunto: IRPJ
>
> Ementa: A contrapartida do ajuste de investimentos no exterior, avaliados pelo método da equivalência patrimonial, quando decorrente da variação cambial, não será computada na determinação do lucro real.

Ainda, as autoridades fiscais manifestaram-se sobre o assunto em outras oportunidades, conforme revelam as Soluções de Consulta n. 54 e 55, ambas emitidas pela mesma SRRF da 9ª Região e publicadas no Diário Oficial da União de 8-5-2003. Segundo estas soluções de consulta, não deve integrar o cálculo do lucro real e da base de cálculo da CSLL a contrapartida de ajuste do valor do investimento em sociedades estrangeiras coligadas e controladas no exterior em função da variação cambial.

Posteriormente, pretendeu-se, por meio do art. 46 da Lei n. 10.833/2003 (conversão da MP n. 135/2003), considerar como receita ou despesa a variação cambial de investimentos no exterior avaliados pelo método da equivalência patrimonial, para fins de cálculo do lucro real e da base de cálculo da CSLL. Tal dispositivo foi vetado, pois em 2003, ano da edição da lei, verificou-se uma variação cambial negativa, o que poderia gerar despesas dedutíveis que comprometeriam o equilíbrio fiscal.

Por fim, o Poder Executivo buscou novamente, por meio do art. 9º da MP n. 232/2004, conferir o tratamento de receita ou despesa à variação cambial de investimentos no exterior avaliados pelo método da equivalência patrimonial para fins de apuração do lucro real e da base de cálculo da CSLL. Contudo, o mencionado art. 9º não foi convertido em lei, de tal forma que, atualmente, não há base legal para se pretender tributar a variação cambial positiva referente a investimentos no exterior ou, então, para deduzir-se o resultado negativo.

7.10 Conclusões

Ante todo o exposto, podemos concluir que, à luz da legislação atualmente vigente no Brasil e sem consideração à sua eventual alteração em decorrência de decisão do Supremo Tribunal Federal:

(i) a Tropicalice, em decorrência da aplicação do princípio da universalidade, terá os resultados de suas atividades no exterior tributados no Brasil;

(ii) a tributação dos lucros da Portuice e da Icespain, refletidos na Tropicalice por equivalência patrimonial, dar-se-á ao final de cada exercício, independentemente da distribuição dos referidos resultados (embora isto possa ser questionado, por força do disposto no art. 43 do CTN e dos acordos de bitributação firmados pelo Brasil com Portugal e Espanha);

(iii) eventual cláusula contratual ou estatutária constante dos documentos societários da Portuice que exija a capitalização de parcela dos seus resultados positivos poderá ser argüida para sustentar a indisponibilidade deste rendimento e, assim, eliminar ou retardar a tributação brasileira destes resultados;

(iv) embora haja instrução normativa pretendendo tributar o resultado positivo da equivalência patrimonial referente a investimentos em sociedades no exterior, a Lei n. 9.249/95 exclui expressamente este valor da apuração do lucro real. Para que haja o resultado positivo deve haver aumento do patrimônio líquido das subsidiárias, não importando se os lucros foram reinvestidos ou deixados em conta de lucros acumulados;

(v) os prejuízos apurados pelas subsidiárias da Tropicalice no exterior somente podem ser compensados com os lucros dessas próprias subsidiárias, sendo vedada a compensação destes prejuízos com resultados positivos auferidos no Brasil pela Tropicalice, ou de qualquer outra subsidiária;

(vi) o resultado negativo de equivalência patrimonial da Tropicalice, decorrente dos prejuízos apurados pela Portuice, não podem ser compensados com outros eventuais resultados positivos da própria Tropicalice, nem quando derivados de resultados de equivalência patrimonial positiva da Icespain. Tais resultados negativos somente poderão ser compensados com eventuais resultados de equivalência patrimonial positivos futuros da Tropicalice, decorrentes do incremento do valor de patrimônio líquido de seu investimento na Portuice por resultado positivo desta empresa. Para a referida compensação de prejuízos acumulados, não se aplica a limitação de 30%;

(vii) os resultados da Tropicalice decorrentes do aumento ou diminuição do valor de seus investimentos na Portuice e na Icespain em virtude de variação cambial não devem ser tomados como receitas tributáveis ou despesas dedutíveis desta empresa. Em princípio, os resultados de variação cambial dos investimentos em subsidiárias no exterior não teriam efeitos tributários;

(viii) o imposto pago pela Portuice e pela Icespain em Portugal e na Espanha, bem como a eventual tributação de dividendos distribuídos por essas empresas, poderia ser compensado com o imposto devido no Brasil pela Tropicalice. Ressalte-se apenas que o imposto efetivamente pago no exterior pode ser compensado com o imposto brasileiro, observando-se que o limite para esta compensação será o IRPJ da Tropicalice incidente sobre o seu resultado de equivalência patrimonial decorrente dos lucros de cada uma das subsidiárias. Ainda, o montante de imposto recolhido no exterior que exceder o IRPJ brasileiro poderá ser utilizado para compensar a CSLL incidente sobre o mesmo rendimento e, ainda havendo excesso, compensados com o IRPJ decorrente de resultados futuros da mesma subsidiária;

(ix) as regras de transparência fiscal brasileiras, as quais exigem a tributação dos lucros das coligadas e controladas logo que haja o seu reconhecimento por equivalência patrimonial, sem a necessidade de sua efetiva distribuição, podem ter a sua legalidade e constitucionalidade contestada. Atualmente o STF está julgando ADIn na qual se discute a validade do art. 74 da MP n. 2.158-35;

(x) os acordos para evitar a bitributação firmados pelo Brasil com Portugal e Espanha garantem a tributação do lucro das empresas no país onde está a sua residência, de tal forma que o Brasil não poderia exercer as suas pretensões tributárias sobre lucros que não tenham sido efetivamente distribuídos, consoante os artigos 7º e 10 dos mencionados acordos internacionais.

REFERÊNCIAS

Doutrina:

XAVIER, Alberto. **Direito tributário internacional do Brasil**. 6. ed. Rio de Janeiro: Forense, 2003.

Legislação:

Código Tributário Nacional (Lei n. 5.172, de 25-10-1966).

Lei n. 6.404, de 15-12-1976.

Lei n. 7.713, de 22-12-1988.

Medida Provisória n. 2.158-35, de 24-8-2001.

Medida Provisória n. 1.856-8, de 27-7-1999.

Lei n. 9.065, de 20-6-1995.

Lei n. 9.249, de 26-12-1995.

Lei n. 9.532, de 10-12-1997.

Lei n. 9.718, de 27-11-1998.

Código Civil Brasileiro (Lei n. 10.406, de 10-1-2002).

Lei n. 10.833, de 29-12-2003.

Lei Complementar n. 104, de 10-1-2001.

Decreto-Lei n. 2.627, de 26-9-1940.

Regulamento do Imposto de Renda (Decreto n. 3.000, de 26-3-1999).

Decreto n. 1.041, de 11-1-1994.

Instrução Normativa SRF n. 213/2002.

Instrução CVM n. 247/1996.

Jurisprudência:

Ação Declaratória de Inconstitucionalidade n. 2.588-1.

Recurso Extraordinário n. 172.058-1

Processo de Consulta n. 46/2003 da Superintendência da 9ª Região Fiscal da Secretaria da Receita Federal.

Processo de Consulta n. 54/2003 da Superintendência da 9ª Região Fiscal da Secretaria da Receita Federal, **DOU** de 8-5-2003.

Processo de Consulta n. 55/2003 da Superintendência da 9ª Região Fiscal da Secretaria da Receita Federal, **DOU** de 8-5-2003.

8 REORGANIZAÇÃO INTERNACIONAL DE EMPRESAS E O PLANEJAMENTO TRIBUTÁRIO

Elidie Palma Bifano

Professora do programa de esducação continuada e especialização em Direito GVlaw, mestre e doutora em Direito Tributário pela Pontifícia Universidade Católica de São Paulo, diretora de consultoria empresarial da PricewaterhouseCoopers, em São Paulo.

8.1 Descrição do caso e razões do negócio pretendido

Um grupo internacional de empresas, objetivando reorganizar seus negócios, pretende, dentre outras medidas, eliminar uma das sociedades que o compõem, de tal forma que ela venha a tornar-se filial de outra sociedade, também integrante desse mesmo grupo, tudo justificado pelo fato de as sociedades exercerem, rigorosamente, a mesma atividade. Uma das sociedades está domiciliada no Brasil e controla, há tempos, a outra sociedade, investida, localizada em país com o qual o Brasil mantém acordo para evitar a dupla tributação da renda, tendo adquirido sua participação, no exterior, mediante pagamento de ágio em decorrência de perspectivas de geração de rentabilidade futura, considerando-se o próspero mercado em que atua a sociedade estrangeira. O mecanismo eleito, pela administração do grupo, para concretizar a reestruturação pretendida, foi o de converter uma das sociedades em filial da outra, mediante a incorporação de uma das sociedades pela outra sociedade. O projeto permite considerar, para efeitos de avaliação inicial, que tanto a empresa brasileira quanto a empresa estrangeira podem ser transformadas em filiais, deixando-se para um segundo momento a análise das vantagens de se manter essa filial no Brasil ou no exterior.

Consoante os administradores do grupo, as duas sociedades desenvolvem o mesmo objeto social e produzem os mesmos bens, contudo sob designações e marcas diversas. O fenômeno da globalização aproximou o mercado nacional do mercado estrangeiro, de tal sorte que hoje as sociedades competem, entre si, pela conquista dos dois mercados, bem como pela conquista do mercado internacional. A transformação de uma das empresas em filial permitiria única orientação gerencial, mercadológica, de publicidade, dentre outras, bem como a adequada repartição de custos e a eliminação da concorrência que entre as empresas se criou, conquanto se possam manter as marcas que os mercados tradicionalmente aceitam.

O projeto, como se observa, pretende adaptar os negócios a uma nova realidade, as exigências da globalização que permitiu sejam esses produtos mundialmente divulgados, conhecidos e consumidos, obrigando o empresário a planejar suas operações, traçando novas estratégias que objetivam uma nova logística de mercado.

8.2 Projeto de trabalho e seu desenvolvimento

O trabalho objetiva, apenas, examinar a questão do ponto de vista da legislação brasileira, porquanto especialistas na legislação estrangeira voltada ao território onde se situa a outra sociedade desenvolverão estudo similar ao ora apresentado. A tarefa exige o cumprimento das seguintes etapas: (i) conceito de incorporação e sua aplicação a operações de reestruturação internacional; (ii) incorporação internacional diante do direito brasileiro; (iii) tratamento tributário da incorporação internacional em face do direito brasileiro; (iv) eventuais vantagens tributárias na incorporação internacional e seus reflexos.

Afora as questões acima relacionadas, inserem-se indagações de natureza jurídico-tributária que decorrem do exame das melhores oportunidades negociais envolvendo: (i) planejamento tributário como instrumento de gestão empresarial e sua limitação diante das normas gerais antielisivas; (ii) planejamento tributário internacional e a soberania fiscal dos Estados; (iii) intercâmbio de informações entre administrações tributárias; (iv) relação matriz-filial e os preços de transferência; (v) sucessão na incorporação internacional e a formalização operacional e documental de uma incorporação internacional.

8.3 Conceito de incorporação e sua aplicação a operações de reestruturação internacional

O primeiro tema a ser considerado na análise proposta é, certamente, o conceito de incorporação de empresas, consoante a lei e a doutrina brasileiras. Incorporação, tanto para a lei societária (Lei n. 6.404/76) quanto para a lei civil (Código Civil), é a operação pela qual uma ou mais sociedades são absorvidas por outra que a(s) sucede em todos os direitos e obrigações. A incorporação envolve, em geral, aumento de capital de uma sociedade, dita incorporadora, pelo valor do patrimônio líquido de outra, dita incorporada, transferindo-se para a incorporadora, em contrapartida, ativos e passivos da incorporada, tudo sem solução de continuidade das atividades sociais e sempre em caráter de sucessão, dita universal. Afirma Pontes de Miranda[1] que incorporar é pôr noutro corpo aquilo de que se trata, assim um corpo insere-se noutro, mas essa inserção não resulta corpo novo, apenas aumenta o corpo que já existe.

A hipótese sob análise exige que uma sociedade brasileira absorva ou venha a ser absorvida por uma sociedade estrangeira. Tanto a lei societária quanto a lei civil admitem a possibilidade de uma operação transnacional dessa natureza porque: (i) não a impedem expressamente e (ii) utilizam um conceito genérico que enfatiza sociedades que absorvem e são absorvidas, não dando qualquer relevância à nacionalidade ou característica dos atores envolvidos.

De toda sorte, a lei civil aceita negócios atípicos (art. 425) desde que observadas as normas gerais nele fixadas, ou seja, admite-

---

[1] MIRANDA, Pontes. **Tratado de direito privado**: parte especial. 4. ed. São Paulo: Revista dos Tribunais, 1983, t. 51, p. 74.

se criar novos negócios a partir de institutos já positivados ou criar novos negócios com efeitos similares àqueles dos institutos já positivados, espécie em que se incluiria a incorporação internacional.

A esse propósito, Irineu Strenger, após comentar sobre a autonomia da vontade no plano do direito interno, transfere-se para o plano do direito internacional privado, considerando que a ele também se aplicam os mesmos institutos do direito privado interno, em matéria de vontade, inclusive a criação de novos modelos contratuais[2]. A vontade jurídica, embora livre, deve conformar-se apenas ao direito, observadas a legalidade e a moralidade do que se contrata. Dario Stevanato, ao examinar as reorganizações internacionais de empresas, afirma que existe um vazio normativo sobre a matéria pontuando que isso se deve ao fato de a decomposição e rearticulação das pessoas e dos patrimônios das empresas se situarem entre os verdadeiros e próprios atos de gestão da empresa e do seu circuito de produção de renda, não interessando, via de regra, aos tratados internacionais que versam sobre a dupla tributação da renda que se desloca sempre em caráter transnacional[3].

Considerando-se as premissas que orientam a lei brasileira, é factível a operação de incorporação em que sociedade brasileira incorpora sociedade estrangeira, bem como a operação de incorporação em que sociedade brasileira é incorporada por sociedade estrangeira. Apenas para ilustrar o afirmado, a incorporação foi tratada, de forma expressa, como possibilidade de estruturação internacional de uma reorganização societária, em norma infralegal (IN SRF n. 213/2002, art. 2º, §§ 2º, 4º e 5º) que cuidou da tributação de lucros auferidos no exterior.

---

[2] STRENGER, Irineu. **Direito internacional privado.** 5 ed. São Paulo: LTr, 2003, p. 651-657.

[3] STEVANATO, Dario. Las reorganizaciones internacionales de empresas. *In:* PISTONE, Pasquale, TÔRRES, Heleno Taveira. **Estudios de derecho tributario constitucional e internacional**: homenaje latinoamericano a Victor Uckmar. Buenos Aires: Depalma, 1998, p. 331-378.

8.4 A incorporação internacional diante do direito brasileiro

8.4.1 Da legislação aplicável à operação de reestruturação

A operação pretendida, incorporação de empresas situadas em diferentes países, envolve matéria de direito internacional privado, regulada, no que tange à aplicação da lei pertinente, pela Lei de Introdução ao Código Civil (LICC), art. 9º que determina: (i) para qualificar e reger as obrigações envolvendo dois ou mais países aplicar-se-á a lei do país em que se tenham constituído; (ii) destinando-se a obrigação a ser executada no Brasil e dependendo de forma essencial, será essa observada, admitidas as peculiaridades da lei estrangeira quanto aos requisitos extrínsecos do ato; (iii) obrigação resultante do contrato reputa-se constituída no lugar em que residir o proponente.

Por decorrência das disposições citadas será essencial determinar onde a operação de incorporação está sendo efetivada (lei aplicável) e onde deve ser executada.

A incorporação de empresa, sob o direito brasileiro, inicia-se pela discussão e elaboração das bases do negócio pretendido usualmente documentadas em protocolo, com a respectiva justificação da operação, firmado pelos administradores das sociedades envolvidas e que deve ser aprovado pelos sócios das sociedades. Aprovadas as condições negociais, os sócios devem, também, aprovar o valor do aumento de capital da incorporadora com o patrimônio da incorporada, tudo baseado em laudo de peritos, seguido de entrega de participação societária na incorporadora, aos sócios da incorporada; na ausência de aumento de capital social, por ocorrer incorporação de subsidiária, ou vice versa, eliminam-se as participações societárias anteriores.

Considerando-se as disposições do art. 9º da LICC, aplicar-se-á a lei brasileira naquilo que se deva constituir e executar no

Brasil, respeitadas as peculiaridades da lei estrangeira quanto aos requisitos extrínsecos dos atos, e a lei estrangeira no que se deva constituir e executar no exterior. A operação de incorporação internacional, sob discussão, necessariamente, envolve duas pessoas, a sociedade brasileira e a subsidiária estrangeira, o que nos conduz à avaliação de suas "nacionalidades" para determinar o direito aplicável.

8.4.2 Nacionalidade das sociedades envolvidas e legislação aplicável

Consoante a lei civil, é nacional a sociedade organizada de acordo com a lei brasileira, que tenha sede no Brasil (CC, art. 1.126), sendo por conseqüência estrangeira aquela que se organize de acordo com lei estrangeira e no exterior tenha sede; sociedades nacionais ou estrangeiras, operando no Brasil, submetem-se à lei brasileira, embora a sociedade estrangeira somente atue no País se para tanto autorizada (CC, art. 1.134). Por conseqüência, operações de reestruturação organizacional envolvendo sociedades nacionais e estrangeiras, que não estejam autorizadas a operar em território nacional, estarão submetidas à lei brasileira que regula a matéria, apenas no que tange à sociedade nacional. Irineu Strenger[4] enfatiza que o critério da sede, para determinar a nacionalidade da pessoa jurídica, é o mais adequado em matéria de direito privado internacional, pois que nenhuma segurança jurídica haveria se a nacionalidade mudasse ao sabor das transações. No caso sob análise, a fórmula eleita pelas partes para implementar a reestruturação pretendida é o mecanismo da incorporação regido pela lei societária, no que tange às companhias, e pela lei civil, no que tange aos demais tipos societários (CC, arts. 1.116 e s.) o que significa que para a sociedade brasileira serão integralmente aplicáveis essas normas.

---

[4] STRENGER, Irineu. *Op. cit.*, p. 892.

8.4.3 Implementação da operação

Definido que a operação de incorporação será regida, no que tange à sociedade brasileira, pelas regras brasileiras, devem ser procedidos todos os atos societários para tanto necessários, exigindo-se da outra parte as manifestações essenciais à consumação da operação: os correspondentes atos societários, observadas as regras do direito estrangeiro no que for pertinente aos atos que ali devam ser implementados.

O passo essencial da operação diz respeito à eleição de qual das sociedades será incorporada. Em termos de direito brasileiro, a incorporação da sociedade brasileira, pela estrangeira, implicará sua extinção sem liquidação, de vez que a incorporadora a sucederá em direitos e obrigações. A extinção da sociedade brasileira e a sucessão de ativos e passivos, pela estrangeira, levam ao surgimento da figura do estabelecimento de sociedade estrangeira no Brasil que depende de autorização do Poder Executivo para operar (CC, art. 1.134). Esse é um detalhe importante a ser observado para evitar solução de continuidade nos negócios. A filial de sociedade estrangeira operando no Brasil submete-se, integralmente, às regras tributárias aplicáveis às pessoas jurídicas aqui domiciliadas.

Na hipótese de a sociedade brasileira incorporar a sociedade estrangeira, essa entidade será extinta, no exterior, e o ativo e o passivo sucedidos pela empresa brasileira converter-se-ão em filial, no exterior. O tratamento legal da filial de sociedade estrangeira obedecerá ao direito do país onde esteja situada essa filial; os resultados auferidos pela filial brasileira, no exterior, serão consolidados aos da matriz, no Brasil, e assim gravados pelo imposto sobre a renda.

8.5 Tratamento tributário da incorporação internacional em face do direito brasileiro

A operação de incorporação, para a lei tributária brasileira, somente tem importância na medida em que envolve o pagamento de tributos relacionados à sociedade que se incorporou, seja ela nacional ou estrangeira detida por domiciliado no País. De fato, dispõe a Lei 9.430/96, art. 1º, § 1º, que a pessoa jurídica domiciliada no País que tiver o seu patrimônio absorvido em virtude de incorporação deverá levantar balanço específico na data do evento com o objetivo de apurar e pagar, se for o caso, o imposto sobre a renda[5] com base no lucro gerado entre a data do último balanço que serviu para cálculo do imposto e a data da incorporação. Da mesma forma, subsidiárias, no exterior, controladas ou coligadas, cujo patrimônio líquido seja absorvido por pessoa jurídica situada no Brasil, em virtude de incorporação, terão seus lucros computados, para fins de determinação do lucro real, no balanço levantado em 31 de dezembro do ano-calendário, pela controladora ou coligada (IN da SRF n. 213/2002, art. 2º, § 4º).

Outro aspecto relevante em matéria de direito tributário brasileiro é a responsabilidade por sucessão que se impõe à incorporadora, de tal sorte que ela responde por todos os débitos da sucedida (incorporada) na forma do Código Tributário Nacional, art. 132. Considerando-se os fatos, qualquer que seja o modelo de incorporação que venha a ser adotado, pessoa jurídica brasileira incorporadora ou incorporada, é certo que reflexos tributários importantes serão colhidos no Brasil.

8.6 Eventuais vantagens tributárias na incorporação internacional

8.6.1 A lei brasileira

Consoante o descrito, a sociedade brasileira adquiriu a participação na sociedade estrangeira mediante pagamento de ágio

[5] As mesmas regras são aplicáveis à Contribuição Social sobre o Lucro.

fundamentado em rentabilidade futura, o que lhe garante, consoante a Lei n. 9.532/97, art. 7º, III, o direito de deduzir o custo correspondente à mais-valia paga, na hipótese de incorporação de sua investida, à razão de um sessenta avos, no máximo, para cada mês do período de apuração seguinte à incorporação. Essa modalidade de dedução do ágio corresponde a uma antecipação do custo do investimento que, de outra forma, somente poderia ser deduzido na alienação ou liquidação da sociedade investida ou de sua sucessora. Observe-se que o mesmo tratamento é concedido na hipótese de a investidora ser incorporada por sua investida (Lei n. 9.532/97, art. 8º, *b*).

Duas hipóteses de incorporação podem ocorrer, com conseqüências diversas:

(i) sociedade brasileira incorporada pela sociedade estrangeira: ocorrerá a extinção da empresa brasileira, observados os requisitos da lei, constituindo-se, com o seu patrimônio líquido, filial de sociedade estrangeira no País. Observe-se que a incorporação envolve a extinção sem liquidação de sociedade, o que justifica ser a incorporadora sucessora da incorporada em seus direitos e obrigações. Os direitos e obrigações, inclusive de natureza tributária, da incorporada, por força da lei societária e civil, passam, pela sucessão universal, para a sociedade estrangeira, e podem concretizar-se, no Brasil, por meio de sua filial brasileira. O direito brasileiro, inclusive tributário, em nenhum momento veda que a sucessora dos direitos e obrigações seja sociedade estrangeira, inclusive autorizada a operar no País, excetuando-se, no que tange à sucessão, apenas aqueles direitos e obrigações cuja transferência seja expressamente vedada, como é o caso dos prejuízos fiscais da incorporada. Dessa forma, é possível ao grupo reorganizar-se aproveitando a dedução dos custos de investimento na subsidiária e, à filial de sociedade estrangeira, deduzir os custos de aquisição do investimento acima referido, na forma da lei.

A continuidade da vida tributária da sociedade extinta, através de sua filial, atende ao que Dario Stevanato aponta, em operações de reorganização societária internacional, como a manutenção da neutralidade fiscal, preservando-se as mesmas condições que as sociedades nacionais desfrutariam. A derrogação da neutralidade fiscal está vedada no direito brasileiro, na medida em que a sociedade incorporada já pagou o tributo que era devido, admitindo-se que a incorporadora se beneficie, por força da lei civil e societária, de todos os direitos diferidos da sociedade incorporada, inclusive a amortização dos custos referidos ao investimento no exterior, o ágio[6];

(ii) sociedade brasileira incorpora sociedade estrangeira: nesse caso estará sendo criada uma filial de sociedade brasileira, determinando a lei que a incorporada, no caso, subsidiária de sociedade brasileira que se extingue, tenha o lucro auferido até a data da incorporação, reconhecido no Brasil e tributado no final do ano-calendário. Observe-se que, novamente, a neutralidade fiscal estará sendo preservada, pois não se permitirá sejam os lucros da incorporada, no exterior, tratados de forma diversa dos lucros auferidos por sociedades incorporadas, no País, ou por subsidiárias, no exterior[7].

Dario Stevanato menciona, além da neutralidade fiscal e de sua eventual derrogação, a possibilidade de, inexistindo regras nacionais específicas sobre a matéria, o que não é o caso brasileiro, equiparar a extinção da sede da sociedade nacional, ou da estrangeira, à liquidação de sociedade, tributando-se rendas eventualmente existentes[8]. Observe-se, apenas para exemplificar, que a lei brasileira adotou como critério a tributação da totalidade dos lucros auferidos pela investida que se extingue.

---

[6] STEVANATO, Dario. *Op. cit.*, p. 334.

[7] Veja-se a Medida Provisória n. 2.158-35, de 2001, art. 74.

[8] STEVANATO, Dario. *Op. cit.*, p. 334.

8.6.2 Planejamento tributário como instrumento de gestão empresarial e sua limitação diante das normas gerais antielisivas

É princípio constitucional, no Brasil, a liberdade de contratar e de exercer a atividade econômica, vedando-se, apenas, na lei civil, o abuso do direito ou o seu exercício em excesso manifesto aos limites impostos pelo seu fim econômico ou social, pela boa-fé ou pelos bons costumes. Assim considerada, a operação de incorporação acima proposta não conflita em nenhum momento com o sistema jurídico, nem atenta contra direitos, pois os usa no contexto de seus fins econômicos e sociais, como previsto em lei. O principal fundamento da operação pretendida é a reestruturação dos negócios, mediante uso de instrumento legal, incorporação, o que a reveste de substância, essencial a dar causa ao negócio jurídico. Nessa situação, o planejamento tributário converte-se em instrumento de planejamento e gestão empresarial, observadas, sempre, as vedações e limitações do sistema jurídico. Por fim, ainda que se possa dizer que a operação internacional vale-se de previsão do sistema brasileiro que permite deduzir custos referentes à aquisição de investimentos, essa escolha é lícita e pretendida como o demonstram as ações tomadas pelas partes.

Em muitos países, os sistemas jurídicos adotaram normas antielisivas[9] com a finalidade de evitar a fuga à tributação da renda ou que ela se desloque para outros países onde a tributação seja mais baixa ou nenhuma (paraísos fiscais). No Brasil discute-se, desde há muito, a possibilidade ou não de se criarem normas antielisivas que operem por meio da analogia, tributando situações

[9] Denomina-se elisão o uso de instrumentos legais que permitem evitar ou reduzir o montante de tributo a pagar; a elisão em nenhum momento opera ou objetiva a ilicitude. As normas antielisivas objetivam minimizar ou evitar as possibilidades de economia tributária.

por mera semelhança e assim afastando os tipos descritos no sistema jurídico. A Lei Complementar n. 104/2001 alterou o art. 116 do Código Tributário Nacional para admitir que a autoridade administrativa desconsidere negócios jurídicos praticados com a finalidade de dissimular a ocorrência do fato gerador do tributo ou a natureza de elementos constitutivos da obrigação tributária, observados os procedimentos a serem estabelecidos em lei ordinária. Duas considerações sobre essa disposição cabem: esta não é norma antielisiva, pois que apenas trata da simulação em matéria tributária (aborda a dissimulação, que é o espelho da simulação) e, até o momento, não foi regulada.

Considerando-se que a operação de reorganização se processa no Brasil ao amparo da lei, parece difícil que se possa argüir simulação ou qualquer tipo de conduta ilícita (fraude) na incorporação internacional, com a única finalidade de deduzir um custo (a mais-valia). Essa conclusão, válida para o sistema jurídico brasileiro, deve ser analisada, entretanto, em face de regras aplicáveis às relações tributárias internacionais.

8.7 Indagações de natureza jurídico-tributária decorrentes da operação

8.7.1 O planejamento tributário internacional pretendido e a convenção para evitar a dupla tributação

Questão relevante a ser examinada diz respeito à prevalência da incorporação internacional e de seus reflexos perante o tratado para evitar a dupla tributação da renda firmado pelo Brasil com o país no qual está situada a subsidiária da empresa brasileira, envolvida na operação de incorporação que, como analisado, se concretizada no Brasil, permite a dedução da mais-valia correspondente ao ágio pago independentemente da alienação ou liquidação do investimento.

A possibilidade de se obter economias tributárias mediante o uso de sistemas jurídicos de países diferentes tem sido objeto de preocupação por parte da Organização para a Cooperação e Desenvolvimento Econômico – OCDE. Assim, nos Comentários[10] ao artigo 1º do Modelo de convenção para evitar a dupla tributação da renda, cuida-se, no item 7, do uso impróprio das convenções esclarecendo que os contribuintes podem valer-se, apesar das convenções, da possibilidade de extrair vantagens de diversas legislações, cabendo aos Estados envolvidos adotar formas para evitar tais manobras, inclusive normas nas respectivas convenções para evitar a aplicação de regras domésticas dessa natureza. Acresce, ainda, que a rede formada pelos acordos internacionais facilita manobras mediante o uso de construções artificiais, como seria o caso de uma pessoa criar uma sociedade em um dado país apenas para obter vantagens permitidas pelo tratado, as empresas ditas "*conduit*"[11]. Recomenda a OCDE, nesses casos, que se faça um acordo bilateral afastando os benefícios da lei doméstica ou evitando-se a aplicação dos benefícios da convenção.

Os comentários da OCDE fazem referência, também, à *bona fide* no exercício das atividades econômicas, princípio que enfatiza razões negociais nas operações e afasta o intuito de apenas obter vantagens. Os comentários também fazem referência às regras de países signatários de convênios, voltadas à forma e substância e à natureza dos rendimentos auferidos pelas sociedades controladas, que vêm sendo percebidas como regras de direito interno que não afetam as relações internacionais reguladas pelos convênios.

As reorganizações internacionais não são objeto dos tratados para evitar a dupla tributação por não envolverem fluxos de rendas

---

[10] **Model tax convention on income and on capital**: condensed version, OECD, p. 50-56, April 2000.

[11] Empresas constituídas apenas para manter participações em sociedades domiciliadas em outros países evitando a tributação da renda de participação societária.

suscetíveis de tributação entre dois ou mais Estados, no dizer de Dario Stevanato, daí estarem orientadas pelo princípio da neutralidade fiscal[12]. Entretanto, é importante observar se a regra interna referente à incorporação de sociedade coligada ou controlada enseja uma violação ao tratado, uma ruptura às regras nele contratadas. Heleno Taveira Tôrres[13] ensina que a transgressão voluntária, explícita ou implícita, das cláusulas de um tratado (*tax treaty override*) promovida por um ou por ambos os Estados contratantes, seja pela criação de regra interna com ele incompatível, seja pelo descumprimento de suas regras, consiste em violação que a Corte Permanente de Justiça considera como sujeita à reparação. A norma interna referente à incorporação e a conseqüente dedução do custo referente ao ágio, na presente situação, não tem qualquer das características expostas de transgressão das condições ajustadas no tratado, razão pela qual não se configura violação à regra internacional, permitindo-se às partes utilizá-la.

Considerando-se os comentários acima, a operação de incorporação internacional pretendida, com todos os reflexos tributários observados no Brasil, está autorizada pela lei interna e tem propósitos negociais, não representando qualquer modalidade de benefício que impeça a tributação de fluxos de renda ou qualquer outro tipo de violação ao tratado internacional que visa a evitar a dupla tributação de renda.

8.7.2 Planejamento tributário internacional e a soberania fiscal dos Estados

O poder de tributar é manifestação da soberania dos Estados,

---

[12] STEVANATO, Dario. *Op. cit.*, p. 331.

[13] TÔRRES, Heleno Taveira. Tratados y disposiciones nacionales. *In*: PISTONE, Pasquale; TÔRRES, Heleno Taveira. **Estudios de derecho tributario constitucional e internacional**: homenaje latinoamericano a Victor Uckmar. Buenos Aires: Depalma, 1998, p. 899-900.

exteriorizada pelo poder de obrigar os cidadãos residentes em um certo território ao pagamento de tributos, mediante o cumprimento da lei escrita e adotada pelos Estados. Somente quem tem competência para tributar tem competência para desonerar; logo cada Estado limita sua soberania em matéria tributária consoante seus interesses. O aproveitamento de vantagens contidas na lei tributária de um Estado, que tenha firmado acordo para evitar a dupla tributação da renda, por domiciliado no outro Estado que é parte nesse convênio, não parece atentar contra a soberania desse outro Estado de vez que a matéria tributária interna não é colhida pelo tratado nem por ele modificada. A esse propósito já se afirmou que a hipótese da lei interna não fere nem denuncia o tratado, nem dá ao outro Estado o direito de impedir a aplicação da norma interna em matéria tributária, sob pena de violar a soberania nacional[14].

Observe-se que a criação de uma filial de sociedade estrangeira, no Brasil ou no exterior, permitirá seja aplicada a cláusula convencional atinente aos gastos de direção incorridos pela sede ou matriz da sociedade e também aproveitados pela filial, no exterior, e essa pode ser tida como vantagem adicional no modelo de estrutura que se busca implementar. Dessa forma, tais custos podem ser rateados e atribuídos à filial e deduzidos no Estado onde ela esteja situada (cláusula 7 do modelo de tratado OCDE). Essa dedução não pode ser impedida pela autoridade fiscalizadora local sob pena de denúncia do tratado. De outra forma, a matriz pode ter dificuldades para deduzir os custos incorridos por conta de sua filial.

[14] Cf. XAVIER, Alberto. **Direito tributário internacional do Brasil**: tributação das operações internacionais. 5. ed. Rio de Janeiro: Forense, 1998, p. 17-20 e 682, em que há comentário sobre a *jurisdiction to enforce* e seus limites.

8.7.3 Intercâmbio de informações entre administrações tributárias

Alberto Xavier[15] atribui ao espírito de colaboração internacional a cláusula convencional negociada com a finalidade de os Estados contratantes se auxiliarem, mutuamente, fornecendo informações, reconhecendo e executando atos administrativos estrangeiros. Essa ajuda recíproca, sem dúvida, colabora também para o adequado fluxo internacional de negócios que em bases globais cada vez exige maior dinamismo. Do ponto de vista prático, a matéria não tem evoluído a contento, embora seja de extrema relevância na atualidade quando muitos investidores buscam países de baixa ou nenhuma tributação da renda (paraísos fiscais) com o propósito de subtrair-se ao pagamento do imposto em seus países de domicílio.

Claudino Pita[16] reporta que o problema é grave entre os países da América Latina, constituindo-se em desafio implementar um adequado intercâmbio de informações para combater a evasão tributária em todas as suas modalidades. Na hipótese concreta sob análise, considerando-se que a cláusula contratual é de obrigatória observância pelas partes, qualquer tipo de informação solicitada pelo outro Estado envolvido deverá ser atendida.

8.7.4 A relação matriz-filial e os preços de transferência

Com a finalidade de minimizar a transferência de renda para fora de sua jurisdição, os países vêm adotando regras internas ati-

---

15 XAVIER, Alberto. *Op. cit.*, p. 687.

16 PITA, Claudino. Intercambio de informaciones entre administraciones tributarias. *In*: PISTONE, Pasquale; TÔRRES, Heleno Taveira. **Estudios de derecho tributario constitucional e internacional**: homenaje latinoamericano a Victor Uckmar. Buenos Aires: Depalma, 1998, p. 743-760.

nentes ao controle dos preços praticados em operações de importação e exportação entre pessoas ligadas. No Brasil, a regra foi introduzida pela Lei n. 9.430/96 e alterações posteriores. Tendo em vista o fruto da incorporação internacional pretendida, institui-se relação entre matriz e filial que, na hipótese de envolver operações internacionais com mercadorias, bens, direitos e serviços, atrairá a aplicação da norma interna sobre a matéria.

A operação sob análise se processa com país com o qual o Brasil mantém acordo internacional, o que significa que a lei brasileira sobre a matéria deverá considerar as disposições convencionais. É princípio constitucional (art. 5º, § 2º, da CF) e expresso no Código Tributário Nacional (art. 98) o respeito aos tratados internacionais e sua prevalência sobre a lei interna em matéria tributária. O modelo de tratado para evitar a dupla tributação da renda adotado no Brasil é o emanado da OCDE que, em seu art. 9º, somente admite a adoção do princípio do *arm's lenght*[17], afastando quaisquer outras metodologias, inclusive aquelas descritas pela Lei n. 9.430/96[18].

8.8 A sucessão na incorporação internacional e a formalização operacional e documental de uma incorporação internacional

Como já foi comentado, diante do direito brasileiro, a incorporadora sucederá a incorporada em direitos e obrigações, estejam estes no País ou no exterior, sem solução de continuidade, obser-

[17] Princípio pelo qual as partes relacionadas devem negociar em condições idênticas àquelas que negociam com terceiros.

[18] Sobre a matéria cf. XAVIER, Alberto. Pressupostos e limites de aplicação dos métodos de apuração dos preços de transferência da Lei n. 9.430/96 face ao art. 9º dos Tratados contra a Dupla Tributação. **Revista de Direito Tributário Internacional**, São Paulo, n. 1, p. 17-36, 2006.

vadas, apenas, as exigências legais e burocráticas dos Estados envolvidos. No Brasil, a formalização operacional e documental de uma incorporação internacional deve seguir a mesma tramitação de uma incorporação local, indagando-se do direito do local de domicílio da investida, se alguma especial formalidade deve ser cumprida, dando-se, na forma da LICC, todos os efeitos necessários para que se possam produzir no País.

REFERÊNCIAS

Doutrina:

MIRANDA, Francisco Cavalcanti Pontes de. **Tratado de direito privado**: parte especial. 4. ed. São Paulo: Revista dos Tribunais, 1983. t. 51.

OECD Committee on Fiscal Affairs. **Model Tax Convention on Income and on Capital**: condensed version. April, 2000.

PITA, Claudino. Intercambio de informaciones entre administraciones tributarias. *In*: PISTONE, Pasquale; TÔRRES, Heleno Taveira. **Estudios de derecho tributario constitucional e internacional**: homenaje latinoamericano a Victor Uckmar. Buenos Aires: Depalma, 1998.

STEVANATO, Dario. Las reorganizaciones internacionales de empresas. *In*: PISTONE, Pasquale; TÔRRES, Heleno Taveira. **Estudios de derecho tributario constitucional e internacional**: homenaje latinoamericano a Victor Uckmar. Buenos Aires: Depalma, 1998.

STRENGER, Irineu. **Direito internacional privado**. 5. ed. São Paulo: LTr, 2003.

TÔRRES, Heleno Taveira. Tratados y disposiciones nacionales. *In*: PISTONE, Pasquale; TÔRRES, Heleno Taveira. **Estudios de derecho tributario constitucional e internacional**: homenaje latinoamericano a Victor Uckmar. Buenos Aires: Depalma, 1998.

XAVIER, Alberto. **Direito tributário internacional do Brasil**: tributação das operações internacionais. 5. ed. Rio de Janeiro: Forense, 1998.

______. Pressupostos e limites de aplicação dos métodos de apuração dos preços de transferência da Lei n. 9.430/96 face ao art. 9º dos Tratados contra a Dupla Tributação. **Revista de Direito Tributário Internacional**, São Paulo, Quartier Latin, n. 1, p. 17-36, 2006.

Legislação:

Lei n. 6.404, de 15-12-1976.

Código Civil Brasileiro (Lei n. 10.406, de 10-1-2002).

Instrução Normativa SRF n. 213/2002.

Lei de Introdução ao Código Civil (Decreto-Lei n. 4.657, de 4-9-1942).

Lei n. 9.532, de 10-12-1997.

Medida Provisória n. 2.158-35, de 24-8-2001.

9 ESTABELECIMENTO PERMANENTE

Roberto França de Vasconcellos

Coordenador e professor do programa de educação continuada e especialização em Direito GVlaw, LLM em Direito Tributário Internacional pela Universidade de Munique, doutor em Direito Econômico-Financeiro pela Universidade de São Paulo, advogado e sócio do escritório Maitto, Vieira, Silva e Vasconcellos Advogados

Rodrigo Maitto da Silveira

Mestre e doutorando em Direito Econômico e Financeiro pela Universidade de São Paulo, conselheiro titular da 4ª Câmara do Conselho Municipal de Tributos, advogado e sócio do escritório Maitto, Vieira, Silva e Vasconcellos Advogados.

9.1 Colocação do problema

Uma instituição financeira japonesa (doravante designada "Banco Nipônico"), após constatar a alta lucratividade do setor no Brasil, decide ingressar no mercado brasileiro para promover o fomento de atividades industriais mediante a concessão de empréstimos bancários a clientes brasileiros.

Ocorre que os dirigentes do Banco Nipônico ainda não decidiram sob qual forma a instituição deverá atuar no Brasil. Em estudos preliminares, que tiveram por objeto **exclusivamente os aspectos tributários**, aventou-se a possibilidade de:

(i) constituição de uma filial – os contratos seriam assinados no Brasil e os juros (e principal) pagos diretamente à filial brasileira;

(ii) abertura de um escritório comercial onde os contratos seriam assinados – o empréstimo viria do Japão e para lá deveriam ser remetidos os juros (e principal);

(iii) envio de representantes comerciais ao Brasil sem poderes para assinar contratos, restringindo-se a sua atividade a intermediar os negócios entre os clientes brasileiros e o Banco Nipônico, de tal forma que os contratos de mútuo seriam celebrados no Japão – neste caso, do mesmo modo que relatado no item anterior, o dinheiro viria do Japão e para lá seria remetido o pagamento dos juros (assim como do equivalente ao principal).

Além da tributação incidente sobre o pagamento de juros, preocupam-se também os dirigentes japoneses com a forma pela qual se dará a imputação de lucro e respectiva tributação pelo imposto de renda, da atividade exercida pelo Banco Nipônico em território brasileiro, à luz da legislação nacional e do tratado contra a bitributação firmado entre Brasil e Japão ("Tratado Brasil-Japão")[1].

Em outras palavras, o objeto principal da presente consulta consiste na análise das conseqüências fiscais da eventual caracterização de estabelecimento permanente do Banco Nipônico, em virtude da adoção de alguma das formas de atuação acima destacadas.

9.2 Conceitos envolvidos na solução da consulta

Para orientar o Banco Nipônico sobre a melhor maneira de atuar no Brasil, especialmente em vista dos diferentes tratamentos tributários possíveis, é necessário o prévio conhecimento dos conceitos de residência fiscal e estabelecimento permanente, tanto à luz do direito brasileiro, como à luz do Tratado Brasil-Japão, naquilo que for relevante para o caso em tela.

Em linhas gerais, as hipóteses de atuação acima relacionadas (filial, escritório comercial e representantes comerciais)[2] dizem

[1] Esse tratado foi promulgado pelo Decreto n. 61.899/67.

[2] Seria possível a constituição de uma subsidiária brasileira do Banco Nipônico (que poderia ser denominada, por exemplo, como Banco Nipônico do Brasil S/A), situação que configuraria, sob a perspectiva do investidor estrangeiro (matriz), uma atuação indireta no Brasil. O tratamento tributário dessa subsidiária seria o mesmo aplicável às pessoas jurídicas residentes, ou seja, aplicar-se-ia o regime tributário conferido às empresas brasileiras em geral, por se tratar de uma pessoa jurídica constituída sob as leis brasileiras e residente no país. Além disso, haveria outras conseqüências tributárias, dentre as quais podemos citar: (i) a disponibilização dos lucros da subsidiária brasileira para a sua controladora no exterior (i.e. Banco Nipônico - Matriz) seria tratada no Brasil como distribuição de lucros ou dividendos, a qual é isenta para fins de tributação (cf. art. 10 da Lei n. 9.249/95); (ii) os resultados da subsidiária devem ser computados de forma individualizada,

respeito à atuação direta, no Brasil, de uma empresa não-residente, qual seja, o Banco Nipônico.

Nesse sentido, é essencial identificar o tratamento tributário conferido a uma empresa não-residente e, sobretudo, se haveria alguma diferença do ponto de vista fiscal entre a atuação por meio de filial, escritório comercial ou representantes comerciais.

9.2.1 A caracterização de residência para fins tributários no Brasil

Como premissa, tem-se que a expressão "residência fiscal" diz respeito ao âmbito de incidência das normas tributárias de cada país, correspondendo a um elemento de conexão subjetivo, que justifica a tributação de determinada pessoa pelo país onde se caracterizar a sua residência fiscal, normalmente em bases globais.

De uma forma geral, os países utilizam os seguintes critérios cuja aplicação isolada ou conjunta serve para determinar a residência fiscal de uma sociedade: (i) lugar da constituição ou incorporação; (ii) lugar da sede social; (iii) lugar da direção efetiva ou sede da administração; (iv) lugar da direção ou do poder de controle; (v) lugar da atividade principal; e (vi) estabelecimento de direção principal.

na proporção da participação da controladora em seu capital, sendo vedada a utilização de prejuízos da subsidiária brasileira para a compensação dos lucros de outra eventual subsidiária do Banco Nipônico, ainda que ambas sejam residentes no Brasil; (iii) a depender do que estabelece a legislação tributária japonesa a respeito de medidas unilaterais contra a bitributação, o imposto de renda pago pela subsidiária brasileira poderia ser compensado com o imposto devido no Japão pela matriz. De rigor, cumpre mencionar que a utilização de subsidiária favorece a adoção de planejamentos tributários (visando, por exemplo, a consolidação, pela matriz, de resultados auferidos pela subsidiária; bem como o eventual diferimento da tributação, no Japão, dos lucros distribuídos pela subsidiária brasileira, se prevista tal incidência pela legislação japonesa) que não podem ser adotados no caso de atuação no país por meio de filiais ou outras formas de atuação direta.

No Brasil, a residência fiscal é caracterizada a partir do conceito de domicílio fiscal[3], atrelado à definição de pessoa jurídica de que trata o art. 147 do RIR/99. Segundo esse dispositivo normativo, são consideradas pessoas jurídicas para fins tributários:

(i) as pessoas jurídicas de direito privado domiciliadas no País, sejam quais forem seus fins, nacionalidade ou participantes no capital;

(ii) as filiais, sucursais, agências ou representações no País das pessoas jurídicas com sede no exterior;

(iii) os comitentes domiciliados no exterior, quanto aos resultados das operações realizadas por seus mandatários ou comissários no País.

Ou seja, para fins da legislação fiscal brasileira (em matéria de imposto de renda, sobretudo), a residência fiscal é caracterizada pelo simples fato de uma pessoa jurídica atuar em território nacional, com domicílio no país, sendo irrelevante a sua nacionalidade.

O conceito de residência ou domicílio não pode ser confundido com o conceito de nacionalidade, porquanto, de acordo com o art. 60 do Decreto-Lei n. 2.627/40, para que uma pessoa jurídica seja considerada de nacionalidade brasileira, sua constituição deve ter sido realizada à luz da legislação brasileira, bem como sua sede deve estar situada no Brasil. São dois requisitos cumulativos, portanto, cuja presença é fundamental para a atribuição de nacionalidade brasileira à pessoa jurídica.

9.2.2 O conceito de pessoa residente para fins do Tratado Brasil-Japão

Inicialmente, é importante mencionar que os tratados contra a bitributação celebrados pelo Brasil foram negociados com base

[3] *Vide* art. 212 do Decreto n. 3.000/99 (Regulamento do Imposto de Renda – RIR/99).

na chamada Convenção Modelo da Organização para Cooperação e Desenvolvimento Econômico – OCDE.

O artigo 4º da Convenção Modelo da OCDE adota, como critério para determinar a residência fiscal de indivíduos (pessoas físicas) ou entidades em geral, de um lado (i) o seu domicílio, a sua residência, o local de direção ou qualquer outro critério de natureza similar, e de outro (ii) o fato de essas pessoas ou entidades estarem sujeitas à tributação no país em que estiverem situadas em vista de algum desses critérios.

No Tratado Brasil-Japão, o artigo 3º, § 1º, determina que a residência fiscal é caracterizada quando, em virtude da legislação do país, esteja o indivíduo ou entidade nele sujeita à tributação pelo imposto de renda, justamente em função de seu domicílio, sua residência, sua sede de direção ou qualquer outro critério de natureza análoga.

9.2.3 O conceito de estabelecimento permanente

A noção de estabelecimento permanente (ou estável) compreende a identificação de um critério de conexão de uma pessoa jurídica estrangeira (não-residente) com o território do país em que se localiza tal estabelecimento, em virtude da presença de uma base fixa de negócios ali instalada, configurando, assim, um centro de imputação jurídica.

Com efeito, a partir da caracterização de um estabelecimento permanente é possível conferir a uma pessoa jurídica não-residente, para fins tributários, o mesmo regime tributário aplicável às demais pessoas jurídicas residentes no país.

Os estabelecimentos permanentes podem ser classificados como materiais ou pessoais. Os primeiros correspondem a instalações materiais fixas, compostas de meios materiais e pessoais, por intermédio das quais se exerce atividade empresarial. A sua configuração pressupõe: (i) a presença de uma base fixa (instalação), (ii) a permanência estável dessa base fixa, (iii) a conexão (relação de pertinência) de sua atividade com as atividades da empresa matriz (não-residente), e (iv) a capacidade desse estabelecimento de produzir rendimentos.

Os estabelecimentos permanentes pessoais, por sua vez, sendo desprovidos de instalações materiais fixas de negócios, decorrem de estipulação contratual, sendo a sua presença, num país estrangeiro, aferida a partir da utilização de intermediários (mandatários, comissários, agentes etc.) ali situados. Em outras palavras, a pessoa jurídica não-residente atua sem uma instalação material fixa de negócios, mas com o auxílio de uma pessoa (terceiro) residente que, por vínculo contratual, substitua e represente, para todos os efeitos comerciais, aquela empresa estrangeira.

No direito brasileiro não há uma definição do conceito de estabelecimento permanente, mas tão-somente a indicação do conceito de pessoa jurídica passível de tributação, conforme tratado acima.

Disso decorre que a aferição quanto à existência de um centro de imputação jurídica, para fins fiscais, pertencente à pessoa jurídica não-residente, fica atrelada à definição de pessoa jurídica sujeita à tributação, nos termos do já mencionado art. 147 do RIR/99[4]. Neste caso, o regime tributário aplicável aos não-residentes é o de equiparação às pessoas jurídicas brasileiras, o que significa dizer que, uma vez que a noção de pessoa jurídica, para fins tributários, engloba formas de atuação direta por parte de não-residentes, tais como filiais, sucursais, escritórios comerciais e representantes de forma geral, o regime tributário a eles aplicável, nestes casos, é praticamente[5] o mesmo que aquele conferido às pessoas jurídicas residentes no país.

[4] O art. 126, III, do Código Tributário Nacional prescreve que a capacidade tributária passiva independe da regular constituição da pessoa jurídica, bastando a sua configuração como unidade econômica ou profissional.

[5] Entretanto, não se aplica a tributação universal nesse regime de equiparação, ficando o não-residente sujeito à chamada força de atração restrita (ou limitada),

Na hipótese inversa, em que seja aplicável um tratado contra a bitributação, a existência de um estabelecimento permanente será apurada à luz do que determina esse tratado, ficando, em princípio[6], suspensa a caracterização oferecida pela legislação interna (*in casu*, o conceito de pessoa jurídica referido no art. 147 do RIR/99).

9.2.4 O conceito de estabelecimento permanente no Tratado Brasil-Japão

A Convenção Modelo da OCDE prevê, em seu artigo 5º, § 1º, que, *"para os fins desta Convenção, o termo estabelecimento permanente significa sede fixa de negócios onde uma empresa exercita, no todo ou em parte, a sua atividade"*. Essa mesma definição geral é encontrada no artigo 4º, § 1º, do Tratado Brasil-Japão.

Basicamente, a redação do artigo 4º do Tratado Brasil-Japão difere do artigo 5º da Convenção Modelo da OCDE no que diz respeito ao que compreende a expressão "estabelecimento permanente" e o que dela se exclui, para fins de aplicação do tratado. Confira-se, a título comparativo, as redações desses dois dispositivos:

segundo a qual somente são tributáveis, ainda que de forma global (não isolada) e líquida (já que se permite sejam efetuadas deduções), os rendimentos de fonte brasileira que estejam conectados à forma de atuação do não-residente no território brasileiro, que tenha permitido a caracterização de pessoa jurídica para fins fiscais (o que, em última instância, pode ser considerado como um estabelecimento permanente, embora não seja assim definido pela legislação tributária brasileira). Note-se que apenas os rendimentos auferidos pela pessoa jurídica não-residente por intermédio do estabelecimento permanente é que ficam sujeitos à tributação nos termos acima indicados, pela força de atração restrita. Eventuais outros rendimentos obtidos pela referida empresa, sem a participação do estabelecimento permanente, ficam sujeitos à tributação da fonte, pela regra geral de tributação dos não-residentes.

[6] Tal afirmação é passível de ressalva, na medida em que se constate, no caso concreto, uma situação em que a caracterização de estabelecimento permanente contida no tratado não contemple e tampouco excetue uma instalação fixa de negócios cuja caracterização como estabelecimento permanente seja dada pela legislação interna do país em que tal estabelecimento esteja presente.

Convenção Modelo da OCDE	Tratado Brasil-Japão
Artigo 5º – Estabelecimento permanente 1) Para efeitos desta Convenção, a expressão "estabelecimento permanente" significa uma instalação fixa, através da qual a empresa exerça toda ou parte da sua atividade. 2) A expressão "estabelecimento permanente" compreende, especialmente: a) um local de direção; b) uma sucursal; c) um escritório; d) uma fábrica; e) uma oficina; e f) uma mina, um poço de petróleo ou gás, uma pedreira ou qualquer local de extração de recursos naturais. 3) Um local ou um estaleiro de construção ou de montagem só constitui um estabelecimento permanente se a sua duração exceder doze meses. 4) Não obstante as disposições anteriores deste artigo, a expressão "estabelecimento permanente" não compreende: a) as instalações utilizadas unicamente para armazenar, expor ou entregar mercadorias pertencentes à empresa; b) um depósito de mercadorias pertencentes à empresa, mantido unicamente para sua armazenagem, exposição ou entrega;	Artigo 4º 1) Na presente Convenção, a expressão "estabelecimento permanente" designa uma instalação fixa de negócios em que a empresa exerça toda ou parte de sua atividade. 2) A expressão "estabelecimento permanente" abrange, especialmente: a) uma sede de direção; b) uma sucursal; c) um escritório; d) uma oficina; e) uma fábrica; f) um depósito; g) uma mina, uma pedreira ou qualquer outro local de extração de recursos naturais; h) um local de edificação ou de construção ou montagem de projeto cuja duração exceda seis meses. 3) A expressão "estabelecimento permanente" não abrange: a) a manutenção de um estoque de bens ou mercadorias pertencentes à empresa unicamente para fins de transformação por uma outra empresa; b) a manutenção de uma instalação fixa de negócios unicamente para fins de comprar bens ou mercadorias ou para obter informações para a empresa;

<table>
<tr>
<td>c) um depósito de mercadorias pertencentes à empresa, mantido unicamente para serem transformadas por outra empresa;
d) uma instalação fixa, mantida unicamente para comprar mercadorias ou reunir informações para a empresa;
e) uma instalação fixa, mantida unicamente para exercer, para a empresa, qualquer outra atividade de caráter preparatório ou auxiliar;
f) uma instalação fixa, mantida unicamente para o exercício de qualquer combinação das atividades referidas nos subparágrafos a) a e), desde que a atividade do conjunto da instalação fixa resultante desta combinação seja de caráter preparatório ou auxiliar.
5) Não obstante o disposto nos parágrafos 1º e 2º, quando uma pessoa – que não seja um agente independente, ao qual se aplica o parágrafo 6º – atue por conta de uma empresa e tiver, e habitualmente exercer, num Estado contratante, poderes para concluir contratos em nome da empresa, será considerado que esta empresa</td>
<td>c) a utilização de instalação unicamente para fins de armazenagem, exposição ou expedição de bens ou mercadorias pertencentes à empresa[7];
d) a manutenção de um estoque de bens ou mercadorias pertencentes à empresa unicamente para fins de armazenagem, exposição ou expedição[8];
e) a manutenção de uma instalação fixa de negócios unicamente para fins de publicidade, para fornecimento de informações, para investigação científica ou atividades análogas, de caráter preparatório ou auxiliar para a empresa.
4) Uma pessoa que atue num dos Estados Contratantes por conta de uma empresa de outro Estado Contratante – e desde que não seja um agente que goze de um status independente, contemplado no parágrafo (5) – será considerada como "estabelecimento permanente" no primeiro Estado Contratante se:
a) tiver, e habitualmente exercer naquele Estado Contratante, autoridade para concluir contratos</td>
</tr>
</table>

[7] Em troca de notas ocorrida em 23-3-1976 entre os governos brasileiro e japonês, foi assinado um memorando de entendimentos sobre a interpretação desse dispositivo, cujo teor é o seguinte: *"Com referência aos subparágrafos (c) e (d) do parágrafo 3º do Artigo 4º da Convenção, a expressão 'unicamente para fins de armazenagem, exposição ou expedição' designa o caso em que nenhuma operação de venda seja levada a efeito no país em que tais instalações estejam situadas".*

[8] Ver nota anterior.

tem um estabelecimento estável nesse Estado relativamente a qualquer atividade que essa pessoa exerça para a empresa, a não ser que as atividades de tal pessoa se limitem às indicadas no parágrafo 4º, as quais, se forem exercidas através de uma instalação fixa, não permitiriam considerar esta instalação fixa como um estabelecimento permanente, de acordo com as disposições desse parágrafo. 6) Não se considera que uma empresa tem um estabelecimento estável num Estado contratante pelo simples fato de exercer a sua atividade nesse Estado por intermédio de um corretor, de um comissário-geral ou de qualquer outro agente independente, desde que essas pessoas atuem no âmbito normal da sua atividade. 7) O fato de uma sociedade residente de um Estado contratante controlar ou ser controlada por uma sociedade residente do outro Estado contratante ou que exerce a sua atividade nesse outro Estado (quer seja por meio de um estabelecimento permanente, quer de outro modo) não é, por si, bastante para fazer qualquer dessas sociedades estabelecimento permanente da outra.	em nome da empresa, a não ser que suas atividades sejam limitadas à compra de bens ou mercadorias para a empresa; ou b) mantiver naquele Estado Contratante um estoque de bens ou mercadorias pertencentes à empresa com o qual regularmente atenda a pedidos em nome da empresa, consecutivamente a um contrato previamente concluído pela empresa sem especificação quer da quantidade a ser entregue, quer da data e do lugar de entrega. 5) Uma empresa de um Estado Contratante não será considerada como tendo um estabelecimento permanente no outro Estado Contratante pelo simples fato de aí exercer a sua atividade por intermédio de um corretor, de um comissário-geral ou de qualquer outro intermediário que goze de um *status* independente, desde que essas pessoas atuem no âmbito normal da sua atividade. 6) O fato de uma companhia residente num dos Estados Contratantes controlar ou ser controlada por uma companhia residente no outro Estado Contratante ou que aí exerça a sua atividade (quer seja através de um estabelecimento permanente, quer não) não é por si só bastante para fazer de qualquer dessas companhias estabelecimento permanente da outra.

	7) Uma empresa de um Estado Contratante será considerada como tendo um estabelecimento permanente no outro Estado Contratante se exercer atividades que consistam no todo ou em parte em oferecer, naquele outro Estado Contratante, os serviços de participantes em diversões públicas mencionados no artigo 15.

É relevante destacar que o artigo 4º do Tratado Brasil-Japão contempla disposições relacionadas tanto à caracterização de estabelecimento permanente material como também algumas sobre o estabelecimento permanente pessoal.

Considerando as características básicas do estabelecimento permanente material (base fixa e estável de negócios, cuja atividade guarde relação de pertinência com as atividades da empresa não-residente, e apresente capacidade de produzir rendimentos), a leitura do artigo 4º, §§ 1º a 3º, do Tratado Brasil-Japão permite concluir se, no caso concreto, determinado estabelecimento preenche ou não os requisitos que o enquadrem dentro do conceito oferecido pelo tratado.

Quanto ao estabelecimento permanente pessoal, os §§ 4º e 5º do referido artigo 4º indicam em que termos uma pessoa, ao representar uma empresa não-residente, pode ser assim considerada. Ganha destaque, neste momento, o papel desempenhado por representante[9], agente[10], mandatário[11] ou comissário[12], porquanto

[9] A noção de representação é bastante ampla, podendo ser considerada sob vários aspectos. Em termos jurídicos, revela-se como representante de sociedade estrangeira autorizada a funcionar no país aquele de que trata o art. 1.138 do Código Civil (Lei n. 10.406/2002). Por outro lado, para fins exclusivamente comerciais,

todos eles são passíveis de caracterização de um estabelecimento permanente, desde que, acobertados por vínculo contratual e detentores de poder para assinar contratos em nome da empresa não-residente, gerem negócios (rendimentos) em favor dessa empresa. Além disso, para que um representante, agente, mandatário ou comissário de uma empresa não-residente possa ser reputado um estabelecimento permanente, é necessário que haja uma relação de dependência com a empresa não-residente.

---

destaca-se a figura do representante comercial, cuja atividade é autônoma, nos termos da Lei n. 4.886/65. Segundo este diploma normativo, o representante comercial, a rigor, não poderia ser considerado um estabelecimento permanente de empresa não-residente, na medida em que não há uma relação de dependência entre ambos. De qualquer forma, na situação concreta em que se constate tal relação de dependência, bem como os demais requisitos pertinentes, poderá um representante ser, para fins fiscais, considerado como estabelecimento permanente de empresa não-residente.

[10] Em regra, o agente assume, em caráter não eventual e sem vínculos de dependência, a obrigação de promover, à conta de outra pessoa (empresa não-residente, por exemplo), mediante retribuição, a realização de certos negócios, em zona determinada, caracterizando-se a distribuição quando o agente tiver à sua disposição a coisa a ser negociada. A atuação do agente é disciplinada, no Brasil, pelos artigos 710 a 721 do Código Civil. Note-se que, do mesmo modo que no caso do representante comercial, só haverá sentido falar-se na possibilidade de caracterizar o agente como estabelecimento permanente se presentes a relação de dependência (o que não seria algo comum) com empresa não-residente e possua ele poderes para firmar contratos em nome dessa empresa.

[11] O mandatário é aquele que recebe poderes de uma pessoa para, em seu nome, praticar atos ou administrar interesses (cf. arts. 653 a 691 do CC). Pelas suas características, o mandato pode perfeitamente, pela sua própria conformação legal, dar ensejo à caracterização do mandatário, como estabelecimento permanente pessoal de um mandante não-residente.

[12] O comissário responsabiliza-se pela compra ou venda de bens em seu próprio nome, à conta de terceiro (comitente), observadas a disciplina contida nos arts. 693 a 709 do Código Civil. Como no caso do mandatário, o comissário também é mais facilmente passível de caracterização como estabelecimento permanente de empresa não-residente.

9.3 Regime tributário aplicável aos não-residentes

A tributação dos não-residentes está escorada no princípio da territorialidade. Assim, são eles tributados apenas em relação aos rendimentos de fonte brasileira, ou seja, originados no país (tributação isolada[13]). Com efeito, os não-residentes não são tributados em bases universais, até porque ausente o critério de conexão pessoal (residência) capaz de justificar a tributação nesses termos[14].

Nesse sentido, como regra geral, no regime tributário aplicável aos não-residentes, os rendimentos de fonte brasileira ficam sujeitos à retenção na fonte, sendo este o mecanismo utilizado para se cobrar o imposto. Vale destacar que a obrigação de retenção na fonte, pelo agente pagador dos referidos rendimentos, é constituída por força de uma atribuição de responsabilidade.

Há, entretanto, situações excepcionais[15], em que o não-residente, por possuir no território brasileiro uma filial, sucursal ou

[13] O tratamento isolado diz respeito à tributação na fonte de rendimentos (em valor bruto) auferidos em razão de atuação pontual, não exercida por meio de estabelecimento permanente, de uma pessoa jurídica não-residente. Trata-se, portanto, do tratamento tributário aplicável aos não-residentes, escorado no princípio da territorialidade (critério de tributação na fonte).

[14] Uma vez que não-residentes, por óbvio, possuem residência fiscal em outro país, surge a possibilidade de haver uma dupla pretensão impositiva, quando esse outro país tribute a renda dos seus residentes pelo princípio da universalidade. Daí a importância das medidas unilaterais (previstas na legislação fiscal interna dos países envolvidos) para evitar ou mitigar a bitributação.

[15] Dentre tais situações excepcionais, a legislação brasileira equipara os não-residentes a pessoas residentes no país, para fins de tributação de: (i) ganhos de capital na alienação de bens e direitos, (ii) aplicações financeiras de renda fixa, (iii) aplicações financeiras em fundos e clubes de investimento, e (iv) ganhos líquidos em operações de renda variável. Note-se que, nestes casos, a equiparação não ocorre em função da presença de filial, sucursal, escritório de representação ou representantes de não-residentes.

representantes (comissários ou mandatários), é equiparado aos residentes para fins tributários. Nestes casos, há a chamada força de atração restrita atribuída ao estabelecimento brasileiro da empresa não-residente. O pressuposto, portanto, é a tributação, no Brasil, dos rendimentos gerados por meio desse estabelecimento. Ou seja, somente são tributados os rendimentos gerados no Brasil e que sejam atribuíveis a tal estabelecimento. Em contrapartida, a força de atração restrita permite a dedutibilidade dos ônus (despesas) e dos custos incorridos no território brasileiro[16], sob a justificativa de manutenção e permanência da atividade produtiva do estabelecimento brasileiro do não-residente[17].

A força de atração restrita[18] não conflita com o tratamento tributário isolado dos rendimentos (regra geral), mas, ao contrário,

---

[16] *Vide* art. 397 do RIR/99.

[17] A chamada força de atração plena, por sua vez, parte do princípio de que todos os rendimentos auferidos no país por uma empresa não-residente (matriz), por intermédio ou não do estabelecimento permanente nele situado, devem ser imputados a este mesmo estabelecimento permanente, que atrairia todos os rendimentos.

[18] A força de atração restrita está contemplada no artigo 7º da Convenção Modelo da OCDE, que trata da tributação dos lucros de empresas. Os tratados contra a bitributação celebrados pelo Brasil seguem, nesse particular, o referido artigo 7º da Convenção Modelo, albergando, portanto, a força de atração restrita dos estabelecimentos permanentes. No caso específico do Tratado Brasil-Japão, os §§ 1º a 3º do artigo 5º prescrevem:

"Artigo 5º

1) Os lucros de uma empresa de um Estado Contratante são tributáveis somente nesse Estado Contratante a menos que a empresa realize negócios no outro Estado Contratante por intermédio de um estabelecimento permanente aí situado. Se a empresa realizar negócios na forma indicada, os seus lucros são tributáveis no outro Estado Contratante, mas unicamente na medida em que forem atribuíveis a esse estabelecimento permanente.

2) Quando uma empresa de um Estado Contratante realizar negócios no outro Estado Contratante, através de um estabelecimento permanente aí situado, em cada um dos Estados Contratantes serão atribuídos a esse estabelecimento permanente os lucros que porventura teria caso constituísse uma empresa distinta e

toma-o como pressuposto, na medida em que limita a tributação aos rendimentos de fonte situada no país considerado (no qual se encontra o estabelecimento permanente), sendo mais abrangente, contudo, no sentido de não simplesmente tomar como base de cálculo o rendimento bruto, permitindo a dedução de custos e despesas correspondentes.

Para melhor visualizar como se dá a tributação dos não-residentes, no Brasil, segue abaixo esquema proposto por Xavier[19]:

- Residentes no Exterior
  - Residentes no exterior *com filiais, sucursais ou representantes no Brasil* – regime de equiparação a pessoa jurídica domiciliada no Brasil
  - Residentes no exterior *sem filiais, sucursais ou representantes no Brasil*
    - Regime geral – tributação analítica por retenção na fonte sobre o rendimento bruto

isolada, ocupando-se das mesmas atividades ou de atividades semelhantes sob condições idênticas ou análogas, e transacionando com absoluta independência com a empresa de que é um estabelecimento permanente.

3) Na determinação dos lucros de um estabelecimento permanente, serão permitidas as deduções de despesas que sejam realizadas para a consecução dos objetivos do estabelecimento permanente, incluindo despesas de administração e encargos gerais de direção assim realizados. (...)".

[19] XAVIER, Alberto. **Direito internacional tributário do Brasil**. 6. ed. reformulada e atualizada. Rio de Janeiro: Forense, 2004, p. 502.

Residentes no Exterior	Residentes no exterior *sem filiais, sucursais ou representantes no Brasil*	Regimes especiais de equiparação a residentes no Brasil	Ganhos de capital na alienação de bens e direitos Aplicações[20] financeiras em geral

Em suma, a depender dos tipos de operação praticada pela empresa não-residente, poderá ela ficar sujeita à tributação territorial em caráter isolado e definitivo, sobre os rendimentos brutos auferidos de fontes brasileiras (regra geral), ou, então, sujeita aos regimes especiais segundo os quais os rendimentos auferidos pelos não-residentes recebem o mesmo tratamento dado aos rendimentos dos residentes no país (aplicável no caso de filiais, sucursais, representantes etc.).

9.3.1 Regime tributário brasileiro aplicável às filiais ou sucursais de empresas estrangeiras

A filial (ou sucursal), porquanto não dotada de personalidade jurídica própria, é considerada uma extensão da empresa matriz. Possui a filial, entretanto, autonomia jurídico-tributária (conforme visto anteriormente) e contábil. Pode-se dizer que, para fins dos tratados contra a bitributação, a filial normalmente configura um estabelecimento permanente de uma empresa não-residente (mas residente no outro país signatário do tratado).

---

[20] O autor citado (nota anterior) utiliza o termo "operações" (financeiras em geral). Entendemos ser mais preciso utilizar o termo "aplicações" (financeiras em geral).

Nesse sentido, o Brasil pode tributar os lucros de uma filial (ou sucursal) de empresa estrangeira, nos termos do art. 147, I, do RIR/99[21]. Em caso de aplicação de tratado contra a bitributação, tal raciocínio é validado na medida em que essa filial constitua um estabelecimento permanente de empresa não-residente, nos termos dos artigos 5º e 7º da Convenção Modelo da OCDE.

A tributação dos resultados auferidos pelas filiais e sucursais normalmente obedece às seguintes regras básicas:

(i) os resultados de cada filial ou sucursal devem ser computados de forma individualizada, sendo vedada a utilização de prejuízos de uma filial para a compensação dos lucros de outra;

(ii) os prejuízos das filiais ou sucursais não podem, via de regra, ser utilizados para compensar os lucros auferidos pela matriz[22];

(iii) os resultados decorrentes da participação, ainda que indireta, da filial ou da sucursal em outra pessoa jurídica no exterior (terceiro país) devem ser consolidados na filial ou sucursal.

Conforme será analisado adiante, o tratado Brasil-Japão contempla medida destinada a evitar a bitributação de rendimentos tributados no Brasil e que fiquem sujeitos ao imposto de renda no Japão.

[21] Da configuração de estabelecimento permanente, nos termos acima expendidos, implica o questionamento se a sujeição, como se residente fosse, à legislação tributária brasileira, limita-se ao imposto de renda ou, adicionalmente, seria aplicável aos demais tributos incidentes sobre as operações desempenhadas por essa filial. Assim, sendo estável a atividade desenvolvida pelo estabelecimento, estando conexa ao exercício normal da matriz (pessoa jurídica não-residente) em que se identifica um centro de imputação jurídica, é possível cogitar acerca da "extensão" do conceito de estabelecimento permanente aos demais tributos.

[22] No caso sob análise, será necessário verificar se a legislação tributária japonesa permite ou não a compensação do imposto de renda pago no Brasil por filial ou sucursal de empresa japonesa, com o imposto por esta devido no Japão. Noutras palavras, o Banco Nipônico precisará verificar se a legislação do seu país adota alguma medida unilateral para evitar a bitributação.

9.3.2 Regime tributário brasileiro aplicável aos representantes comerciais

A atuação por meio de intermediários dependentes pode ensejar a caracterização de um estabelecimento permanente pessoal. No caso do Tratado Brasil-Japão, o artigo 4º, §§ 4º e 5º, contempla a caracterização de estabelecimento permanente.

Levando em conta o caso concreto objeto de análise, é relevante destacar o que dispõe o art. 398, parágrafo único, do RIR/99:

> Comitentes Domiciliados no Exterior
>
> Art. 398. As normas deste Decreto sobre determinação e tributação dos lucros apurados no Brasil pelas filiais, sucursais, agências ou representações das sociedades estrangeiras autorizadas a funcionar no País alcançam, igualmente, os rendimentos auferidos por comitentes domiciliados no exterior, nas operações realizadas por seus mandatários ou comissários no Brasil (Lei n. 3.470, de 1958, art. 76).
>
> Parágrafo único. O disposto neste artigo aplica-se aos rendimentos auferidos por comitentes residentes ou domiciliados no exterior em virtude de remessa para o Brasil de *mercadorias*[23] consignadas a *comissários, mandatários, agentes ou representantes*, para que estes as vendam no País por ordem e conta dos comitentes, obedecidas as seguintes regras:
>
> I – o intermediário no País que for o importador ou consignatário da mercadoria deverá escriturar e apurar o lucro da sua atividade separadamente do lucro do comitente residente ou domiciliado no exterior (Lei n. 3.470, de 1958, art. 76, § 1º);
>
> II – o lucro operacional do intermediário será a diferença entre a remuneração recebida pelos seus serviços e os gastos e despesas da operação que correrem por sua conta;

[23] Poderia eventualmente ser passível de discussão se o conceito de mercadoria englobasse a moeda (dinheiro). Entretanto, a interpretação desse dispositivo normativo leva à conclusão de que o legislador brasileiro pretendeu excetuar do regime de equiparação quaisquer atividades não mercantis.

III – o lucro operacional do comitente será a diferença entre o preço de venda no Brasil e o valor pelo qual a mercadoria tiver sido importada acrescido das despesas da operação que correrem por sua conta, inclusive a remuneração dos serviços referidos no inciso anterior;

IV – na falta de apuração, nos termos dos incisos anteriores, os lucros do intermediário e do comitente serão arbitrados na forma do disposto neste Decreto;

V – o intermediário no País cumprirá os deveres previstos para as filiais de empresas estrangeiras autorizadas a funcionar no País e será responsável pelo imposto devido sobre o lucro auferido pelo seu comitente.

Note-se, portanto, que a legislação brasileira exclui do regime de equiparação a pessoa jurídica residente no Brasil, para fins de tributação, os representantes (**comissários, mandatários, agentes ou representantes**) de empresa não-residente que exerçam atividades outras que não a venda de mercadorias. Em outras palavras, os rendimentos decorrentes de serviços e operações financeiras – que seriam apurados pelo Banco Nipônico, por meio de atuação direta, com representantes – ficam sujeitos, pela legislação brasileira, à regra geral de tributação analítica por retenção na fonte sobre o valor bruto desses rendimentos.

Em que pese a legislação interna brasileira contemplar a referida exclusão do regime de equiparação, o Tratado Brasil-Japão, em função da caracterização de estabelecimento permanente pessoal, prevê não apenas a tributação pelo país onde se localize tal estabelecimento, como também a possibilidade de abatimento de custos e despesas, o que conduz à aplicação do mesmo regime (ou regime equivalente) de tributação das pessoas jurídicas residentes no Brasil.

Ou seja, a caracterização de estabelecimento permanente pessoal, decorrente do Tratado Brasil-Japão (artigo 5º, § 3º), permite seja aplicada a força de atração restrita, com a dedutibilidade das despesas e dos custos incorridos na atividade econômica desempenhada no território brasileiro. Esta questão é objeto do item seguinte.

9.3.3 Tributação de lucro de empresa e juros segundo o Tratado Brasil-Japão

Considerando o caso concreto da atuação direta do Banco Nipônico no Brasil, seja por meio de filial, escritório ou representantes, é importante verificar o que dispõe o Tratado Brasil-Japão acerca da tributação de lucros e juros, considerando estas como as prováveis espécies de rendimentos a serem auferidas. Confira-se o que dispõem os artigos 5º e 10 do referido tratado, naquilo que é relevante para o caso em tela:

> Artigo 5º
>
> 1) Os lucros de uma empresa de um Estado Contratante são tributáveis somente nesse Estado Contratante a menos que a empresa realize negócios no outro Estado Contratante por intermédio de um estabelecimento permanente aí situado. Se a empresa realizar negócios na forma indicada, os seus lucros são tributáveis no outro Estado Contratante, mas unicamente na medida em que forem atribuíveis a esse estabelecimento permanente.
>
> 2) Quando uma empresa de um Estado Contratante realizar negócios no outro Estado Contratante, através de um estabelecimento permanente aí situado, em cada um dos Estados Contratantes serão atribuídos a esse estabelecimento permanente os lucros que porventura teria caso constituísse uma empresa distinta e isolada, ocupando-se das mesmas atividades ou de atividades semelhantes sob condições idênticas ou análogas, e transacionando com absoluta independência com a empresa de que é um estabelecimento permanente.
>
> *3) Na determinação dos lucros de um estabelecimento permanente, serão permitidas as deduções de despesas que sejam realizadas para a*

consecução dos objetivos do estabelecimento permanente, incluindo despesas de administração e encargos gerais de direção assim realizados[24].

4) Nenhum lucro será atribuído a um estabelecimento permanente se este se houver limitado a comprar mercadorias para a empresa.

5) Para efeito dos parágrafos anteriores, os lucros atribuíveis ao estabelecimento permanente serão determinados todos os anos segundo o mesmo método, a não ser que existam motivos válidos e suficientes para proceder de forma diferente.

6) Quando os lucros compreenderem elementos de rendimentos especialmente regulados noutros artigos da presente Convenção, o disposto em tais preceitos não será afetado pelo presente artigo.

Artigo 10

1) Os juros provenientes de um Estado Contratante e pagos a um residente no outro Estado Contratante são tributáveis nesse outro Estado Contratante.

2) Esses juros podem, contudo, ser tributados no Estado Contratante de que provêm, e de acordo com a legislação desse Estado Contratante, mas o imposto correspondente não poderá exceder 12,5 por cento do montante bruto dos juros[25].

(...)

---

[24] Em troca de notas ocorrida em 23-3-1976 entre os governos brasileiro e japonês, foi assinado um memorando de entendimentos sobre a interpretação desse dispositivo, cujo teor é o seguinte: "3. Com referência ao parágrafo 3º do Artigo 5º da Convenção, a expressão 'despesas que sejam realizadas para a consecução dos objetivos do estabelecimento permanente' designa todas as despesas efetivamente incorridas quer no Estado Contratante em que o estabelecimento permanente esteja situado ou fora dele, razoavelmente atribuíveis a tal estabelecimento permanente, e que tenham contribuído para a obtenção dos lucros".

[25] Redação dada posteriormente, em vista de revisão do tratado pelos países signatários, conforme Decreto n. 81.194/78.

4) O termo "juros" usado no presente artigo designa os rendimentos de fundos públicos, de títulos ou debêntures, acompanhados ou não de garantia hipotecária ou de cláusula de participação nos lucros, e de créditos de qualquer natureza, bem como outros rendimentos que, pela legislação tributária do Estado de que provenham, sejam assemelhados aos rendimentos de importâncias emprestadas.

5) As disposições dos parágrafos (1) e (2) não serão aplicadas se o beneficiário dos juros, residindo num dos Estados Contratantes, tiver, no outro Estado Contratante de que provenham os juros, um estabelecimento permanente ao qual se ligue efetivamente o crédito gerador dos juros. Nesse caso será aplicável o disposto no artigo 5º.

6) Os juros consideram-se provenientes de um Estado Contratante quando o respectivo devedor for o próprio Estado Contratante, uma sua subdivisão política ou governo municipal, ou uma pessoa residente nesse Estado Contratante. Todavia, quando o devedor dos juros, seja ou não residente num Estado Contratante, aí tiver um estabelecimento permanente através do qual haja sido feito o empréstimo fonte dos juros e que suporte o encargo desses juros, tais juros serão considerados como provenientes do Estado Contratante onde o estabelecimento permanente estiver situado.

7) Se, em conseqüência de relações especiais existentes entre o devedor e o credor, ou entre um e outras terceiras pessoas, o montante dos juros pagos, tendo em conta o crédito pelo qual são devidos, exceder o que seria ajustado entre o devedor e o credor na ausência de tais relações, o disposto no presente artigo somente será aplicável a este último montante. Nesse caso, a parcela excedente dos pagamentos será tributável de acordo com a legislação de cada Estado Contratante e tendo em conta as outras disposições da presente Convenção. (grifamos)

Em relação ao lucro atribuível a uma filial, sucursal ou escritório de representação de empresa não-residente, na medida em que caracterize um estabelecimento permanente, no seu cálculo devem ser abatidos os custos e despesas incorridos na atividade econômica desempenhada (artigo 5º, § 3º), sendo que a tributação correspondente compete ao país em que se situe o referido estabelecimento (artigo 5º, §1º).

Quanto à tributação relativa a juros, em caso de pagamento diretamente efetuado para a empresa não-residente, tal rendimento, como regra, embora sejam tributáveis no país dessa empresa beneficiária (Japão), podem ficar sujeitos à tributação na fonte, no país (Brasil) de onde provém os juros, observada a alíquota máxima de 12,5%. Entretanto, nos termos do § 5º do artigo 10 acima destacado, havendo a presença de um estabelecimento permanente no país da fonte, então esse rendimento (juros) deverá compor o lucro do estabelecimento, ficando sujeito à tributação enquanto tal, em conformidade com o artigo 5º do Tratado Brasil-Japão.

Se ocorrer a caracterização de estabelecimento permanente pessoal, em função da atuação direta da empresa não-residente por meio de representantes, agentes, comissários ou mandatários, são aplicáveis as mesmas conclusões acima delineadas no tocante às filiais e sucursais, o que significa dizer que eventuais juros gerados a partir do estabelecimento permanente pessoal serão tributados (no Brasil) mediante apuração de lucro[26].

Se os referidos representantes, contudo, por não apresentarem relação de dependência com a empresa não-residente (japonesa), tampouco possuírem poder para assinar em nome dessa empresa, não derem ensejo à caracterização de estabelecimento permanente, então os juros recebidos pela referida empresa não-residente ficarão sujeitos à retenção na fonte, à alíquota de 12,5%, no Brasil[27].

---

[26] Em qualquer caso, a distribuição de lucro à empresa não-residente, pelo estabelecimento permanente, não ficará sujeita à tributação na fonte, de acordo com o art. 10 da Lei n. 9.249/95.

[27] Embora a legislação tributária brasileira contemple alíquota de 15% para fins de retenção na fonte no caso de pagamento de juros a não-residentes (*vide* art. 702

No que tange às regras para evitar a bitributação constantes do Tratado Brasil-Japão, o imposto pago no Brasil será, nos termos do artigo 22 (a) (i), correspondente a um crédito a ser abatido do valor do imposto japonês incidente sobre o mesmo rendimento, sendo que o montante do crédito não excederá o valor do imposto japonês.

Especialmente no caso de se configurar a tributação de juros pagos a uma pessoa residente no Japão, embora submetido à tributação na fonte no Brasil à alíquota de 12,5%, o crédito a ser abatido do imposto japonês será considerado como se o imposto brasileiro tivesse sido pago à alíquota de 20%, em conformidade com o que determina o artigo 22 (b) (i) (B) do tratado. Trata-se, portanto, de um crédito presumido (*matching credit*) previsto no tratado em favor dos beneficiários japoneses de juros provenientes do Brasil.

9.4 Conclusões

Diante do exposto, é agora possível fixar as conclusões sobre a melhor forma, dentre aquelas indicadas pelo Banco Nipônico, para atuar no Brasil.

No caso de constituição de uma filial brasileira, que promoveria a negociação, o fechamento e a assinatura de contratos de financiamento (empréstimos) em nome do Banco Nipônico, ficando ainda responsável pelo recebimento dos juros correspondentes, restará configurado um estabelecimento permanente material, o que implica dizer que a filial deverá apurar lucro basicamente nos mesmos moldes que as pessoas jurídicas residentes no Brasil, sendo

---

do RIR/99), o limite de 12,5% é aplicado no caso de o beneficiário ser residente do Japão, por força da prevalência do Tratado Brasil-Japão (artigo 10). Por outro lado, a legislação tributária brasileira estabelece que o pagamento de juros, em algumas situações específicas, fica sujeito à tributação na fonte à alíquota zero (*vide* art. 691 do RIR/99).

tal lucro tributável no Brasil[28]. A distribuição desse lucro para o Banco Nipônico, contudo, não seria tributável.

Na hipótese de abertura de um escritório comercial que promova a negociação, o fechamento e a assinatura de contratos de financiamento em nome do Banco Nipônico, embora não ficando responsável pelo recebimento dos juros, que seriam pagos diretamente ao Banco Nipônico pelos tomadores brasileiros de empréstimos, ainda assim haveria a caracterização de um estabelecimento permanente, sendo aplicáveis, para fins de tributação, as mesmas regras acima indicadas para o caso de abertura de filial ou sucursal.

Por fim, optando-se pelo envio de representantes ao Brasil que não possuam poderes para assinar contratos, desempenhando o papel de meros intermediários junto a clientes brasileiros, sendo os contratos de empréstimo celebrados no Japão, não haverá a caracterização da presença de um estabelecimento permanente pessoal do Banco Nipônico no Brasil, o que resulta na tributação isolada dos juros, ficando os respectivos tomadores de empréstimos obrigados a efetuar a retenção na fonte, observando a alíquota de 12,5% contemplada no Tratado Brasil-Japão. O imposto de renda pago no Brasil dará ensejo a um crédito presumido calculado à alíquota de 20%, a ser abatido do imposto de renda japonês.

Uma quarta opção, não indicada dentre aquelas inicialmente contempladas pelo Banco Nipônico, seria a atuação por meio de representantes (especialmente comissários ou mandatários) dotados de poderes para assinar contratos em nome do Banco, submetidos a um vínculo contratual e a uma relação de dependência da empresa japonesa. Neste caso, haveria a configuração de um

[28] Neste caso, a filial ficará submetida, em linhas gerais, ao Imposto de Renda (25%), à Contribuição Social sobre o Lucro (9%), ao PIS (0,65% ou 1,65%, conforme o caso) e à COFINS (3% ou 7,6%, conforme o caso).

estabelecimento permanente pessoal, cuja tributação seguiria as mesmas diretrizes daquela aplicável no caso das filiais.

Conclui-se, então, que a melhor opção para o Banco Nipônico atuar no Brasil seria por meio de representantes ou intermediários não vinculados, sem, portanto, a caracterização de um estabelecimento permanente, porquanto não apenas a carga tributária seria menor (se comparada com aquela incidente na hipótese de estabelecimento permanente), com uma tributação de juros na fonte a uma alíquota máxima de 12,5%, como, ainda, o Banco Nipônico poderia valer-se de um crédito presumido, a ser abatido do imposto de renda japonês, correspondente a uma alíquota de 20% sobre os juros recebidos de fonte brasileira.

Acredita-se que, por se tratar de uma atividade de prestação de serviços, a provável margem de lucro justifica a escolha pela tributação analítica (isolada e considerando o rendimento bruto), tendo as eventuais despesas a serem incorridas no Brasil pelos intermediários pouca expressividade em face dos rendimentos auferidos.

REFERÊNCIAS

Doutrina:

XAVIER, Alberto. **Direito tributário internacional do Brasil**. 6. ed. Rio de Janeiro: Forense, 2003.

Legislação:

Lei n. 3.470, de 28-11-1958.

Lei n. 4.886, de 9-12-1965.

Código Tributário Nacional (Lei n. 5.172, de 25-10-1966).

Lei n. 9.249, de 26-12-1995.

Código Civil Brasileiro (Lei n. 10.406, de 10-1-2002).

Decreto-Lei n. 2.627, de 26-9-1940.

Decreto n. 61.899/1967.

Decreto n. 81.194/1978.

Regulamento do Imposto de Renda (Decreto n. 3.000, de 26-3-1999).

10 IMPORTAÇÃO DE SERVIÇOS – ASPECTOS TRIBUTÁRIOS

Gustavo Lian Haddad

Professor do programa de educação continuada e especialização em Direito GVlaw, membro do Primeiro Conselho de Contribuintes do Ministério da Fazenda, advogado e sócio da área tributária do escritório Lefosse Advogados em cooperação com Linklaters.

Carolina Santos Vidigal

Especialista em Direito da Economia e da Empresa pelo programa de educação continuada e especialização em Direito GVlaw, advogada da área tributária do escritório Lefosse Advogados em cooperação com Linklaters.

10.1 Descrição do caso

Empresa nacional pretende contratar serviços de manutenção de sistemas de informática utilizados no gerenciamento de sua produção industrial, a serem prestados por pessoa jurídica residente nos Estados Unidos da América ("**não-residente prestador de serviços**").

Os serviços serão preponderantemente realizados no exterior, mas poderá haver viagens de técnicos ao Brasil com vistas a monitorar o funcionamento dos sistemas.

É objeto do presente estudo o exame dos principais aspectos tributários relacionados à referida contratação de serviços.

10.2 Equiparação a pessoas jurídicas para fins tributários

A primeira questão a ser enfrentada no presente estudo refere-se à possível equiparação, para fins tributários, da atuação do não-residente prestador de serviços àquela de pessoas jurídicas residentes no Brasil.

Se a atividade do não-residente prestador de serviços representar uma presença no Brasil de tal nível que implique sua equiparação a uma pessoa jurídica brasileira, os rendimentos por ele auferidos serão considerados complexiva ou sinteticamente, submetendo-se o respectivo lucro à tributação pelo Imposto de Renda das Pessoas Jurídicas (IRPJ), aplicável às pessoas jurídicas domiciliadas no Brasil.

Por outro lado, caso as atividades aqui exercidas não sejam de tal espécie, nos termos que trataremos a seguir, os rendimentos auferidos serão tratados isolada ou analiticamente, submetendo-se cada um ao tratamento que lhe for individualmente pertinente nos termos da legislação aplicável aos não-residentes – na espécie, o regime aplicável aos rendimentos de prestação de serviços.

Pois bem. Há no ordenamento jurídico brasileiro disposições genéricas que impõem a caracterização de uma presença tributável do não-residente em determinadas situações, equiparando-o a pessoa jurídica brasileira para fins tributários.

Embora a regulação do "estabelecimento permanente", tal como o concebe o direito tributário internacional, não tenha sido objeto de previsão em nossa legislação (salvo nos acordos internacionais para evitar a bitributação)[1], utilizaremos a expressão para fins do presente estudo com vistas a indicar as situações em que, segundo o direito brasileiro, um não-residente é equiparado a uma pessoa jurídica brasileira para fins tributários.

A doutrina[2] costuma identificar duas formas de caracterização do estabelecimento permanente: (i) mediante a atuação direta no território de interesse, com a presença de instalação material e humana – estabelecimento permanente material, ou (ii) por estipulação contratual por meio de pessoas intermediárias atuantes no território de interesse – estabelecimento permanente pessoal.

10.2.1 Estabelecimento permanente material

O Decreto-Lei n. 2.627/40 estabelece, em seu art. 40, que as sociedades estrangeiras, qualquer que seja o seu objeto, não po-

---

[1] O Brasil celebrou com diversos países acordos internacionais para evitar a dupla tributação, os quais seguem o modelo adotado pela Organização de Cooperação e Desenvolvimento Econômico (OCDE) e estabelecem definição de estabelecimento permanente.

[2] TÔRRES, Heleno. **Pluritributação internacional sobre as rendas de empresas**. 2. ed. São Paulo: Revista dos Tribunais, p. 220 e s.

dem, sem autorização do Governo Federal, funcionar no Brasil, por si mesmas, ou por filiais, sucursais, agências, ou estabelecimentos que as representem, podendo, todavia, ressalvados os casos expressos em lei, ser acionistas de sociedade anônima brasileira.

O conceito de "funcionamento" no Brasil tem sido entendido como o exercício, no País, das atividades principais do não-residente, necessárias à consecução de seu objeto social.

A doutrina diferencia as atividades do não-residente cujo exercício está condicionado à prévia autorização do Governo Federal de certos atos que envolvam o exercício de direitos não relacionados às atividades operacionais da sociedade. Estes não precisam de prévia autorização. Uma empresa não-residente pode, por exemplo, adquirir um imóvel no Brasil sem prévia autorização governamental.

Do ponto de vista tributário, o Regulamento do Imposto de Renda (aprovado pelo Decreto n. 3.000/1999 – RIR/99) lista as entidades, personificadas ou não, que são contribuintes do IRPJ. No que interessa particularmente ao presente estudo, o art. 147 estabelece que as filiais, sucursais, agências ou representações no País de pessoas jurídicas com sede no exterior são equiparadas às pessoas jurídicas brasileiras para fins de incidência do IRPJ.

Por outro lado, o art. 146, § 1º, do mesmo RIR/99 prevê que as disposições previstas para as pessoas jurídicas e firmas individuais aplicam-se a todas as firmas e sociedades, formalmente registradas ou não.

Em face disso, questão que comumente se apresenta na prática é a seguinte: o não-residente que pratica negócios no Brasil de forma contínua e habitual, mas sem a constituição formal de filial, sucursal ou agência, poderia ser equiparado a uma pessoa jurídica brasileira e, portanto, sujeito a tributação como tal no País? Ou referida equiparação exigiria, necessariamente, a constituição formal de filial no País?

A nosso ver, a aplicação das disposições dos arts. 146 e 147 do RIR/99 acima referidas, interpretadas em conjunto com o art. 40 do Decreto-Lei n. 2.627/40, autoriza a conclusão de que as autoridades fiscais brasileiras têm elementos para, em verificando a atuação habitual da sociedade estrangeira em território brasileiro, mediante a alocação, no País, de recursos humanos e materiais para tanto, caracterizar a existência de uma filial de fato, sujeita à tributação no País por equiparação a uma pessoa jurídica aqui constituída.

Por óbvio que a caracterização da filial de fato depende do exame das circunstâncias factuais presentes no caso concreto, resultando em tarefa não necessariamente simples para as autoridades fiscais.

Na situação ora examinada, os serviços serão preponderantemente executados no exterior, por intermédio da base material lá existente, sendo a parcela executada no Brasil resultado de viagens ocasionais de técnicos para monitorar o resultado dos serviços, sem que haja uma base fixa humana e material do prestador não-residente em território brasileiro. Parece-nos claro, em razão dessas circunstâncias, que não haverá a caracterização de estabelecimento permanente material no País.

10.2.2 Estabelecimento permanente pessoal

O estabelecimento permanente pessoal caracteriza-se pela realização de negócios pelo não-residente de forma indireta, por intermédio de outras pessoas físicas ou jurídicas residentes no território de interesse, mediante a utilização de arranjos contratuais como mandato (em que o mandatário atua em nome e por conta do não-residente), comissão mercantil (em que o comissionário atua em nome próprio mas por conta do não-residente) ou contrato de agência (em que o agente apenas realiza a intermediação dos negócios em benefício do não-residente).

No direito brasileiro referidas hipóteses de atuação estão reguladas nos arts. 398 e 399 do RIR/99, nos seguintes termos:

> Art. 398. As normas deste Decreto sobre determinação e tributação dos lucros apurados no Brasil pelas filiais, sucursais, agências ou representações das sociedades estrangeiras autorizadas a funcionar no País alcançam, igualmente, os rendimentos auferidos por comitentes domiciliados no exterior, nas operações realizadas por seus mandatários ou comissários no Brasil.
>
> Parágrafo único. O disposto neste artigo aplica-se aos rendimentos auferidos por comitentes residentes ou domiciliados no exterior em virtude de remessa para o Brasil de mercadorias consignadas a comissários, mandatários, agentes ou representantes, para que estes as vendam no País por ordem e conta dos comitentes, obedecidas as seguintes regras:
>
> I – o intermediário no País que for o importador ou consignatário da mercadoria deverá escriturar e apurar o lucro da sua atividade separadamente do lucro do comitente residente ou domiciliado no exterior;
>
> II – o lucro operacional do intermediário será a diferença entre a remuneração recebida pelos seus serviços e os gastos e despesas da operação que correrem por sua conta;
>
> III – o lucro operacional do comitente será a diferença entre o preço de venda no Brasil e o valor pelo qual a mercadoria tiver sido importada acrescido das despesas da operação que correrem por sua conta, inclusive a remuneração dos serviços referidos no inciso anterior;
>
> IV – na falta de apuração, nos termos dos incisos anteriores, os lucros do intermediário e do comitente serão arbitrados na forma do disposto neste Decreto;
>
> V – o intermediário no País cumprirá os deveres previstos para as filiais de empresas estrangeiras autorizadas a funcionar no País e será responsável pelo imposto devido sobre o lucro auferido pelo seu comitente.

> Art. 399. No caso de serem efetuadas vendas, no País, por intermédio de agentes ou representantes de pessoas estabelecidas no exterior, o rendimento tributável será arbitrado de acordo com o disposto no art. 539.

Assumindo que o não-residente prestador de serviços não se utilizará de mandatários, comissários ou agentes intermediários para a realização de negócios no Brasil, entendemos que no caso também não haverá a caracterização de estabelecimento permanente pessoal.

Tendo sido, em face das considerações acima, afastada a caracterização de estabelecimento permanente material ou pessoal e, conseqüentemente, a tributação do não-residente prestador de serviços por equiparação a pessoa jurídica brasileira, resulta que o regime tributário aplicável será aquele próprio dos não-residentes: o regime analítico segundo o qual o rendimento auferido pelo não-residente – na espécie rendimento de prestação de serviços – será tributado de forma individualizada, de acordo com as regras aplicáveis à importação de serviços.

10.3 Tributação aplicável na importação de serviços

10.3.1 Imposto de Renda na Fonte (IRRF)

No passado se discutia se seriam tributáveis no Brasil os rendimentos atribuídos a residentes no exterior em razão de serviços totalmente executados no exterior.

A doutrina preponderante sustentava que, caso os serviços fossem integralmente executados no exterior, não poderia haver tributação no Brasil, uma vez que os rendimentos respectivos não seriam imputáveis a fontes localizadas no País. Este entendimento prevaleceu de tal forma que o Supremo Tribunal Federal editou o enunciado de Súmula 585, segundo o qual "não incide o imposto de renda sobre a remessa de divisas para o pagamento de serviços prestados no exterior, por empresa que não opera no Brasil".

No entanto, em 1975 foi editado o Decreto-Lei n. 1.418, cujo art. 6º estabeleceu a incidência do imposto de renda na fonte sobre os rendimentos de serviços técnicos e de assistência técnica, administrativa e semelhante derivados do Brasil e recebidos por pessoas físicas ou jurídicas residentes ou domiciliadas no exterior, *independentemente da forma de pagamento e do local e data em que a operação tenha sido contratada, os serviços executados ou a assistência prestada.* Em conseqüência, tornou-se irrelevante o local da prestação de serviços para fins de aplicação do IRRF.

Atualmente e como regra geral, os rendimentos pagos ou creditados a não-residentes em decorrência da prestação de serviços estão sujeitos à incidência do IRRF.

A partir de 1999 o art. 7º da Lei n. 9.779 elevou a 25% a alíquota do IRRF aplicável aos rendimentos pagos ou creditados a não-residentes pela prestação de serviços, dentre os quais, no entendimento do Fisco, deveriam estar incluídos os serviços técnicos, assistência técnica, administrativa e semelhantes[3].

Com a edição da Medida Provisória n. 2.062-60/2000 (atual MP 2.159-70/2001), com vigência a partir de 1º de janeiro de 2001, a alíquota do IRRF incidente sobre serviços técnicos e de assistência técnica, administrativa e semelhantes foi reduzida a 15%, tendo em vista a instituição da Contribuição de Intervenção no Domínio Econômico (CIDE) sobre tais valores.

A alíquota de 15% pode ser reduzida em virtude de previsão em acordo para evitar a bitributação, e é majorada a 25% se o prestador de serviços estiver localizado em jurisdição caracterizada como de tributação favorecida[4].

---

[3] A posição do Fisco ficou explicitada com a redação do art. 708 do Regulamento do Imposto de Renda (Dec. n. 3.000/99) que constou da republicação deste diploma legal em 17 de junho de 1999.

[4] Caracterizam-se como de tributação favorecida, segundo a legislação brasileira, os países que não tributem a renda ou que a tributem a uma alíquota inferior a 20%, e aqueles que oponham sigilo em relação à composição societária ou titularidade de pessoas jurídicas.

No caso em exame, tendo em vista que o prestador de serviços é residente dos EUA, país com o qual o Brasil não mantém acordo para evitar a bitributação, a alíquota de IRRF aplicável sobre os rendimentos de serviços técnicos de manutenção de sistemas de informática é de 15%. A responsabilidade pela retenção do imposto é da empresa brasileira contratante dos serviços.

Caso houvesse acordo entre o Brasil e os EUA para evitar a bitributação seria necessário verificar a eventual previsão de alíquota mais favorecida. Como regra, os acordos celebrados pelo Brasil equiparam os serviços técnicos e de assistência técnica a *royalties*, estabelecendo a alíquota máxima de imposto de renda de fonte de 15%. Há, entretanto, acordos cuja aplicação pode resultar em alíquotas inferiores, como, por exemplo, aqueles celebrados com o Japão, Espanha e Israel.

10.3.1.1 Tratamento do IRRF no país de residência do prestador de serviços

Aspecto de particular relevância que deverá ser examinado para a determinação do custo da operação se refere à possibilidade de o não-residente prestador de serviços reconhecer o IRRF como crédito fiscal a ser compensado com o imposto de renda incidente em seu país, de modo a evitar a ocorrência de bitributação.

Em vista da inexistência de acordo internacional entre o Brasil e os EUA, ato normativo cuja função precípua é precisamente regular os métodos para evitar a bitributação, a análise deverá ser feita levando-se em conta exclusivamente a legislação norte-americana.

Foge ao escopo do presente estudo o exame da possibilidade de apropriação de crédito nos EUA. Não obstante, nossa experiência indica que, como resultado da aplicação das regras de determinação de fonte nos EUA (*sourcing rules*), o prestador de serviços poderá ter dificuldades em reconhecer o IRRF como crédito fiscal, tendo em vista o serviço ser preponderantemente executado em território americano. De qualquer modo, esse ponto deverá ser objeto de exame e confirmação por advogados daquele país.

Caso o IRRF não seja creditável nos EUA e, em razão disto, o não-residente prestador de serviços exija que a empresa contratante brasileira assuma o encargo financeiro correspondente ao imposto, aplicar-se-á o regramento do art. 725 do RIR/99, segundo o qual a base de cálculo será reajustada e o valor pago ao não-residente será considerado líquido do imposto, resultando em alíquota efetiva de 17,65%.

10.3.1.2 Momento da ocorrência do fato gerador do IRRF

Questão relevante a ser enfrentada relativamente ao IRRF gira em torno da definição do momento em que se dá por consumada a ocorrência do seu fato gerador, a que a doutrina refere como aspecto temporal da hipótese de incidência.

A incidência do IRRF sobre serviços técnicos está prevista no art. 3º da Medida Provisória n. 2.159-70/2001, *litteris*:

> Medida Provisória 2.159-70/2001
>
> *A partir de 2001*
>
> Art. 3º Fica reduzida para quinze por cento a alíquota do *imposto de renda incidente na fonte* sobre as importâncias *pagas, creditadas, entregues, empregadas ou remetidas* ao exterior a título de remuneração de serviços técnicos e de assistência técnica, e a título de *"royalties", de qualquer natureza*, a partir do início da cobrança da contribuição instituída pela Lei n. 10.168, de 29 de dezembro de 2000. (grifos nossos)

Embora os termos "pagamento", "crédito", "emprego", "remessa" e "entrega" venham sendo utilizados pelo legislador brasileiro desde os anos 40 (Dec.-Lei n. 4.178/42), ainda hoje há significativa controvérsia acerca da definição de seu conteúdo semântico, especialmente sobre o termo "crédito", já que os demais (pagamento, entrega, emprego e remessa) são de percepção mais intuitiva e de significado uniforme.

Na prática fiscal e jurisprudencial podem ser identificadas três principais correntes que procuram explicar a extensão do termo "crédito" para fins de definição do aspecto temporal do IRRF.

• *IRRF: Crédito como Lançamento Contábil em Conta de Passivo*

Embora não uniforme, parece haver uma tendência por parte das autoridades fiscais em adotar o entendimento de que o crédito se configura pelo mero lançamento em conta de passivo, pelo regime de competência, da obrigação de pagar ao não-residente[5].

Referido posicionamento foi adotado pelas 8ª e 9ª Regiões Fiscais, respectivamente nas Soluções de Consulta n. 90, de 6 de junho de 2002, e n. 83, de 7 de maio de 2003, que, embora tratem de CIDE, também seriam aplicáveis ao IRRF, e cujas ementas são as seguintes:

> Solução de Consulta n. 90/2002 – CIDE
>
> Contribuição de Intervenção no Domínio Econômico – CIDE.
>
> FATO GERADOR.
>
> A contribuição instituída pelo art. 2º da Lei n. 10.168, de 29 de dezembro de 2000, incidirá sobre os valores pagos, creditados, entregues, empregados ou remetidos, a cada mês, a título de remuneração decorrente de contratos que impliquem transferência de tecnologia. Ocorre a incidência da referida contribuição na data do lançamento contábil, já que o § 2º do art. 2º da Lei n. 10.168, de 2000, elegeu o "crédito" como momento de ocorrência do fato gerador.(...) (**DOU** de 2-8-2002).
>
> Processo de Consulta n. 83/2003
>
> (...) Outros Tributos ou Contribuições – O fato gerador da CIDE é o pagamento, crédito, entrega, emprego ou remessa de

---

[5] *Vide* item 14 do Parecer Normativo CST 7, de 2 de abril de 1986.

> *royalties* de qualquer natureza e da contraprestação pelos serviços técnicos e de assistência administrativa e semelhantes prestados por residentes ou domiciliados no exterior. Dentre os vários momentos relacionados pela norma, prevalece o que primeiro ocorrer. Por crédito, deve-se entender o lançamento contábil pelo qual o rendimento é colocado de forma incondicional à disposição de seus titulares, ou seja, o reconhecimento contábil do direito adquirido à remuneração pelo residente ou domiciliado no exterior.(...) (**DOU** 7-5-2003)

Destaque-se que o fato gerador do IRRF, conforme essa corrente, pode ocorrer, e muitas vezes ocorre, em momento anterior ao pagamento ou ao próprio vencimento da obrigação de pagar os rendimentos ao não-residente. Em outras palavras, essa posição invariavelmente resulta em antecipação do momento de ocorrência do fato gerador do IRRF, haja vista que as pessoas jurídicas contratantes, em respeito ao princípio contábil da competência, efetuam o registro contábil do passivo na medida em que incorrida a correspondente despesa, independentemente do vencimento ou pagamento da obrigação.

• *IRRF: Crédito como Vencimento da Obrigação*

Entretanto, os tribunais administrativos, em especial o Primeiro Conselho de Contribuintes, têm manifestado o entendimento de que apenas com o vencimento da obrigação de efetuar o pagamento nasceria a disponibilidade jurídica da renda – correspondente ao direito de crédito do não-residente – configurando-se, portanto, apenas nesse momento, o fato gerador do IRRF na modalidade "crédito".

Vejam–se os seguintes julgados:

> Acórdão n. 104-21.549 do 1º Conselho de Contribuintes – Sessão de 27.04.06.
>
> IMPOSTO DE RENDA RETIDO NA FONTE – JUROS E CORREÇÃO PELA VARIAÇÃO CAMBIAL DECORRENTE DE EMPRÉSTIMO DE PESSOA JURÍDICA SITUADA NO EXTERIOR COM CLÁUSULA DE

VENCIMENTO EM 10 ANOS – ENCARGOS FINANCEIROS LANÇADOS ATRAVÉS DE CRÉDITOS CONTÁBEIS REGISTRADOS EM DATA ANTERIOR AO VENCIMENTO DO EMPRÉSTIMO – FATO GERADOR – Não há fato gerador do imposto de renda incidente na fonte quando os juros e a correção pela variação cambial são contabilmente creditados ao beneficiário do rendimento em data anterior ao vencimento da obrigação. O simples crédito contábil, antes da data aprazada para seu pagamento, não extingue a obrigação nem antecipa a sua exigibilidade pelo credor. O fato gerador do imposto na fonte, pelo crédito dos rendimentos, relaciona-se, necessariamente, com a aquisição da respectiva disponibilidade econômica ou jurídica.

Acórdão n. 104-17.844 do 1º Conselho de Contribuintes – Sessão de 24.01.01.

Ementa: I.R. FONTE – BENEFICIÁRIO DOMICILIADO NO EXTERIOR – O fato gerador do tributo, entre outras hipóteses, surge no momento em que o rendimento é creditado ao beneficiário, ocasião em que se materializa a *disponibilidade jurídica* da renda. (grifos nossos)

Com base no entendimento manifestado nesses julgados, o crédito contábil pelo regime de competência não seria suficiente para amparar a pretensão de exigência do IRRF, ao menos enquanto não corresponder ao direito de crédito consubstanciado no vencimento da obrigação.

- *IRRF: Crédito como Momento em que a Fonte Pagadora coloca a Renda à disposição do Não-residente*

Do ponto de vista técnico-jurídico discordamos de ambas as posições referidas anteriormente e consideramos que tanto o lançamento contábil quanto o vencimento da obrigação não seriam suficientes para a caracterização do ato de creditar, necessário à incidência do IRRF.

Isto porque o ato de creditar pressupõe uma atuação positiva da fonte pagadora no sentido de colocar a renda à disposição do não-residente, o que não acontece, seja no crédito contábil, seja no vencimento. Não há, nesses casos, atuação da fonte no sentido de "creditar" a renda. O vencimento ocorre inexoravelmente, independentemente de qualquer atuação, e o crédito contábil é mero reflexo escritural de uma realidade, já que a contabilidade apenas reflete fatos ou direitos, não os gera[6].

Gilberto de Ulhôa Canto exprime com bastante clareza esse posicionamento[7]:

> A forma verbal utilizada pelo legislador não deixa qualquer dúvida quanto a só ser obrigatória a retenção do imposto pela fonte quando esta agir por uma das maneiras pelas quais a lei prevê a exteriorização do fato gerador, na espécie: "pagar, creditar, empregar, remeter ou empregar" o rendimento. Trata-se de forma verbal "ativa", que pressupõe um "facere" por parte da fonte, e que de maneira alguma se coaduna com a interpretação adotada pela instância ministerial, que equipara a palavra "crédito", com o sentido de lançamento contábil a favor do titular da conta, à mesma palavra com o significado de direito ao recebimento de uma prestação em dinheiro ou a este redutível. A exigibilidade de um pagamento, tão logo ocorra o fato dele determinante, segundo a relação contratual que lhe dá origem – como o vencimento de prazo – independe de qualquer atuação da fonte. Ora, para fins de retenção do imposto, quis a lei que a obrigação respectiva só surgisse em razão de atividade específica da fonte pagadora, de ato positivo seu, qual seja: o creditar, o pagar, o empregar, o remeter ou o entregar o rendimento. Quisesse a lei que o fato gerador da obrigação tributária em causa surgisse com o só vencimento do prazo contratual, tê-lo-ia dito, sem dúvida, de forma clara, sem

[6] Nesse sentido vale transcrever as palavras de Marco Aurélio Greco, **Revista Dialética de Direito Tributário**, n. 50, p. 131: "A contabilidade retrata a realidade, mas não cria realidades jurídicas novas, desatreladas da substância subjacente".

[7] CANTO Gilberto de Ulhôa. **Estudos e pareceres de direito tributário**. São Paulo: Revista dos Tribunais, 1975, p. 376 e 377.

condicionar a ocorrência do fato gerador a um ato positivo, um "facere" da fonte pagadora do rendimento, *como a forma verbal utilizada demonstra.* Portanto, é inviável a inteligência dada à palavra crédito para compreender tanto o crédito contábil como o direito de haver prestação contratual, *pois a lei fala em creditar e não em crédito; e, se o substantivo poderia ter o duplo sentido, o verbo não pode.* (grifos nossos)

Especialmente no caso de rendimentos em moeda estrangeira, atribuídos a não-residentes, a posição de que é necessário que o rendimento seja colocado à disposição do beneficiário pela fonte pagadora para que haja incidência encontra respaldo adicional no fato de que a expressão monetária do rendimento, que é a base de cálculo para a incidência do IRRF, pode variar significativamente no período compreendido entre o vencimento e a efetiva colocação à disposição do não-residente, tendo em vista a possível variação do câmbio.

Não obstante, reconhecemos que a questão não é tranqüila, sendo que no âmbito da jurisprudência administrativa tem prevalecido a posição pelo crédito como vencimento da obrigação. Para evitar riscos desnecessários é importante que a empresa contratante dos serviços estabeleça prazos de vencimento da obrigação de pagar os serviços compatíveis com a realidade, monitorando-os e, se for o caso, providenciando a respectiva prorrogação caso anteveja a possibilidade de atraso no pagamento.

10.3.2 Contribuição de Intervenção no Domínio Econômico (CIDE)

Em dezembro de 2000 a Lei n. 10.168 instituiu a CIDE, que passou a ser devida pela pessoa jurídica detentora de licença de uso ou adquirente de conhecimentos tecnológicos, bem como por aquela signatária de contratos que implicassem transferência de tecnologia, firmado com não-residentes, à alíquota de 10% incidente sobre os valores pagos ou creditados aos não-residentes como remuneração dos respectivos contratos.

O § 1º do art. 2º da mesma Lei n. 10.168 definiu que os contratos com transferência de tecnologia seriam aqueles relativos à exploração de patentes ou uso de marcas e os de fornecimento de tecnologia e prestação de assistência técnica.

Posteriormente, foi editada a Lei n. 10.332/2001 que, alterando a Lei n. 10.168, passou a incluir dentre as hipóteses de incidência da CIDE, com vigência a partir de 1º de janeiro de 2002, a remuneração decorrente de contratos que tivessem por objeto serviços técnicos e de assistência administrativa e semelhantes a serem prestados por residentes ou domiciliados no exterior, ainda que estes contratos não envolvessem transferência de tecnologia[8].

Diferentemente do IRRF, a CIDE é tributo cujo contribuinte (e não responsável, para usar a terminologia do Código Tributário Nacional) é a pessoa jurídica brasileira que paga ou credita os valores objeto da incidência ao não-residente. Referida pessoa jurídica necessariamente arca com o ônus financeiro do tributo, não cabendo falar em retenção na fonte nesse caso.

A princípio poderia parecer que a criação da CIDE não teria aumentado a carga tributária em relação às importações de serviços, mas apenas transferido parte do ônus do não-residente (devido à redução da alíquota do IRRF de 25% para 15% referida anteriormente) às empresas contratantes brasileiras.

Em determinadas hipóteses, todavia, como é o caso de operações envolvendo países com tributação favorecida – em que deve ser aplicada a alíquota de 25% de IRRF – e operações com países que tenham celebrado com o Brasil acordo para evitar a dupla tributação – hipóteses em que a alíquota de IRRF já era limitada a 15% –, a aplicação da CIDE à alíquota de 10% certamente gerou um incremento de carga tributária.

[8] Há empresas que têm questionado em juízo a constitucionalidade da incidência da CIDE, inclusive em hipóteses em que não caracterizada a transferência de tecnologia. Não é objeto do presente estudo tratar desse questionamento.

Ademais, a CIDE, por se tratar de tributo que tem natureza distinta daquela do IRRF e cujo ônus financeiro é da empresa contratante brasileira, dificilmente é objeto de crédito fiscal na jurisdição do não-residente, ensejando dupla tributação.

Tal efeito se verifica no caso em exame, já que a pessoa jurídica brasileira contratante dos serviços de manutenção de sistemas estará sujeita à apuração e recolhimento da CIDE, calculada à alíquota de 10% sobre a remuneração paga ou creditada ao não-residente prestador de serviços.

A CIDE se tornará devida no momento em que a empresa brasileira contratante pagar ou creditar a remuneração ao não-residente prestador de serviços, aplicando-se aqui, em relação à definição de crédito como fato gerador, as mesmas considerações formuladas anteriormente em relação ao IRRF.

10.3.3 PIS-Importação e COFINS-Importação

As importações de serviços sofreram novo aumento de carga tributária com a edição da Lei n. 10.865/2004, resultante da conversão em lei da Medida Provisória n.164/2004, que instituiu a incidência do PIS-Importação e da COFINS-Importação sobre a importação de serviços do exterior por pessoa física ou jurídica brasileira.

Como regra geral, essas contribuições incidem às alíquotas de 1,65% (PIS-Importação) e 7,6% (COFINS-Importação) quando (i) os serviços são executados no País ou (ii) quando executados no exterior, seu resultado se verifique no País.

A base de cálculo é o valor da remuneração dos serviços antes da retenção do IRRF, acrescido do Imposto sobre Serviços (*vide* comentários abaixo) e do montante das próprias contribuições.

No contexto da sistemática da não-cumulatividade das Contribuições ao PIS e da COFINS introduzidas, respectivamente, pelas Leis n. 10.637/2002 e 10.833/2004, a Lei n. 10.865 estabelece que a pessoa jurídica importadora pode deduzir créditos correspondentes ao PIS-Importação e à COFINS-Importação incidentes sobre a importação de serviços utilizados como insumos na prestação de serviços e na produção ou fabricação de bens ou produtos destinados à venda[9].

Na hipótese *sub examem*, para a avaliação dos impactos gerados pela incidência do PIS-Importação e da COFINS-Importação dois aspectos devem ser analisados: (i) se a importação de serviços contratada enquadra-se na hipótese de incidência prevista na Lei n. 10.865/2004 e (ii) em caso afirmativo, se os serviços importados podem ser considerados como insumos utilizados na prestação de serviços ou na produção de bens pela empresa contratante, admitindo-se crédito fiscal comentado.

Pois bem. A incidência do PIS-Importação e da COFINS-Importação é constatada sem maiores dificuldades quando os serviços são prestados no Brasil.

Por outro lado, quando os serviços são prestados no exterior, como no presente caso, é necessário, para que haja a incidência do PIS-Importação e da COFINS-Importação, que o "resultado" do serviço seja verificado no Brasil.

A identificação do local em que o "resultado" dos serviços se verifica – se no Brasil, o que resulta na incidência das contribuições, ou no exterior, o que afasta a incidência – não é tarefa fácil e depende sobremaneira do conceito de resultado que se adote.

O vocábulo "resultado" pode ser considerado em seu sentido físico, tangível – o elemento material, tangível, resultante da prestação do serviço (por exemplo o laudo produzido em serviço de perícia prestado por empresa não-residente), ou no sentido de resultado utilidade, benefício resultante da prestação do serviço (no

---

[9] Art. 15, II.

exemplo correspondente ao uso que se fará do laudo produzido – por exemplo a produção de prova em ação judicial em curso no Brasil).

A nosso ver, a interpretação que melhor se coaduna com a sistemática das contribuições sobre a importação é a de resultado no sentido de utilidade, benefício advindo para o contratante do serviço.

No caso em concreto, muito embora os serviços sejam prestados no exterior e muitas vezes o resultado físico – manutenção de sistemas de informática – seja lá ultimado, é de meridiana clareza que a utilidade deles resultante é "importada", "trazida" ao Brasil para permitir o gerenciamento da produção industrial da empresa contratante, materializada em território brasileiro. Por conseguinte, entendemos que a importação dos serviços em questão está sujeita à incidência do PIS-Importação e da COFINS-Importação.

Referida incidência, no entanto, não implica necessariamente carga tributária adicional para a empresa contratante dos serviços. Como comentado anteriormente, caso os serviços importados sejam caracterizados como insumos utilizados na atividade industrial de produção de bens da empresa contratante ela poderá registrar crédito correspondente às contribuições pagas na importação, compensável com o PIS e a COFINS incidentes sobre as suas receitas.

Não há definição legal do que sejam insumos, não havendo precedentes relevantes na legislação tributária quanto à utilização desse vocábulo para a definição de efeitos fiscais. A legislação do IRPJ, por exemplo, inspirada na técnica contábil, socorre-se do conceito de custo quando trata daqueles dispêndios que têm relação direta com a produção de bens e serviços.

Ao se utilizar da expressão "insumos" para a definição do direito ao crédito de PIS e COFINS, o legislador preferiu utilizar expressão que ao menos na acepção econômica tem sentido mais amplo do que aquele de custo. Na acepção usual do termo encontra-se a definição do **Dicionário Houaiss da língua portuguesa**, segundo o qual "insumo é cada um dos elementos (matéria-prima, equipamentos, capital, horas de trabalho, etc.) necessários para produzir mercadorias ou serviços"[10].

Aliomar Baleeiro, em conceituação mais técnico-jurídica, explica que "insumos, no parágrafo único do obscuro art. 10, I, do AC n. 34, é uma algaravia de origem espanhola, inexistente em português, empregada por alguns economistas para traduzir a expressão inglesa *input*, isto é, o conjunto dos fatores produtivos, como matérias-primas, energia, trabalho, amortização do capital etc., empregados pelo empresário para produzir o *output*, ou o produto final. Insumos são os ingredientes da produção, mas há quem limite a palavra aos produtos intermediários que, não sendo matérias-primas, são empregados ou se consomem no processo de produção"[11].

Das lições acima reproduzidas é possível depreender que são considerados insumos os elementos utilizados para a geração dos bens/serviços a serem comercializados/prestados. Vale dizer, insumo é todo encargo que tenha relação com o serviço prestado ou com a produção do bem posto em comércio.

A Secretaria da Receita Federal, por meio de atos infralegais, manifestou entendimento de que devem ser entendidos como *insumos* utilizados na fabricação ou produção de bens destinados à venda[12]:

---

[10] HOUAISS Antônio; VILLAR Mauro de Salles. **Dicionário Houaiss da língua portuguesa**. Rio de Janeiro: Objetiva, 2001, p. 1629.

[11] **Direito Tributário Brasileiro**. 11. ed. Rio de Janeiro: Forense, 1999, p. 405-406.

[12] Confira-se o art. 66, § 5º, I, da Instrução Normativa n. 247/2002 (com a redação conferida pela Instrução Normativa n. 358/2003) e o art. 8º, § 4º, I, da Instrução Normativa n. 404/2004.

(i) as matérias-primas, os produtos intermediários, o material de embalagem e quaisquer outros bens que sofram alterações, tais como o desgaste, o dano ou a perda de propriedades físicas ou químicas, em função da ação diretamente exercida sobre o produto em fabricação, desde que não estejam incluídas no ativo imobilizado; e

(ii) os serviços prestados por pessoa jurídica domiciliada no País, aplicados ou consumidos na produção ou fabricação do produto.

A despeito de possível questionamento acerca da indevida limitação do conceito de insumo veiculada pelos atos normativos acima referidos, é fato que, ainda que se adotasse essa concepção restritiva, os serviços de manutenção de sistemas de gerenciamento da produção industrial se enquadrariam como insumos, por configurararem serviços que são aplicados na produção de bens pela empresa brasileira contratante.

Nesse sentido, acreditamos que a empresa brasileira contratante dos serviços poderá apropriar créditos correspondentes ao PIS-Importação e COFINS-Importação incidentes na importação dos referidos serviços, compensáveis com o PIS e a COFINS incidentes sobre suas receitas, inclusive sobre a receita de venda dos bens produzidos.

10.3.4 Imposto sobre Serviços (ISS)

Em 31 de julho de 2003 foi editada a Lei Complementar n. 116, prevendo a aplicação do ISS – que até aquele momento era devido apenas sobre os serviços prestados por pessoas jurídicas e físicas brasileiras – sobre os serviços provenientes do exterior do País ou cuja prestação se tenha iniciado no exterior do País.

Após a edição da Lei Complementar n. 116, cada Município precisou adaptar a respectiva legislação para dar início à cobrança do ISS sobre as importações de serviços a partir de 1º de janeiro de 2004.

A alíquota aplicável varia de acordo com a legislação de cada Município, prevendo a legislação federal o teto mínimo de 2% e o máximo de 5%.

Para que a incidência ocorra é necessário que o serviço em questão esteja dentre aqueles elencados pela Lei Complementar n. 116 como sujeitos ao imposto. Ademais, é importante verificar se o item listado tem, de fato, a natureza de serviço, especialmente tendo em conta a manifestação do Supremo Tribunal Federal no sentido de rejeitar a constitucionalidade da tributação pelo ISS de negócios jurídicos que não configurem serviços no sentido da lei civil. Por exemplo, é comum que as municipalidades busquem tributar como serviços operações que se configuram como cessão de direitos, e não como prestações de fazer caracterizadas como serviço nos termos do direito privado.

No caso em exame, a atividade de manutenção de sistemas se caracteriza como prestação de fazer, compatível com a conceituação de serviços da lei civil, e está elencada dentre aquelas sujeitas ao ISS pela Lei Complementar n. 116. Legítima, portanto, a incidência do ISS na importação dos referidos serviços, sendo aplicável a alíquota prevista na legislação do município em que localizada a empresa contratante, que também é responsável pela retenção e recolhimento do imposto.

10.4 Síntese conclusiva

Em vista do exposto, podem ser assim sumariadas as principais conclusões advindas do estudo efetuado:

1. A atividade do não-residente prestador de serviços em território brasileiro não terá a intensidade e extensão que implicam a caracterização de estabelecimento permanente no País e a conseqüente tributação por equiparação a pessoa jurídica aqui residente.

2. Assim, o regime tributário aplicável será aquele próprio dos não-residentes, com incidência e tributação individualizada sobre os rendimentos de prestação de serviços auferidos.

3. Os rendimentos de prestação de serviços de manutenção de sistemas estarão sujeitos ao IRRF à alíquota de 15%, sendo responsável pela retenção do imposto a pessoa jurídica brasileira contratante dos serviços e contribuinte o não-residente prestador de serviços. O fato gerador do IRRF se materializa no momento em que ocorre o pagamento ou crédito do rendimento, havendo bons argumentos para se sustentar que a expressão crédito não deve ser entendida como mero registro contábil da obrigação de pagar pelo regime de competência, requerendo, no mínimo, o respectivo vencimento.

4. O impacto do IRRF na jurisdição de residência do prestador não-residente deverá ser examinado, especialmente para se considerar se será concedido crédito fiscal para afastar a bitributação da renda.

5. A pessoa jurídica contratante dos serviços estará sujeita à apuração e recolhimento da CIDE à alíquota de 10%, aplicada sobre os valores pagos ou creditados ao não-residente prestador de serviços.

6. Incidirão ainda sobre a importação dos serviços de manutenção de sistemas as contribuições denominadas PIS-Importação e COFINS-Importação, às alíquotas respectivas de 1,65% e 7,6%, aplicadas sobre base de cálculo correspondente ao valor da remuneração dos serviços antes da retenção do IRRF, acrescido do ISS e do montante das próprias contribuições. Tendo em vista que os serviços serão utilizados como insumos na produção de bens pela empresa brasileira, entendemos que o PIS-Importação e a COFINS-Importação pagos serão tratados como créditos fiscais para compensação com o PIS e a COFINS incidentes sobre suas receitas.

7. Por fim, haverá a incidência de ISS na importação de serviços, com base na Lei Complementar n. 116/2003 e na legislação do Município em que localizada a empresa brasileira contratante.

REFERÊNCIAS

Doutrina:

BALEEIRO, Aliomar. **Direito tributário brasileiro**. 11. ed. Rio de Janeiro: Forense, 1999.

CANTO, Gilberto de Ulhôa. **Estudos e pareceres no direito tributário**. São Paulo: Revista dos Tribunais, 1975.

GRECO, Marco Aurélio. Cofins na Lei 9.718/98: variações cambiais e regime de alíquota acrescida (parecer). **Revista Dialética de Direito Tributário**, São Paulo, n. 50, p. 110-151, 1999.

HOUAISS, Antônio; VILLAR, Mauro de Salles. **Dicionário Houaiss da língua portuguesa**. Rio de Janeiro: Objetiva, 2001.

TÔRRES, Heleno Taveira. **Pluritributação internacional sobre as rendas de empresas**. 2. ed. São Paulo: Revista dos Tribunais, 2001.

Legislação:

Decreto-Lei n. 2.627, de 26-9-1940.

Lei n. 9.779, de 19-1-1999.

Lei n. 10.168, de 29-12-2000.

Lei n. 10.332, de 19-12-2001.

Lei n. 10.637, de 30-12-2002.

Lei n. 10.833, de 29-12-2003.

Lei n. 10.865, de 30-4-2004.

Lei Complementar n. 116, de 31-7-2003.

Medida Provisória n. 2.159-70, de 24-8-2001.

Regulamento do Imposto de Renda (Decreto n. 3.000, de 26-3-1999).

Parecer Normativo CST n. 7, de 2-4-1986.

Processo de Consulta n. 90/2002, da Superintendência da 8ª Região Fiscal da Secretaria da Receita Federal.

Processo de Consulta n. 83/2003, da Superintendência da 9ª Região Fiscal da Secretaria da Receita Federal.

Instrução Normativa SRF n. 247/2002.

Instrução Normativa SRF n. 358/2003.

Instrução Normativa SRF n. 404/2003.

Jurisprudência:

Acórdão n. 104-17.844 do 1º Conselho de Contribuintes – Sessão de 24-1-2001.

Acórdão n. 104-21.549 do 1º Conselho de Contribuintes – Sessão de 27-4-2006.

ÍNDICE

1 ASPECTOS TRIBUTÁRIOS DA TRANSFERÊNCIA DE TECNOLOGIA

1.1 Caso prático 3
1.2 Qualificação de rendimentos 4
1.2.1 Conceito de *royalties* no direito brasileiro 5
1.2.2 Remuneração pela licença de marca – qualificação 7
1.2.3 Remuneração pela assistência técnica 7
1.3 Tributação dos rendimentos pelo imposto sobre a renda 15
1.3.1 Aspectos gerais – alíquotas e retenção na fonte ... 15
1.3.2 *Royalties*: limites de dedução 15
1.3.3 IRRF em face do tratado Brasil-Espanha 17
1.3.4 Crédito do imposto 18
1.3.5 Incidência da CIDE sobre pagamentos de *royalties* 20
1.3.5.1 A CIDE em face do tratado Brasil-Espanha 24
Referências 25

2 NOVAS FONTES DE TRIBUTAÇÃO

2.1 Caso *Robinson (Her Majesty's Inspector of Taxes) v. Agassi*. 31
2.2 Tendências na tributação internacional da renda 36
2.3 Planejamento tributário – interposição de pessoa jurídica 39
2.4 Definição de renda – concepção específica para artistas e esportistas 43

2.5 Dupla tributação internacional 46
2.6 Poder de tributar e os elementos de conexão 50
2.7 Conclusão 55
Referências 57

3 SOBERANIA E GLOBALIZAÇÃO

3.1 Descrição do caso 63
3.2 Possibilidade de implementação do projeto de padronização da escrituração contábil em face da lei brasileira 66
3.2.1 Legislação civil e societária 67
3.2.2 Legislação tributária 70
3.2.3 Conclusão 71
3.3 Importação de serviços 72
3.4 Globalização *versus* soberania 74
3.5 Outras opções negociais 76
3.6 Reflexões finais sobre a matéria 77
Referências 78

4 PREÇO DE TRANSFERÊNCIA

4.1 Caso: quarto método de apuração de preço de transferência 83
4.2 Definição de preço de transferência 85
4.3 Pessoas vinculadas 87
4.4 Os preços de transferência e a necessidade de controle fiscal 89
4.5 Princípio *Arm's length* 90
4.6 Métodos de controle dos preços de transferência 94
4.7 Controle fiscal dos preços de transferência no Brasil 96
4.8 Controle fiscal dos preços de transferência nas importações 97

4.8.1 Método dos Preços Independentes Comparados – PIC ... 97
4.8.2 Método do Custo de Produção mais Lucro – CPL 97
4.8.3 Método do Preço de Revenda menos Lucro – PRL 98
4.9 Controle dos preços de transferência nas exportações .. 98
4.9.1 Método do Preço de Venda nas Exportações – PVEx ... 99
4.9.2 Método do Preço de Venda por Atacado no País de Destino Diminuído do Lucro – PVA ... 100
4.9.3 Método do Preço de Venda a Varejo no País de Destino Diminuído do Lucro – PVV ... 100
4.9.4 Método do Custo de Aquisição ou de Produção Mais Tributos e Lucro – CAP ... 100
4.10 Dificuldades na utilização dos métodos de controle no Brasil ... 101
4.11 O pleito do quarto método ... 106
4.12 Conclusão ... 108
Referências ... 110

5 GANHO DE CAPITAL DO NÃO-RESIDENTE

5.1 Descrição do caso ... 115
5.2 Tributação do ganho de capital do não-residente até 2003 ... 115
5.3 Art. 26 da Lei n. 10.833 – tributação do ganho de capital a partir de fevereiro de 2004 ... 118
5.3.1 A regra do art. 26 e os tratados celebrados pelo Brasil para evitar a dupla tributação ... 120
5.4 Sujeito passivo do imposto de renda incidente sobre o ganho de capital do não-residente ... 122
Referências ... 125

6 INTERPRETAÇÃO DE TRATADOS INTERNACIONAIS

6.1 Caso prático 129
6.2 O regime geral de interpretação dos tratados 133
6.3 Tratados internacionais e direito interno 139
6.4 Novas tendências na interpretação de tratados internacionais 145
6.5 *Tax treaty override* 148
6.6 São necessários tratados internacionais em matéria tributária? 150
Referências 152

7 TRIBUTAÇÃO DAS CONTROLADAS E COLIGADAS NO EXTERIOR

7.1 Caso prático 159
7.2 Determinação da residência das pessoas jurídicas 160
7.3 Princípio da universalidade no Brasil 164
7.4 Medida Provisória n. 2.158-35/2001: efeitos, questionamentos e confronto com os acordos de bitributação 167
7.4.1 Questionamentos à MP n. 2.158-35/01 169
7.4.1.1 Interposição de ADIn 170
7.4.2 Acordos de bitributação 173
7.5 Regime de tributação das coligadas e controladas no exterior 174
7.6 Tratamento fiscal dispensado aos lucros e prejuízos auferidos no exterior 175
7.7 Compensação do imposto pago no exterior 178
7.8 Método da equivalência patrimonial 180
7.9 Variação cambial 183
7.10 Conclusões 186
Referências 188

8 REORGANIZAÇÃO INTERNACIONAL DE EMPRESAS E O PLANEJAMENTO TRIBUTÁRIO

8.1 Descrição do caso e razões do negócio pretendido 193
8.2 Projeto de trabalho e seu desenvolvimento 194
8.3 Conceito de incorporação e sua aplicação a operações de reestruturação internacional 195
8.4 A incorporação internacional diante do direito brasileiro 197
8.4.1 Da legislação aplicável à operação de reestruturação 197
8.4.2 Nacionalidade das sociedades envolvidas e legislação aplicável 198
8.4.3 Implementação da operação 199
8.5 Tratamento tributário da incorporação internacional em face do direito brasileiro 199
8.6 Eventuais vantagens tributárias na incorporação internacional 200
8.6.1 A lei brasileira 200
8.6.2 Planejamento tributário como instrumento de gestão empresarial e sua limitação diante das normas gerais antielisivas 203
8.7 Indagações de natureza jurídico-tributárias decorrentes da operação 204
8.7.1 O planejamento tributário internacional pretendido e a convenção para evitar a dupla tributação 204
8.7.2 Planejamento tributário internacional e a soberania fiscal dos Estados 206
8.7.3 Intercâmbio de informações entre administrações tributárias 208
8.7.4 A relação matriz-filial e os preços de transferência 208
8.8 A sucessão na incorporação internacional e a formalização operacional e documental de uma incorporação internacional 209
Referências 210

9 ESTABELECIMENTO PERMANENTE

9.1 Colocação do problema 215
9.2 Conceitos envolvidos na solução da consulta 216
9.2.1 A caracterização de residência para fins tributários no Brasil 217
9.2.2 O conceito de pessoa residente para fins do Tratado Brasil-Japão 218
9.2.3 O conceito de estabelecimento permanente 219
9.2.4 O conceito de estabelecimento permanente no Tratado Brasil-Japão 221
9.3 Regime tributário aplicável aos não-residentes 227
9.3.1 Regime tributário brasileiro aplicável às filiais ou sucursais de empresas estrangeiras 230
9.3.2 Regime tributário brasileiro aplicável aos representantes comerciais 232
9.3.3 Tributação de lucro de empresa e juros segundo o Tratado Brasil-Japão.. 234
9.4 Conclusões 238
Referências 240

10 IMPORTAÇÃO DE SERVIÇOS - ASPECTOS TRIBUTÁRIOS

10.1 Descrição do caso 245
10.2 Equiparação a pessoas jurídicas para fins tributários.... 245
10.2.1 Estabelecimento permanente material 246
10.2.2 Estabelecimento permanente pessoal 248
10.3 Tributação aplicável na importação de serviços 250
10.3.1 Imposto de Renda na Fonte (IRRF) 250
10.3.1.1 Tratamento do IRRF no país de residência do prestador de serviços......... 252
10.3.1.2 Momento da ocorrência do fato gerador do IRRF 253

10.3.2 Contribuição de Intervenção no Domínio Econômico (CIDE) 258
10.3.3 PIS-Importação e COFINS-Importação........ 260
10.3.4 Imposto sobre Serviços (ISS) 264
10.4 Síntese conclusiva 265
Referências 267